RECHERCHES LITTÉRAIRES MÉDIÉVALES

COMITÉ DE DIRECTION

Alvaro Barbieri, Francis Gingras,
Giovanni Palumbo et Richard Trachsler

1

# Marie de France et les érudits de Cantorbéry

Ouvrage publié avec le concours
du Fonds National Suisse de la Recherche Scientifique

Carla Rossi

# Marie de France et les érudits de Cantorbéry

PARIS
CLASSIQUES GARNIER
2009

ISBN 978-2-8124-0042-1
ISSN 2108-5900

*À mon ami Michel,*
*avec infiniment de reconnaissance*

# LISTE DES ABRÉVIATIONS

| | |
|---|---|
| AND | *Anglo-Norman Dictionary*, éd. L. W. Stone, T. B. W. Reid, W. Rothwell, Modern Humanities Research Association, London 1977-1992. |
| Bloch | R. H. Bloch, *The anonymous Marie de France*, Chicago 2003. |
| *Cal.Doc. Fr.* | *Calendar of Documents preserved in France illustrative of the history of Great Britain and Ireland*, A.D. 918-1206, éd. J. H. Round, PRO texts and Calendars, London 1899. |
| CTB | A. Duggan, *The Correspondence of Thomas Becket, Archbishop of Canterbury*, 2 voll., New York 2000. |
| EHR | *The English Historical Review*, London-Oxford 1886- |
| EYC | *Early Yorkshire Charters*. Yorkshire Archaeological Society, Record Series, Extra Series, 12 voll., Edinburgh, 1914-65. |
| HRB | *Historia Regum Britanniae*, éd. A. Griscom e R. Ellis Jones, *The Historia Regum Britanniæ of Geoffrey of Monmouth*, London 1929. |
| MA | *Monasticon Anglicanum, a History of the Abbies and other Monasteries, Hospitals, Frieries, and Cathedral and Collegiate Churches, with their Dependencies, in England and Wales,* éd.W. Dugdale, London 1817-1830, 6 voll. |
| MGH | *Monumenta Germaniæ Historica,* Deutsches Institut für Erforschung des Mittelalters, München 1951- |

| | |
|---|---|
| MTB | J. C. Robertson, *Materials for the History of Thomas Becket*, 7 voll., London 1875-1885. |
| RCR | *Rotuli Curiæ Regis : Rolls and Records of the Court Held Before the King's Justiciars or Justices*, éd. Sir Francis Palgrave, London 1835.<br>- Volume 1 : 1196-1199.<br>- Volume 2 : 1199-1200. |
| *Reg. Lincoln* | C.W. Foster, *Registrum Antiquissimum of the Cathedral Church of Lincoln*, Lincoln 1973. |
| SJC archives | St John's College Old Library, Cambridge University. |
| VCH | *Victoria History of the Counties of England*, London 1899- |

# NOTES PRÉLIMINAIRES

## Posture d'auteur et choix identitaire : *si sui de France*[1]

Si, au fil des siècles, la notion d'auteur a considérablement changé de sens, on peut dire qu'elle a miraculeusement survécu et que l'auteur n'est pas mort.

Ainsi, si la littérature romane abonde en énigmes concernant les biographies de ses auteurs les plus illustres, aucun d'eux n'a autant intéressé la critique que le mystère entourant la figure historique de la première voix féminine de la littérature d'oïl : « un mystère railleur, moqueur, exaspérant[2] », à partir de son toponyme, qui remonte au XVI<sup>e</sup> siècle[3]. Les auteurs médiévaux qui se sont explicitement référés à elle l'ont appelée simplement par son nom ; seul l'un d'entre eux, Denis Pyramus, l'a appelée *dame Marie.* Cet épithète, *dame*[4], a ouvert la voie à de nombreuses conjectures dont aucune n'a vraiment convaincu ceux qui se sont occupés de l'œuvre de la poétesse. Certains l'ont crue reléguée dans un monastère en Angleterre, d'autres pleinement

1 Tel est le titre de mon intervention dans le séminaire de M. Michel Zink, le 5 février 2008 au Collège de France.

2 Ezio Levi, « Il re Giovane e Maria di Francia », *Archivium Romanicum*, V, 1921, texte original : « un mistero beffardo, canzonatorio, esasperante », p. 448.

3 C'est à Claude Fauchet (1530-1601) que nous devons l'idée, inspirée par le fameux vers 4 de l'épilogue des *Fables* : « Marie ai nun, / si sui de France », d'appeler l'auteur des *Lais*, des *Fables* et de l'*Espurgatoire* Marie de France (cf. *Recueil de l'origine de la langue et de la poésie françoise, rime et romans*, Paris, chez Robert Estienne, 1581 ; réimpression Paris 1938, p. 153).

4 *Dame* < DOMINA était d'usage tant en ancien français qu'en ancien anglais, outre que pour les dames nobles, pour les prieures et les abbesses, cf. AND : « (eccl.) *abbess or prioress* : q'ils sont les gentz la dame et q'ils vyndrent en eide » ; Sally Thompson, *Women religious. The founding of English nunneries after the Norman conquest*, Oxford University Press, 1991, p. 45 ; *Middle English Dictionary*, sous la direction de Robert E. Lewis, University of Michigan Press 1961, *dame*, p. 830 : « the superior of a convent, such as an abbess or prioress ».

active à la cour d'Henri II (dont elle pourrait être – a-t-on soutenu – une sœur illégitime) ou aussi jeune abbesse vierge, princesse d'Angleterre contrainte au mariage par le roi Plantagenêt sans que son vœu de chasteté ne fût dissolu. Ou, enfin, fille d'un de ces *milites litterati* de la cour d'Anjou, ombre trompeuse dans les archives britanniques et françaises.

S'ajoutant au charme de la personnalité poétique de Marie, le mystère de son identité la rend puissamment attachante.

Les romanistes ont souvent signalé le peu de ressources pour la critique biographique institutionnelle du texte médiéval : les auteurs restent anonymes ou sont désignés par des prénoms courants, Marie, Joseph, Chrétien, Alain, parfois accompagnés de toponymes ambigus. Au Moyen Âge les textes littéraires circulaient souvent anonymement et un personnage médiéval peut être désigné par des noms différents, selon le lieu où l'on parle de lui ou ceux où il fait parler de soi, ou suivant les différentes charges qu'il peut occuper. Dans un tel contexte, sans doute convient-il plutôt de parler d'identités synonymiques multiples. Néanmoins, même au Moyen-Âge, il y a une façon personnelle de l'auteur d'investir ou d'habiter son rôle : un auteur peut négocier sa position dans le champ littéraire par divers modes de présentation de soi ou *postures*. En conséquence, la notion de « posture d'auteur » peut offrir aux sociologues de la culture et aux philologues une nouvelle interface commune.

Ce que je propose ici est donc une approche d'une poétesse médiévale qui associe les recherches modernes sur la rhétorique avec la dimension sociale des textes médiévaux.

Marie n'est qu'une signature, scellant quatre œuvres littéraires en anglo-normand du XIIe siècle parvenues jusqu'à nous : *Lais*[1], *Fables*[2], *Espurgatoire seint Patriz* et *Vie seinte Audrée*[3]. Si les

1 Transmis par cinq manuscrits.

2 Nous en possédons vingt six manuscrits, dont le plus ancien, conservé à la York Minster Library, remonte aux débuts du XIIIe siècle ; en plus un fragment contemporain est conservé à Nottingham.

3 Œuvres transmises, toutes les deux, par un seul témoin.

philologues tombent depuis longtemps plus ou moins d'accord[1] sur le fait qu'il faille attribuer également les trois premières à la même personne, la proposition avancée par June Hall McCash[2] d'attribuer au même auteur le petit poème hagiographique sur sainte Æthelthryd d'Ely, reine et abbesse saxonne[3], est récente et se fonde, entre autres, sur une solide analyse stylistique et linguistique[4].

---

1 Peu nombreux sont les savants qui trouvent réellement convaincantes les réflexions de Richard Baum contre l'existence historique de Marie ; ce dernier a suggéré de la considérer plutôt comme une *auctoritas* littéraire que comme le nom d'un authentique *auctor* ; cf. *Recherches sur les œuvres attribuées à Marie de France*, Heidelberg, 1968.

2 June Hall McCash, « La vie seinte Audree : A fourth text by Marie de France ? », *Speculum* 77, 2002, 3, p. 744-777 ; *The life of Saint Audrey, a text by Marie de France*, éd June Hall McCash et Judith Clark Barban, McFarland, Jefferson/Londres, 2006.

3 Aetheltryd, aussi Aetheldrita, Elfthyta ou Aethelfreda, d'où Alfreda, était la deuxième fille d'Aeresvith et de son mari Anna, roi de l'Anglie de l'Est. Née vers 630, d'une grande beauté et d'une grande piété, Aethelthryd fut demandée en mariage par un jeune noble, Tonberht, dont les propriétés comprenaient une vaste zone presque entièrement marécageuse au milieu de laquelle se trouvait l'île d'Ely. Après avoir épousé Tondberht, en 652, Aethelthryd reçut la promesse que leur mariage aurait été chaste puisqu'elle désirait rester vierge et se vouer au Seigneur. Leur union ne dura que trois ans ; Tondberht mourut, mais peu après Aethelthryd fut à nouveau demandée en mariage, cette fois-ci par Ecgfrith, fils du roi de Northumbrie Oswin : elle avait vingt huit ans, lui seulement quinze, et Aethelthryd pouvait continuer à vivre en chasteté. Quand les deux époux se séparèrent, Aethelthryd entra au monastère de Coldungham dont l'abbesse, Aebba, était la tante d'Ecgfrith. Celui-ci cependant, étant devenu roi en 670, regretta d'avoir laissé partir son épouse : il partit pour Coldingham dans l'intention de la ramener, à l'occurrence par la force, de sorte que l'abbesse Aebba facilitât le départ d'Aethelthryd qui, avec deux autres religieuses, s'enfuit vers l'île d'Ely encore déserte. Ecgfrith la poursuivit, mais une inondation survenue soudainement le sépara des trois religieuses. Ecgfrith vit dans l'inondation un signe du ciel et renonça à celle qui avait choisi les noces mystiques avec le Christ. Avec l'aide de Wilfrid, archevêque d'York, et de son frère Aldwulf, roi d'Est-Anglie, Aethelthryd commença, en 673, la construction du premier monastère. De cette première construction, il reste dans la cathédrale actuelle une crypte que chaque pèlerin visite et une pierre : la « pierre d'Owin ». Owin était l'intendant de la reine jusqu'au moment où celle-ci prit le voile à Coldingham. Lui-même entra alors comme moine au monastère de Saint-Chad de Lastingham, dans le Yorkshire, où il mourut en odeur de sainteté. Aethelthryd avait fondé un monastère double : l'un pour des religieuses, l'autre pour des religieux ; l'église les réunissait pour les fonctions liturgiques. L'abbesse y resta jusqu'à sa mort le 23 juin 679.

4 Cf. Carla Rossi, « La Vie seinte Audrée, un nuovo tassello per ricostruire l'identità

En effet, le texte de la *Vie seinte Audrée* s'insérerait bien à l'intérieur du dessein commun aux œuvres de la poétesse qui, dans un esprit chartrain, se fait médiatrice auprès de l'élite laïque anglo-normande de thèmes propres à la tradition classico-chrétienne, sur laquelle elle greffe l'élément autochtone celte et saxon : un dessein dont la finalité est d'établir un fondement traditionnel, éthique, généalogique et religieux pour la société courtoise anglo-normande[1]. Ce projet est très proche, dans sa structure profonde, du programme culturel d'instruction des nobles laïques poursuivi par les « érudits de Cantorbéry[2] », qui sont les écrivains de l'entourage du chancelier d'Henri II en 1155, promu archevêque de Cantorbéry en 1162, Thomas Becket. Les *eruditi sancti Thomæ*, dont Herbert de Bosham dresse une liste partielle[3], sont des philosophes illustres de l'envergure d'un Jean de Salisbury, d'un Gautier Map, d'un Pierre de Blois, ou d'un certain Alain, que Françoise Hudry a proposé d'identifier avec le *doctor universalis*, Alain de Lille[4].

On a insisté sur cette sorte d'angoisse généalogique de la poétesse, qui constitue le dénominateur commun de son œuvre

di Maria di Francia ? », Atti del Convegno Romania Romana, Roma (giugno 2006), *Critica del Testo*, 2006, IX, 3, p. 871-886.

1 Giosuè Lachin, « Maria di Francia, la tradizione, la traduzione, il tradimento », in *Omaggio a Gianfranco Folena*, Padova, Editoriale Programma, 1993, p. 207-233.

2 Cf. Carla Rossi, *Marie, ki en sun tens pas ne s'oblie. Marie de France : la Storia oltre l'enigma*, Roma, Bagatto Libri, 2007, p. 107-145.

3 Herbert de Bosham, *Vita sancti Thomæ, archiepiscopi et martyris*, in *Materials for the History of Thomas Becket, Archbishop of Canterbury* (*MHTB*) éd. J. C. Robertson (Volumes I - VI) et John B. Sheppard (Volume VII), Londres, Rolls Series, 1875-85, vol. III, p. 523-531 ; cf. aussi Mary K. Fisher, *An annotated translation of the life of St. Thomas Becket by Herbert Bosham* (part one). M. A. thesis, Loyola University of Chicago, 1945.

4 À deux reprises, d'abord lors du colloque consacré au huit centième anniversaire de la mort d'Alain de Lille, sous forme de communication, *Alain de Lille, le docteur universel. Philosophie, théologie et littérature au XII^e^ siècle, Actes du XI^e^ colloque de la Société Internationale pour l'Etude de la Philosophie Médiévale, Paris, 23-25 octobre 2003*, éd. Jean-Luc Solère, Anca Vassiliu, Turnhout, Brepols, 2005 ; F. Hudry, « Mais qui était donc Alain de Lille ? », p. 107-124 ; ensuite, dans la nouvelle édition critique des *Lettres familières d'un moine du Bec*. Cf. aussi, *Alain de Lille, Règles de théologie suivi de Sermon sur la sphère intelligible*. Introduction, traduction et notes par F. Hudry, Paris, 1995, p. 24-25.

et souligne la volonté de Marie de se faire médiatrice de la tradition auprès de son nouveau public. La volonté de récupérer l'élément autochtone insulaire est explicite dans les *Lais*, mais on peut la rencontrer aussi dans les *Fables*, là où Marie déclare ouvertement être l'épigone du roi saxon Alfred, ou encore dans l'*Espurgatoire* et dans la *Vie seinte Audree*, où elle procède à une sorte de reconstitution et de rachat des origines celtes et saxonnes, tout en choisissant d'adapter en anglo-normand un texte latin. Il s'agit des origines revendiquées par la nouvelle classe dirigeante d'Angleterre : un métissage breton, normand, saxon, composé de comtes, barons, chevaliers, clercs, trésoriers et juges itinérants de la cour des Plantagenêt, dépositaire d'une culture hétérogène, pour lesquels il fallait trouver de nouvelles racines communes.

De ce fait, si après les incursions des philologues dans les immenses archives britanniques et françaises à la recherche d'une dame du nom de Marie, qui écrit dans l'Angleterre d'Henri II Plantagenêt et qui se conforme fidèlement aux *philesophe* de l'école de l'archevêque de Cantorbéry, mais qui est liée d'une certain façon au pays de Louis VII, cette poétesse reste encore sans visage et sans histoire, il faut nous demander, peut-être, si sa déclaration d'appartenir à la France ne serait pas autre chose qu'une sorte de *posture auctoriale* : Marie pourrait avoir eu des raisons de se définir, de manière évocatrice, « de France », dans un siècle où la *dulcis Francia* était devenue un idéologème identitaire, une terre d'élection pour de nombreux philosophes et théologiens étrangers.

À travers ses œuvres, Marie a réussi à conserver la *remembrance* de son nom : un nom chargé d'allusions, mais privé d'une histoire terrestre.

Dans plusieures études publiées depuis l'an 2000 divers philologues ont accepté la thèse de Yolande de Pontfarcy qui a confirmé l'idée de Holmes d'identifier la poétesse à Marie de Meulan (personnage dont l'érudite, qui défend tenacement cette identification, déplore ne trouver aucune trace dans les documents). Dans cette perspective, il m'a semblé nécessaire de signaler ici les résultats des recherches que j'ai menées dans les archives. Ces notes ne veulent pas saturer d'éléments l'anonymat de Marie, dont l'identité est destinée à garder une partie de son énigme, mais plutôt lier entre eux des événements historiques qu'il sera peut-être utile de décrypter afin de mieux comprendre certains messages de la poétesse.

# L'INSTRUCTION DES LAÏQUES : UNE CAMPAGNE PASTORALE COMMUNE

Dans la seconde moitié du XIIe siècle, maître Raoul[1], professeur de grammaire à Beauvais mais Anglais de naissance, se permit, selon son élève, l'historien Hélinand, une invective contre les clercs attachés aux cours des rois et des évêques. Il prétendait qu'ils seraient bien plus utiles à l'État en se consacrant à l'enseignement dans les écoles. Pierre de Blois releva cette critique dans une lettre où il exposa les conditions de sa vie à l'archevêché de Cantorbéry.

> *In domo domini mei Cantuariensis archiepiscopi, viri literatissimi sunt, apud quos invenitur omnis rectitudo justitiæ, omnis cautela providentiæ, omnis forma doctrinæ. Isti post orationem, et ante comestionem, in lectione, in disputatione, in causarum decisione jugiter se exercent. Omnes quæstiones regni difficiles et nodosæ referuntur ad nos : quæ quum inter socios nostros in commune auditorium deducuntur, unusquisque secundum ordinem suum sine lite et obtrectatione ad bene dicendum mentem suam acuit, et quod ei consultius videtur et sanius, de vena subtiliore producit.*[2]

1 Auteur d'une *Summa* (Brit. Mus. Add. 16380). En 1717, Antoine Galland avait affirmé qu'il serait aussi l'auteur du *Roman d'Eneas* (cf. les *Mémoires de l'Académie des inscriptions et belles-lettres*, 1717 tom. II, p. 728 et suiv.) mais personne n'a mené de recherches depuis sur ce sujet.

2 Epistola VI, *Petri Blesensis Bathoniensis archidiaconi Opera omnia*, éd. John Allen Giles, Apud I. H. Parker, Londres, 1847 : *Dans la maison de Monseigneur l'archevêque de Cantorbéry, il y a des hommes très cultivés, auprès desquels on trouve toute la rectitude de la justice, toute la prudence de la prévoyance, toute la beauté de la science. Ceux-là, après l'oraison et avant le repas, s'exercent sans cesse en conférence, discussion, décision des affaires. Tous les problèmes complexes du royaume, qui demandent à être résolus nous sont soumis. Ils appellent chacun d'entre nous à donner son avis, selon son rang, loin de tout esprit de dénigrement ou de querelle, et à avancer, de façon bien argumentée, ce qui lui paraît le mieux convenir à la situation et au point de droit soulevé.* Cf. aussi Egbert Türk, *Pierre de Blois : Ambitions et remords sous les Plantagenêts*, Turnhout, Brepols, 2006, p. 270-273.

La critique des lettres romanes a commencé à s'intéresser depuis peu à l'essor culturel des lettres en langue vulgaire initié par les *érudits de Cantorbéry*[1]. Les œuvres littéraires et philosophiques composées par ces auteurs d'une qualité intellectuelle élevée peuvent être considérées, comme l'a écrit Guillaume Gicquel, « comme une campagne pastorale à l'adresse de l'élite laïque regroupée autour du roi ».[2]

Herbert de Bosham, dans la déjà citée *Vita*[3], a habilement mis en évidence l'intention de moralisation et de laïcisation entreprise par Becket et ses méthodes pédagogiques héritées de Bernard de Chartres : dans deux chapitres, il a mis en scène les fameux banquets de Cantorbéry pendant lesquels le prélat, entouré de ses sodales, délivrait de véritables leçons auxquelles était conviée la future élite laïque du royaume et auxquelles assistait également celui qui, dans les intentions d'Henri II, aurait dû être le futur roi Plantagenêt, Henri le Jeune[4]. L'histoire est connue : Becket, fils de Gilbert, riche marchand de Rouen qui s'était installé à Londres, avait réussi en 1142, à vingt-quatre ans, grâce aux connaissances de son père et à sa culture parisienne raffinée[5], à devenir le secrétaire du primat de l'Église anglaise, l'archevêque Thibaud. Les années passées aux côtés de Thibaud jouèrent un rôle décisif

1 Luciano Rossi, « Ancora sul prologo di Erec et Enide : principio e fine della Storia », in *Studi di Filologia Romanza offerti a Valeria Bertolucci Pizzorusso*, éd. Pietro G. Beltrami, Pisa, Pacini, 2006, vol. II, p. 1413-1441 et Matteo di Parigi, La *Vie Saint Thomas le Martyr*, éd. Carla Rossi, Edizioni dell'Orso, Alessandria, 2008 ; Introduction, p. 5-17 ; Leena Löfstedt, *La loi canonique, les Plantagenêt et S. Thomas Becket*, in « Medioevo romanzo » 1990, vol. 15, no 1, p. 3-16. Eadem, *Decretum Gratiani. La traduction en ancien français du Décret de Gratien*, Helsinki, Societas Scientiarum Fennica, 1992-1997, 4 vol. Eadem, *La traduction française du Decretum Gratiani*, in *Latin vulgaire, latin tardif IV : Actes du 4e Colloque international sur le latin vulgaire et tardif, Caen 2-5 septembre 1994*, éd Louis Callebat, Olms-Weidmann, Hildesheim, 1998, p. 521-531.

2 « Clercs satiristes et renouveau spirituel à la cour Plantagenêt », in *Noblesse de l'espace Plantagenêt (1154-1224)*, éd. Martin Aurell, Université de Poitiers, Editions Civilisations Médiévales, 2001, p. 79-89, p. 80.

3 *MHTB*, III, 15-16, p. 226-238.

4 Après l'exil de Thomas Becket et de ses *clerici*, c'est Bertrand de Born qui prend soin de l'éducation du jeune prince.

5 Son père le fit étudier d'abord au monastère de Merton, ensuite à Paris.

dans la formation culturelle et mentale du jeune Thomas, qui eut l'occasion de perfectionner ses études de droits civil et canonique dans les écoles de Bologne et d'Auxerre. En 1154, il devint archidiacre de Cantorbéry, ministère qu'il exerça peu de mois seulement, avant de passer à la chancellerie du royaume. En sa qualité de chancelier, il lui revenait de garder le sceau royal et d'assister constamment le souverain. Mais entre le roi Henri II et Becket naquit une amitié personnelle qui dépassait la rigidité des rôles et qui permit au chancelier d'exercer un pouvoir bien plus vaste que celui que les coutumes juridiques lui attribuaient. Dans quelle langue s'exprimait Becket ? D'après une étude récente de Frank Barlow, on ne peut pas douter qu'il était plus à l'aise dans la langue vernaculaire[1].

Il fut presque toujours l'unique témoin des documents et des actes signés par Henri II. Il assuma la tâche politique de restaurer l'ordre, d'administrer la justice et de conduire les affaires diplomatiques auprès de la cour française. En outre, il pouvait autoriser par son mandat un payement sur l'argent prélevé des caisses de la cour, privilège qui par la suite ne fut donné qu'au *justiciar*. C'est déjà pendant la période passée aux côtés de Thibaud que Becket entra en contact avec des personnalités telles que les susmentionnés Jean de Salisbury, Pierre de Blois, Gautier Map, Herbert de Bosham, mais aussi avec Arnoul, évêque de Lisieux, et avec Alain et Benoît : un milieu intellectuel extraordinaire qui en peu de temps aurait fini par former une sorte de « cour dans la cour ».

Becket se distingua aussi sur le plan militaire. En 1159, il organisa la campagne de Toulouse ; il dirigea, sur les frontières normandes, les opérations contre les Français ; il arriva même qu'il s'expose en personne en combattant les chevaliers ennemis et qu'il conduise les négociations pour le traité de paix de 1160.

1 Frank Barlow, *Thomas Becket*, University of California Press, 1990, p. 133 : *although he probably improved his Latin, both written and oral, while in exile, we cannot doubt that he was more at home in the vernacular* (en exil il améliora probablement son latin, tant écrit qu'oral, mais nous ne pouvons pas douter qu'il était plus à l'aise dans la langue vernaculaire).

Ainsi mûrit dans l'esprit d'Henri l'idée de faire de Becket le successeur de Thibaud sur le siège de Cantorbéry. L'affaire présente ici quelques côtés obscurs et on ne sait pas clairement si ce qui poussa le roi à la nomination fut la seule amitié ou, au contraire, le désir d'assujettir les affaires religieuses au pouvoir laïc en exploitant les rapports qui le liaient à Becket. De même les réactions de Becket à la nouvelle de sa nomination ne sont pas claires. La *vulgate* traditionnelle parle d'une certaine réticence, mais il y a des raisons de croire qu'elle est née de l'exigence d'encadrer dans le récit historique le conflit qui se produira plus tard entre les deux hommes ; elle représente une note discordante avec le caractère décidément ambitieux de Becket. Une fois nommé archevêque de Cantorbéry (1162), Becket se démit de la fonction de chancelier, mais il n'abandonna pas la rigueur avec laquelle il avait revêtu ce rôle. Interprétant avec le plus grand zèle le rôle de chef de l'Église, il afficha immédiatement son intransigeance à propos de tous les droits que l'église pouvait revendiquer face au souverain et il s'efforça de faire rendre à Cantorbéry les droits et les terres perdus dans le passé. Il réussit à soustraire aux fonctionnaires du roi les privilèges dont ils jouissaient dans son comté (le Kent) et il exigea les droits de patronage sur toutes les possessions des seigneurs du lieu. L'archevêque ne fut pas seul dans ce projet, qui allait au-delà d'une simple prise de pouvoir et qui était un véritable programme pastoral, comme le dira quelques ans plus tard Gautier Map.

Cependant, les tensions avec Henri II s'accrurent et débouchèrent sur un premier conflit ouvert au synode de Westminster en 1163. On y discutait de la responsabilité du clergé en matière d'abus de pouvoir. Le roi exigea que les imputés répondissent des griefs devant deux cours : celle, civile, pour l'introduction de la cause et pour l'exécution de la sentence et celle, ecclésiastique, pour le déroulement du procès. La proposition était née d'une interprétation des règles du droit canonique dont Becket reconnaissait la validité mais à laquelle il s'opposait en affirmant que « Dieu ne jugera pas deux fois un homme pour la même faute ».

Il énonça ainsi – malgré lui – un principe juridique sur lequel se fondera la science juridique moderne. Pour justifier sa proposition, Henri dut recourir aux règles coutumières anglaises mais quand il demanda aux prélats s'ils étaient disposés à les accepter, la réponse fut : « En dehors de notre ordre ». L'Église défendait sa propre juridiction en se basant exclusivement sur le droit canonique. Le souverain réagit ouvertement contre l'archevêque à qui il enleva la tutelle de l'héritier du trône (qui lui revenait par coutume), Henri le Jeune. Le roi sollicita en outre l'intervention directe du pape Alexandre III, à qui il demanda à plusieurs reprises de consentir à son interprétation des coutumes. Avant que l'approbation papale n'arrivât à Londres, Becket, psychologiquement sous pression, donna son aval au roi. Du synode de Westminster naquit un problème de droit qu'Henri II voulut résoudre une fois pour toutes. L'année suivante, il convoqua à Clarendon un nouveau synode pour discuter l'approbation de seize clauses – passées à l'histoire comme les *Constitutions de Clarendon* – qui reproduisaient le droit coutumier anglo-saxon. Dix d'entre elles soulevaient la controverse entre les pouvoirs civil et ecclésiastique. Quatre clauses définissaient les limites des juridictions laïque et ecclésiastique et proposaient à nouveau le point qui avait été l'objet de controverses à Westminster sur la double juridiction pour les clercs ; six assuraient au roi l'ingérence dans l'élection du clergé et un pouvoir de *veto*, dans des circonstances déterminées, à l'exercice de l'autorité ecclésiastique. Ces dispositions qui, malgré leur teneur, ne sanctionnaient pas la tentative du roi de s'ingérer dans les questions concernant l'Église, exprimaient simplement la volonté de fixer définitivement les règles en vigueur jusqu'alors. Il ne s'agissait donc pas d'une confrontation entre pouvoirs, mais d'un règlement de compétences plus modeste. Becket, cependant, n'apposa pas son sceau au texte des *Consitutions* et provoqua pour la énième fois un conflit – cette fois-ci irrémédiable – avec le souverain. À partir de ce moment, la vie même de l'archevêque et celle de tous les membres de son entourage fut en danger. Becket se réfugia en France ; ses parents et ses *familiares*, environ quatre cents personnes furent dépouillés par le roi de toutes leurs possessions en Angleterre et officiellement exilés, eux-aussi, en France. Le *Queen Mary Psalter*, c'est-à-dire le ms. Royal MS 2 B. vii de la British Library[1], contient, entre autres, une remarquable enluminure qui montre le roi Henri II qui chasse la famille de Becket en brandissant une épée. À côté de l'archevêque en exil, on trouve ses sœurs avec leurs familles respectives[2]. La miniature du deuxième feuillet du fragment Getty de la *Vie Saint Thomas le Martyr*[3] nous montre Thomas prononçant la sentence d'excommunication contre tous ceux qui ont fait tort soit à sa *familia*, ou à ses biens. Thomas est entouré de ses *clerici*, parmi lesquels une femme avec un livre dans les mains.

L'exil fut beaucoup moins désagréable que l'on eût pu le craindre : à la cour de France – comme le rappelle Herbert de Bosham qui partagea le sort que l'archevêque – les exilés furent traités avec les plus grands égards (n'oublions pas, par ailleurs, que beaucoup d'entre eux s'étaient formés culturellement à Paris et à Chartres) non comme des étrangers, mais comme de vrais Français :

> « *Suscepti jam a Franci, et de ipsius mensa jam eramus, inter nos non ut exules, sed cives, non quasi advenæ, sed indigenæ et etiam plus quam ipsis indigenis nobilibus et generosis, nobis a magnatibus et principibus terræ honor amplior impendebatur, ita ut oblivioni datæ essent angustiæ nostræ priores, nec essent jam priora in memoria quæ transierunt*[4] ».

Jean de Salisbury vint d'abord à Paris où, suivant le conseil de Becket, il put mener la vie d'érudit qui lui avait été rendue difficile à la cour du premier Plantagenêt : ce fut d'ailleurs en France qu'il put écrire l'*Historia Pontificalis*[5].

---

1 George Warner, *Queen Mary's Psalter, partial facsimile, reproducing all pictorial material*, Trustees of the British Museum, Londres 1912.

2 Agnès (née autour de 1125), Roese (née autour de 1127) et Marie (née autour de 1130).

3 Matteo di Parigi, *La Vie Saint Thomas le Martyr*, éd. Carla Rossi, Alessandria, Edizioni dell'Orso, 2008.

4 Herbert de Bosham, cit., cap. 21, p. 407.

5 Cf. *MHTB* V ; 103-104, lettre 56.

Parmi les érudits de Cantorbèry on trouve donc des personnages très célèbres : le premier à être cité par Herbert est Petrus Lumbardus de Placentia (~1135-†1192).

> « *Inter eruditos vero Thomæ eruditissimus præclarus quidam, sicut nationem et nomine Lumbardus, de præclara civitate Placentia oriundus*[1]. »

Mieux connu sous son surnom de Placentin,[2] ce fut à l'école de Bologne et dans les traditions encore vivantes d'Irnerius qu'il se forma. Plein d'ardeur pour la science dont les docteurs bolonais étaient les représentants, il enseigna le droit, d'abord à Mantoue où il composa en six livres son traité *De varietate actionum*. Il s'agit d'un traité systématisé, le premier du genre, consacré à une des parties les plus difficiles et les plus complexes du droit romain, qui témoigne d'autant de vigueur d'esprit que d'instruction. La jurisprudence y est représentée sous les traits d'une femme digne, par ses vertus et sa beauté, d'admiration et d'amour. L'imagination de Placentin se plaît à créer pour elle toutes les perfections d'une beauté idéale, et l'enthousiasme pour la science du juste, dans cette renaissance du droit, se confond avec la passion du beau. Il professa par la suite à Bologne même, et il composa probablement alors ses additions (*Additiones sive exceptiones regularum*) au commentaire de son maître Bulgare sur les *Règles de droit*; entré en conflit avec les « quatres docteures » bolonais,[3] il passe ensuite en Angleterre, à la cour de Cantorbéry. Il est fameux pour avoir doté Montpellier du premier enseignement juridique que la France ait possédée. Il semble que Placentin ait séjourné à deux reprises à Montpellier. C'est là (lors de son bannissement à côté de Becket, auquel il enseignait le droit canonique dans les loisirs de l'exil) qu'il publia la *Summa codicis* (*Somme sur le code*, en neuf livres)[4]

---

1 *MHTB*, III, 15-16, p. 226.

2 Junius Castelnau, « Notice sur la vie et sur les ouvrages du jurisconsulte Placentin », in *Mémoires de la Societé archéologique de Montpellier*, I, 1840, p. 472-515 et Pierre Tisset, « Placentin et l'enseignement du droit à Montpellier. Droit romain et coutume dans l'ancien pays de Septimanie », in *Recueil de mémoires et travaux de la Soc. d'Histoire du Droit*, II, 1951, p. 67-94

3 Bulgare, Martin, Jacob et Hugo.

4 *Placentini Summa Codicis : accessit proemium quod in Moguntina editione desiderabatur*,

et qu'il composa son principal ouvrage, la *Summa institutionum Iustiniani* (achevée vers 1168).[1] Dans le *Prœmium* de son dernier ouvrage il a raconté lui-même les principaux incidents de sa vie et de son professorat. Après l'assasinat de Becket, il devint cardinal et archevêque de Bénévent (1171-1179), avant d'être rappelé à Montpellier, quand, en 1180, Guillaume, seigneur de la ville, annonça par une déclaration publique qu'il abolissait le monopole de l'enseignement dans l'école de médecine.[2] Montpellier lui décerna, quand il mourut, l'honneur insigne d'une mention spéciale sur ses registres publics :

> « *En l'an MCLXXXXII, a XII jorns de febrier, anet a Dieu M. Placentin, loqual fo lo primier doctor que jamays legi en Montpellier ; e fo sebelit en lo cimeteri de Sant-Bertholmieu, pres de la capela de Sant-Cleophas de part de foras*[3]. »

Il vaut la peine de souligner ici que tout l'entourage de Becket s'intéressait au droit canonique : qui plus est, la *Concordia discordantium canonum*, somme théologique compilant les canons de l'Église (et base du droit canonique jusqu'en 1918), fut traduite en ancien français avant 1170 pour les seigneurs laïcs de l'empire des Plantagenêts. Or, comme Leena Löfstedt l'a prouvé,[4] cette traduction en ancien français (ms. Bruxelles, B. R. 9084, Van

---

éd Francesco Calasso, Torino, Bottega d'Erasmo, 1962.

1 Publiée dans *le Corpus glossatorum juris civilis. Curante Juris italici historiae instituto*, Taurinensis universitatis. Rectore ac moderatore, Mario Viora, Augustae Taurinorum, Ex Officina Erasmiana, 1966-73 ; v.1, 1973. Voir aussi André Gouron, « Comment dater la venue de Placentin à Montpellier ? », in *Études d'histoire du droit médiéval en souvenir de Josette Metman*, 1988, p. 187-194.

2 *Ego Guillelmus, Dei gratia, Montispessulani Dominus (...) non dabo concessionem seu prærogativam aliquam alicui personæ, quod unus solus tantum legat seu regat in Montepessulano scholas in Facultate physicæ disciplinæ (...) Acerbum et contra fas uni soli dare monopolium in tam excellenti scientia, et ideo mando et volo quod omnes homines, quicumque sint vel undecumque sint, sine aliqua interpellatione regant scholas de physica in Montepessulano,* Hist. ecclésiast. de Montpellier, avec un Abrégé hist. des Universités et Collèges, par Chrétien D'Aigrefeuille, p. 342 ; édit. in folio de 1739.

3 *Thalamus parvus, Le Petit Thalamus de logique de Montpellier, publié pour la première fois d'après les manuscrits originaux*, Publication de la Société archéologique de Montpellier, 1.1, 1836-40, p. 315-483, in-4°, cit. p. 330.

4 Leena Löfstedt, *La loi canonique, les Plantagenêt et S. Thomas Becket*, in « Medioevo romanzo » 1990, vol. 15, no 1, p. 3-16

den Gheyn no 2505, folios 7-362)[1] avait été exécutée par « un grand seigneur qui par sa culture et par sa langue appartenait à l'Angleterre des Plantagenêts [...] mais copiée dans le centre de la France, elle a été faite à la cour d'exil du primat d'Angleterre par une équipe dont lui-même était le chef[2] ».

Löfstedt reproduit quatre documents qui prouvent d'indéniables parallèles : le texte français du ms., le texte latin de Gratien, une lettre latine de Thomas Becket, de *Vie de S. Thomas Becket* de Guernes de Pont-Sainte-Maxence. « Guernes présente sa matière comme une versification d'une lette de S. Thomas Becket. Celui qui aurait écrit une lettre française avec beaucoup de citations de Gratien aurait dû maîtriser le français et la loi canonique. S. Thomas était francophone, sa mère appartenait à la bourgeoisie de Caen et son père, Gilbert, établi à Cheapside, à celle de Rouen, il connaissait la loi canonique pour l'avoir étudiée non seulement à Bologne dans sa jeunesse, mais aussi pendant son exil à Pontigny. [...] Il n'est pas impossible de supposer que Guernes ait utilisé une première rédaction française de *Exspectans exspectaui* par S. Thomas lui-même. [...] Qui a traduit le Gratien français ? Voici la réponse la plus simple : le traducteur est celui qui sait citer le Gratien français dans ses lettres, S. Thomas Becket [...][3] ». Thomas avait de bonnes raisons de réaliser cette traduction française, destinée à l'Angleterre, lors de sa lutte avec Henri II Plantagenêt.

Enfin, pour citer encore Löfstedt : « nous avons ici une œuvre magnifique de prose française du XII^e^ siècle, digne objet de toutes sortes d'études linguistiques et stylistiques. Une œuvre en prose qui précède le *Graal* et qui a pu inspirer, à ses auteurs, les thèmes de la pureté monastique, de la vérité découverte, de la consécration. Une œuvre en prose qui rattache le monastère cistercien de Pontigny dans la Champagne de Henri le Libéral et [...] de Chrétien de Troyes, l'auteur du *Perceval*, à l'Angleterre des

1 Leena Löfstedt, *Decretum Gratiani. La traduction en ancien français du Décret de Gratien*, Helsinki, Societas Scientiarum Fennica, 1992-1997, 4 vol.

2 Eadem, *La traduction française du Decretum Gratiani*, ouvr. cit, p. 521-531.

3 Löfstedt, *La loi canonique*, ouvr. cit, p. 10.

Plantagenêt. Un texte qui rattache l'un à l'autre les deux centres principaux de rayonnement de la culture courtoise[1] ».

Dans la liste dressée par Herbert de Bosham, après Placentin, figure Jean de Salisbury[2] suivi de Robert Foliot,[3] de Réginald fitz Jocelin (*Reginaldus, natione Anglus, sed sicut educatione et cognomento Lumbardus*) évêque de Bath et archevêque de Cantorbéry en 1191, de Maître Gérard la Pucelle (qui professait le droit canonique à Paris vers 1160 et qui devint ensuite professeur à Cologne et évêque de Coventry), de Hugues de Nonant,[4] de Maître Gilbert de Glanville (futur évêque de Rochester), du théologien Gervase de Chichester, du Galois Alexander *lingua paterna vocatus Cuelin*,

1 *Ibid.*, p. 12-13.

2 Jean de Salisbury (né vers 1115, dans le comté du Wiltshire en Angleterre et mort en 1180) fit ses études en France : étudiant de l'université de Paris, il y fut, à son dire, dès 1136, l'élève d'Abélard et il devait continuer à étudier à Chartres, sous la direction de Robert de Melun et celle de Guillaume de Conches. Il entra ensuite dans la *familia* de Thibaud de Cantorbéry, il fut après secrétaire de Thomas Becket, alors chancelier d'Angleterre. Évêque de Chartres de 1176 à 1180, il fut l'un des hommes de son temps qui connurent le mieux l'Antiquité. Son principal ouvrage, un des premiers livres imprimés, très célèbre au moyen âge, est intitulé : *Polycraticus, de Nugis curialium et vestigiis philosophorum*. C'est une sorte d'encyclopédie morale, en huit livres, où l'auteur oppose aux frivolités du monde et de la cour les solides enseignements de la philosophie. En tête des amusements qu'il attaque se trouve la chasse, moyen de vexation contre les faibles. Le jeu de dés, la musique et les musiciens, les acteurs, les ménestrels, les jongleurs, ne sont pas épargnés. L'auteur montre la vanité de la magie, de la sorcellerie, bien qu'il ne réfute pas toutes sortes de présages. Le troisième livre, dirigé contre les flatteurs et les parasites, se termine par un chapitre contre les tyrans. Le tyrannicide y est approuvé, mais il appartient à l'Église seule de déclarer qu'un prince est un tyran. Pour l'ami de Thomas Becket, la royauté n'est que la servante de l'Église. Tout cet examen de la société a pour conclusion une théorie des devoirs empruntée aux philosophes anciens et l'auteur termine en revenant sur le tyrannicide et le devoir de tuer les tyrans. Achevé en 1156, le *Polycraticus* est adressé, dans une introduction poétique, à Thomas Becket. Sous le titre peu différent d'*Entheticus*, Jean de Salisbury fit, en vers élégiaques, une sorte de résumé de son grand ouvrage, rempli d'allusions satiriques. Enfin, pour défendre la philosophie, c'est-à-dire les lettres anciennes, contre les attaques des gens du monde, Jean de Salisbury écrivit son *Metalogicon* en six livres. À ces ouvrages, il faut ajouter ses *Lettres*, qui sont très importantes pour l'histoire de l'époque.

3 Archidiacre d'Oxford, et après évêque de Héréford.

4 Donald E. Desborough, « Politics and Prelacy in the Late Twelfth Century : the Career of Hugh de Nonant, Bishop of Coventry, 1188-98 », in *Historical research* 64, 153, 1991, p. 1-14.

d'Hubert Crivelli (doyen de Bourges, qui obtint l'archevêché de Milan, avant de s'assoir sur le trône de Saint Pierre, de 1185 à 1187, sous le nom d'Urban III).[1]

Tous ces maîtres, à coté de ceux qui ne sont pas explicitement nommés par Herbert mais qui étaient liés à Cantorbéry, comme Pierre de Blois, Alain (prieur de Cantorbéry en 1179 mais figurant déjà parmi les fidèles compagnons de Thomas, exilés avec lui en France, à la conférence entre l'archevêque et les légats du pape qui eut lieu le 18 novembre 1167), Joseph d'Exeter, Odon, Jordan Fantosme[2] et Benoît (sur lesquels nous reviendrons) contribuèrent à l'éveil intellectuel de la societé anglo-normande et à cette redécouverte de l'antiquité classique qui accorda une large part à l'humanisme et à la théologie philosophique.

Une conception chartrienne du savoir et de l'éducation marqua l'enseignement de ces érudits. Elle se réclame de Cicéron et de Sénèque qui voulaient avant tout former d'honnêtes hommes, c'est-à-dire des citoyens vertueux au service de l'État. Le maître n'est plus seulement un dispensateur de connaissances, mais un éducateur exemplaire formant en profondeur la personnalité de l'élève dans la vertu, l'humanité et les manières. Herbert de Bosham insiste sur la *moralitas* que Thomas inculque aux adolescents dont on lui confie l'éducation : les seigneurs lui envoyaient leurs jeunes fils pour servir dans sa maison et être élevés près de lui ; il les gardait quelque temps, puis les armait chevaliers et à ses propres dépens leur fournissait tout le harnais des gens de guerre.

1 Il hérita de la querelle entre la papauté et Frédéric Ier Barberousse, empereur germanique. Pendant son règne, qui dura près de deux ans, ses ennemis politiques l'empêchèrent de revenir à Rome et il vécut à Vérone puis à Ferrare. En 1186, le fils de Frédéric, le futur empereur Henri VI, envahit les États pontificaux. Urbain mourut alors qu'il était en route pour Venise, où il avait prévu d'excommunier Frédéric.

2 Jordan Fantosme (1120 ca-1185) est l'auteur du poème historique anglo-normand sur la guerre d'Écosse et sur la révolte du jeune roi Henri, fils d'Henri II, soutenu par le roi d'Écosse Guillaume le Lion. Il apparaît comme temoin, à coté de Thomas Becket, Roger de Pont l'Évêque, Jean de Salisbury et Alain, dans plusieurs actes du « Dean and Chapter Canterbury », Reg. B.

Thomas et ses érudits mettaient l'accent sur la rhétorique, sur le port extérieur, sur l'allure des élèves. Pour eux, la commensalité était une école privilégiée de cette éthique : les jeunes se rassemblent autour de l'archevêque dans un banquet philosophique ; ils mangent avec retenue et modération, respectent les règles de la préséance ou servent, tour à tour, les commensaux. L'extérieur du corps reflète ainsi la beauté intérieure de l'âme. Sur le plan politique, cet enseignement s'inscrit dans un programme plus large de « domestication de la noblesse » et de laïcisation de la culture qui apprend à la cour la maîtrise des passions, tandis que la violence privée, prérogative du tyran, lui est interdite[1]. Ainsi, de toutes les parties de la philosophie, l'éthique est, comme le dit Jean de Salisbury, la première en dignité[2].

Le but affiché des maîtres de Cantorbéry fut d'éveiller la faculté de discernement des élèves, à travers une doctrine fondée non sur la présentation de modèles univoques, mais sur l'éveil de la capacité de discrétion et de tempérance.[3] C'est dans un tel contexte que civilité et courtoisie vont de pair.

Or, ce programme culturel et pastoral est manifestement partagé par Marie dans l'*Espurgatoire*. Elle révèle son intention de composer une œuvre qui soit *entendables a laïe gent e covenables*[4]. La poétesse adhère implicitement à cette doctrine, axée sur la laïcisation du savoir et le relativisme éthique qui accorde un rôle fondamental au libre arbitre : aucun enseignement n'est valable pour toutes les situations et aucune attitude, aucune sagesse ni folie n'a de valeur positive ou négative de façon absolue. Comme l'affirme Sarah Amer :

« Marie dénonce toute pédagogie qui prétend instruire de façon absolue ou définitive et révèle l'impossibilité d'encourager ou de

1 William Fitz Stephen, *Vita Sancti Thomæ, Cantuariensis Archiepiscopis et Martyris*, in *MHTB* (ouvr. cit n. 14) vol. III, p. 14-15.

2 « Illa quæ ceteris philosophiæ partibus præminet, ethicam dico », *Metalogicon*, livre I, cap. XXIV.

3 Pour cela, par exemple, Jean de Salisbury élabore des mises en parallèle et des comparaisons dont la plus connue est celle de l'opposition entre la figure du bon prince et celle du tyran.

4 *Espurgatoire*, v. 2299-2300.

condamner un comportement d'avance, puisque chaque fois le jugement n'est valable que pour une situation particulière, et ne peut être généralisé à d'autres circonstances[1]. »

## LE PUBLIC DE MARIE

Giosuè Lachin a insisté justement sur « l'angoisse généalogique[2] » de Marie qui constitue le dénominateur commun de son œuvre et souligne sa volonté de se faire traductrice ou ambassadrice de la tradition auprès de son nouveau public. Comme Ésope, devenu le héros éponyme du recueil (des fables) et de la première action d'écriture, Marie aspire à devenir l'héroïne éponyme de la dernière action de médiation face au nouveau public.

Thème chartrain par excellence, l'oubli et la *remembrance* sont des *leitmotive* dans l' œuvre de Marie. Pour elle, l'acte même de l'écriture, la « mise en roman », c'est la mise en mémoire. « Gloser la lettre en langue vulgaire », c'est mettre le contenu, en le clarifiant, à la portée de ses auditeurs laïques qui ne connaissent pas assez le latin, c'est consigner le passé dans l'écrit afin qu'il survive, c'est faire comprendre le texte en l'adaptant aux circonstances, selon le principe rhétorique du *delectare et docere.* La langue choisie par la poétesse ne peut être qu'une *lingua franca* au sens étymologique.

À la cour d'Henri II quatre races, quatre langues et quatre esprits étaient en présence : à côté des Français du Nord, il y avait des Occitans, des Saxons et des Celtes. À la fin de son règne, le roi avait réuni sous sa loi tout le monde celtique : Celtes du pays de Galles, Celtes d'Écosse et d'Irlande, Celtes de la Bretagne française. Il avait converti en suzeraineté la suprématie purement nominale accordée jusque-là aux ducs normands.

1 Sarah Amer, *Esope au féminin : Marie de France et la politique de l'interculturalité,* Amsterdam/Atlanta, Rodopi, 1999, p. 103.

2 Lachin, *Marie de France,* cit., p. 209 *sq.*

On trouvait également en cette cour des hommes de race anglo-saxonne, comme Jean de Salisbury, ce qui atteste que sous Henri, l'élément anglais réapparaissait. Ce sont les Anglais, dit Jean, qui ont assuré la soumission du comté de Bretagne, ils se sont montrés brillants au siège de Chinon : *Anglos et Normannos jam multiplex confederatio univit*[1]. L'ancienne inimitié entre Saxons et Celtes pouvait ainsi être mise à profit grâce à une politique normande intelligente. La réappropriation des origines celtes caractérisées par des traits culturels et linguistiques communs aux Bretons, Gallois et Irlandais devint alors une véritable obsession pour des lettrés de cour tels que Geoffroi de Monmouth, Henri de Huntingdon, Wace, Benoît de Sainte-Maure, engagés dans la construction artificielle et complexe des origines « troyennes » des Plantagenêt et dans l'élaboration de ce que l'on définira la *matière de Bretagne.* Dans ce contexte social aux origines nationales et ethniques multiples, en faisant de Londres une nouvelle Troie (*Troie Nove*, *Trinovant*)[2], Wace rattache la cour d'Angleterre[3] au lignage troyen. On a supposé que le *Roman de Troie*, traditionnellement daté de 1165 environ[4], dû à la plume de *Maistre Beneit de Saincte-More*, faisait partie de ce dessein visant à affermir l'autorité de la dynastie angevine en lui supposant une ascendance troyenne.

Faut-il imaginer derrière des textes qui relèvent de trois formes distinctes, l'historiographie, le roman d'antiquité et le roman breton, un projet concerté ? Des chercheurs l'ont soutenu, avec des nuances diverses. On pense, par exemple, à l'introduction

1 *Polycraticus*, Lib. VI, cap. XIX.

2 *Brut*, v. 1224-1238 ; *Rou*, troisième partie, v. 17-18.

3 Sur la cour d'Henri II comme centre intellectuel brillant, mais aussi comme théâtre d'un phénomène curial nouveau voir Reto Bezzola, *Les origines et la formation de la littérature courtoise en Occident*, Paris, Champion, 1944-1963, Troisième partie, t. I, p. 1-311.

4 Revenant sur le problème de datation dans sa dernière édition traduction du texte (*Le Roman de Troie*, Paris, Livre de Poche, coll. Lettres Gothiques, 1998, p. 18), E. Baumgartner note que « tout permet de penser que la *riche dame de riche reis* longuement célébrée aux vers 13457-13470 est bien Aliénor d'Aquitaine et que cet éloge pourrait même être un élément de datation du texte, achevé avant la disgrâce de la reine, emprisonnée de 1173 à 1184 ».

de Francine Mora-Lebrun à sa traduction du *Roman de Thèbes*,[1] mais c'est surtout Philipp-August Becker qui a émis cette hypothèse[2] pour les romans d'Antiquité.[3]

Dans son passionnant ouvrage *Nugæ curialium*, Egbert Türk rappelle que Giraud de Barri parle souvent dans ses œuvres de ses propres origines, en partie normandes, en partie *troyennes*[4] :

« Nous apprenons que dans ses veines coulait du sang aux trois quarts normand et pour un quart *troyen* ; autrement dit, son père Guillaume, surnommé de Barri d'après une île côtière du pays de Galles méridional, était Normand et avait succédé en 1130 à Eudes (le grand-père de Giraud) comme seigneur du château familial de Maenor-Pyr – lieu de naissance de l'auteur – au sud-est de Pembroke. La mère de Giraud, Angharat, fille de Giraud de Windsor, connétable de Pembroke, avait un frère, Maurice Fils-Gérald, ancêtre des Gilardin, comtes de Kildare (Irlande). La grand-mère maternelle était Nesta, fille du célèbre Rhys ap Tewdwr. Ainsi s'explique pourquoi Giraud parle d'un quart de sang *troyen*, la lignée des rois de South-Wales. *[...]* Giraud de Barri se présente donc à nous comme le rejeton érudit d'une lignée de puissants seigneurs[5] ».

Ce que nous dit Jean Dufournet sur Gautier Map à ce propos est intéressant : « Comme Geoffroi de Monmouth et Giraud de Barri, Walter Map est bien représentatif de ces écrivains mi-gallois, mi-normands qui ne reniaient pas leurs origines et firent connaître aux conquérants normands la culture celtique[6] ».

---

1 Paris, le Livre de Poche, coll. Lettres Gothiques, 1995.

2 Cf. Philipp-August Becker, *Zur romanischen Literaturgeschichte, Ausgewählte Studien und Aufsätze*, hg. von Martha E. Becker, München, Fink, 1967.

3 Cependant des objections surgissent. Cf. U. Broich, *Heinrich II als Patron der Literatur seiner Zeit*, dans *Studien zum literarischen Patronat im England des + ». Jahrhunderts*, Köln, 1962, p. 33-34 qui a constaté que les ouvrages de type généalogique sur Henri II ne font jamais état d'une ascendance troyenne.

4 Giraldi Cambrensis *Opera*, Edited by J. S. Brewer. VIII : *De principis instructione liber*, Edited by George F. Warner, London, Longman, 1891 ; III, 25.

5 Egbert Türk, *Le règne d'Henri II Plantagenêt (1145-1189) et l'éthique politique*, Genève, Droz, 1977, p. 102.

6 « Relire le *De Nugis curialium* de Gautier Map », in *Le Moyen Âge*, XCV (1989), p. 518-525. Quant à la présence d'éléments celtes dans *De Nugis*, voir par exemple

Parmi les écrivains mi-gallois, mi-normands il faut citer aussi Hue de Rotelande (de Rhuddlan, Denbighshire, mais vivant à Credenhill, au nord de Hereford, dans une région où s'illustra Rhys ap Gruffydd), auteur de deux romans en vers, *Ipomédon* et *Protheselaüs*, composés au cours des années 1180, où les souvenirs de *Lanval*, de *Tristan*, de *Thèbes* et d'*Eneas* se multiplient.

Le nouveau public de Marie est représenté de façon exemplaire par ceux que nous pourrions définir les « nouveaux Bretons » au sens de Bretons de Grande-Bretagne. Si Pélage, saint Patrice, Gildas, le Pseudo-Nennius, Asser, Caradoc de Llancarfan et Pierre Abélard étaient bretons de souche, nous trouvons à la cour Plantangenêt des personnages ethniquement métissés, les « nouveaux Bretons » ou « nouveaux Troyens ».

Si l'on fait abstraction de certains récits plus anciens et moins bien structurés, comme l'*Historia Brittonum*, on considère généralement l'*Historia regum Britannie* (*l'Histoire des rois de Bretagne*) comme le texte fondateur qui valorise la nation bretonne en attribuant aux Troyens, en l'espèce à Brutus, la fondation de la (nouvelle) Bretagne. L'œuvre fut rédigée en latin au XIIe siècle, entre 1135 et 1138, par Geoffroy de Monmouth, lequel entend écrire l'histoire du peuple breton depuis la première occupation de l'île jusqu'au moment où le pouvoir passe aux Anglo-Saxons au VIIe siècle. L'ancêtre des Bretons est Brutus, arrière-petit-fils d'Énée. Brutus fonde une ville royale du nom de Nouvelle Troie : la future Londres. À sa mort, après vingt-trois ans de règne, son royaume est partagé entre ses trois fils, Locrinus, Albanactus et Kamber. Locrinus reçoit la partie méridionale du royaume, qui prend le nom de Logres ou Loegrie, la future Angleterre ; Albanactus hérite pour part du nord de la Bretagne, qui prend le nom d'Albanie, la future Écosse ; Kamber enfin a le futur Pays de Galles, qui s'appelle dès lors Cambrie.

---

le récit du *Filii Mortue* (Dist. 2, chap. 13, et dist. 4, chap. 8) qui, selon Smithers, « implies that as early as 1182 there was in existence a literary Breton Lay in which the classical tale of Orpheus had already been blended with a story of Celtic provenance » (cf. George Smithers, « Story-Patterns in Some breton Lays », in *Medium Ævum* 22 (1953), p. 83.

Comme l'écrit Emmanuelle Baumgartner, « Troie est la geste héroïque et le poème amoureux de la ville phare, détruite, aux lignages dispersés, mais dont la dispersion même assure la (re) naissance des peuples de l'occident » [1].

## CANTORBÉRY ET TROIE : BENOÎT, ALAIN, GAUTIER ET JOSEPH

*Mais Beneeiz de Sainte More*
*la continue e fait et dit*
*e o sa main les moz escrit*
(*Roman de Troie*, v. 132-34)

Le *Roman de Rou* se termine par ces vers, où le vieux poète Robert Wace laisse percevoir son amertume et sa tristesse :

Jo ai dit por Maistre Beneit
Ki cest ovre à dire a emprise,
Com li reis l'a de sor li mise.
Quant li reis li a rové faire
Leissier la dei, si m'en dei taire
Li reis jadis maint bien me fist,
Mult me duna, mult me pramist ;
E se il tot dunè m'eust
Ço k'il me pramist, mielx me fust.
Ne l' poiz avoir, ne plout al rei ;
Mais n'est mie remez en mei.
Treis reis Henris ai coneuz,
En Normendie toz veuz ;
D'Engleterre et de Normendie
Orent tuit treis la seignorie.
Li secunt Henri ke jo di,
Né de Mahelt l'empereriz,

1 *Romans antiques, histoires anciennes*, cit., p. 221.

E li tiers fu al secunt filz.
Ci faut le livre maistre Wace,
Qui 'n velt avant fere, si 'n face.

En disant que Benoît fut prié par le roi Henri II de composer la *Chronique des ducs de Normandie* Wace donne bien à son émule le titre de *Maître.*

Le premier éditeur du *Roman* de Benoît, Aristide Joly, observe que : « le ton qui règne dans la *Chronique* de Benoît semble indiquer suffisamment un homme appartenant à l'Église et comprenant toute la gravité de son état. Lui-même, d'ailleurs, dans le *Roman de Troie*, semble nous dire expressément que c'était bien là sa profession[1]. »

Le roman de Maître Benoît est une adaptation en langue vernaculaire de l'*Ephemeris belli Trojani* attribué à Dictys le Crétois qui aurait participé personnellement à la guerre de Troie du côté grec et de l'*Excidio Troiæ historia*, poème qui circulait pendant le Moyen Âge attribué à Darès le Phrygien ou le Troyen.

Ce texte apocryphe du VI^e^ siècle jouissait d'une grande autorité dans la mesure où on l'attribuait à un ancien combattant de la guerre de Troie. En Angleterre, la bibliothèque de l'abbaye de Peterborough possédait à la fin du XII^e^ siècle le plus grand nombre de ses manuscrits[2]. Ces codices avaient été commandités par Magister Benedictus, ancien secrétaire de Thomas Becket (auteur du texte de sa *Vita* et ses *Miracula* et d'une vie de Henri II), abbé de Peterborough de 1177 à 1193.

Notons en passant que c'est justement dans un esprit « becketien », avec son « ouverture généreuse aux laïcs[3] », que le *Roman*

1 *Romans antiques*, cit., p. 133.

2 Cf. *Corpus of British Medieval Library Catalogue, Peterborough Abbey*, cit., p. 199.

3 Cf. Francine Mora-Lebrun, « L'»Ylias» de Joseph d'Exeter : une réaction cléricale au «Roman de Troie» de Benoît de Sainte-Maure », in *Progrès, réaction, décadence dans l'Occident médiéval*, Etudes recueillies par Emmanuelle Baumgartner et Laurence Harf-Lancner, Genève, Droz, 2003, p. 199-213 ; cit. p. 205. Francine Mora-Lebrun, *L'Eneide mèdiévale et la chanson de geste*, Paris, Champion, 1994 ; Eadem *L'Eneide médiévale et la naissance du roman*, Paris, PUF, 1994 ; Eadem [éd.], Joseph d'Exeter, *L'Iliade*, Turnhout, Brepols, 2003 ; Eadem, *Metre en romanz : les romans d'antiquité du XIIe siècle et leur postérité*, Paris, Champion, 2008.

*de Troie* s'efforce de mettre l'histoire et la culture antiques à la portée d'un public chevaleresque (afin que ceux qui ne comprennent pas le latin de Darès puissent trouver plaisir au texte français, *cil qui n'entendront la letre / se puissent deduire el romanz*). La culture historique et littéraire de ce public s'élargit donc considérablement. L'intention didactique est formellement énoncée dans le prologue : il s'agit de faire passer dans la langue des laïcs les connaissances des clercs, qui incarnent la conscience littéraire et se doivent de manifester la parole poétique dans l'histoire et la temporalité humaines. En paraphrasant la parabole biblique des talents (*Matthieu* 25, 14-32), Benoît insiste sur le fait que *Nus ne deit son sens celer / Ainz le deit hon si demonstrer*[1].

Salemons nos enseigne et dit,
E sil lit hon en son escrit,
Que nus ne deit son sens celer;
Ainz le deit hon si demonstrer
Que l'on i ait preu e honor,
Qu'ensi firent li ancessor.
Se cil qui troverent les parz
E les granz livres des set arz,
Les philosophes, les traitiez
Dont toz li monz est enseignez
Se fussent teü, veirement
Li siecles vesquist folement :
Come bestes eüssons vie;
Que fust saveirs ne que folie
Ne seüst hon fors esgarder.
Ne l'un de l'autre dessevrer.
Remembré seront a toz tens
E coneü par lur granz sens.

[...]

Et qui plus siet, e plus deit faire :
De ce ne se deit nus retraire.
E por ce me vuell travailler
En une estoire conmencer
Que, de latin ou je la truis,

1 Marie va utiliser presque les même termes dans le prologue des *Lais* : *Ne s'en deit taisir ne celer, / Ainz se deit voluntiers mustrer.*

Se j'ai le sens e se ge puis,
Le voudrai si en romanz metre
Que cil qui n'entendront la letre
Se puissent deduire el romanz.
Mout est l'estoire riche e granz
E de grant ovre e de grant fait.
En maint lué l'avra hon retrait,
Saveir cum Troie fu perie,
Mes la verté est poi oïe.
Omers, qui fu clerz merveilleus,
Des plus sachanz, ci trovons nos,
Escrist de la destructïon,
Del grant siege e de l'achaison
Par quei Troie fu desertee,
Qui onc puis ne rabitee.
Mais ne dist pas ses livres veir,
Car bien savons, sens niul espeir,
Qu'il ne fu puis de cent anz nez
Que li granz osz fu asenblez.
N'est merveille s'il en faillit,
Qui unc n'i fu ne rien n'en vit.

À partir du milieu du XIIe siècle, c'est d'après Darès qu'on raconte la guerre de Troie, de façon délibérée puisque Darès apparaît dans le titre de deux poèmes, lesquels se présentent d'ailleurs comme de véritables poèmes épiques.

Entre 1184 et 1190, Joseph d'Exeter, neveu de l'archevêque Baudouin de Cantorbéry (deuxième successeur de Becket) remanie le texte de Darès le Phrygien et dédie son œuvre, l'*Ylias*, à son oncle. Selon Francine Mora, l'*Ylias* a été conçue comme une réponse et une « réaction parfois sévère ou violente, au *Roman de Troie*[1] » de Benoît de Sainte-Maure qui s'efforçait de mettre l'histoire et la culture antiques à la portée d'un public séculier et chevaleresque. L'épopée de Joseph s'oppose au roman de Benoît sur bien des points. L'attitude de Joseph à l'égard des laïcs et de l'antiquité païenne est assez obscurantiste et pour cause : le meurtre de Becket avait eu pour conséquence la réprobation de toute la chrétienté envers le roi d'Angleterre. L'Angleterre risquait l'interdit du Pape.

1 *Ibid.*, p. 212.

Le pays était déchiré par des tensions sociales et idéologiques liées à l'assassinat de l'archevêque et par les affrontements entre le roi (responsable du meurtre), ses fils et ses barons. En 1173, le jeune Henri qui était impatient de prendre le contrôle des territoires paternels et de les gouverner par lui-même fut encouragé à se rebeller par de nombreux aristocrates. Sa mère Aliénor, qui s'était querellée avec son mari, se joignit à cette cause. Elle fut suivie par beaucoup d'autres qui ne soutenaient plus Henri II depuis qu'il avait fait assassiner Becket en 1170. Joseph d'Exeter, tout comme son oncle Baudouin qui appartenait au parti du roi, était contraire à une alliance entre clercs et chevaliers. À l'optimisme de Benoît (qui, lui, cherche des modèles dans les héros antiques) il oppose le pessimisme d'un monde désenchanté dominé par la mort, les vices des hommes et les jeux de la Fortune.

Au didactisme de Benoît, Joseph oppose une remarquable connaissance de l'histoire et de la mythologie antiques qui s'exprime sous une forme codée, par le biais de périphrases et d'allusions destinées à un public savant. Pour lui « la connaissance de l'Antiquité doit rester l'apanage d'un petit groupe de clercs hautement cultivés dont il teste le savoir par tout un jeu d'allusions raffinées [...] À la lumière de l'évolution historique postérieure, la réaction de Joseph nous paraît bel et bien rétrograde[1] ».

Le poème de Joseph[2] se rapproche tellement des modèles classiques, qu'à la Renaissance il fut publié plusieurs fois comme œuvre de Cornélius Nepos. Il fallut l'autorité des meilleurs manuscrits pour mettre un terme à cette méprise.

Dans un court mais dense article, Chesley Martin Hutchings[3] soulignait l'allégorie politique mise en relief par Alain de Lille au

1 *Ibid.*

2 Au livre V l'*Ylias* contient une allusion à Henri III suggérant qu'il est vivant : elle semble donc en partie rédigée avant la mort du jeune roi, survenue en l'été de 1183. La dédicace de l'épopée, adressée à Baudoin, suggère que ce dernier a déjà pris la croix, sans pour autant avoir appelé à la III^e^ croisade, commencée en 1188. Il semble que la rédaction de l'épopée ne fut pas forcément linéaire et qu'elle a impliqué des retouches fréquentes de l'auteur.

3 Chesley Martin Hutchings, « L'*Anticlaudianus* d'Alain de Lille, étude de chronologie », *Romania*, L (1924), p. 1-13.

début de l'*Anticlaudianus*. Le savant anglais se fondait sur l'analyse d'un passage précis du premier livre de l'œuvre ; il s'agit de la description des principales erreurs de Nature peintes au fond de son palais et représentant des individus vicieux[1] :

*Illic pannoso plebescit carmine noster*
*Ennius et Priami fortunas intonat ; illic*
*Mevius, in celos audens os ponere mutum,*
*Gesta ducis Macedum tenebrosi carminis umbra*
*Pingere dum temptat, in primo limine fessus*
*Heret et ignauam queritur torpescere musam ;*
*Illic precipiti Nero fulmine concutit orbem,*
*Indulgens sceleri, cogit plus uelle furorem,*
*Quam furor ipse uelit ; quicquid distillat ab illo*
*Nequicie sese totum partitur in orbem ;*
*Illic diues eget, sitit aurum totus in auro*
*Midas, nec metas animo concedit habendi.*
*Militis excedit legem plus milite miles*
*Aiax milicieque modus decurrit in iram.*
*Fractus amore Paris, Veneris decoctus in igne,*
*Militat in Venerem ; dum militis exuit actus,*
*Damnose compensat in hac quod perdit in armis.*
*In Dauo propriam miratur noctua formam*
*Et uultus peccata sui solatur in illo*[2].

Sept personnages emblématiques sont présentés dans cette série : deux mauvais poète, Ennius et Maevius, deux mauvais rois, Néron et Midas, deux mauvais soldats, Ajax et Pâris, et enfin

1 *Anticlaudianus*, I, 174-192.

2 Là notre Ennius s'emplèbe d'un chant loqueteux / Et fait retentir les fortunes de Priam ; là Maevius / Ose tourner vers les cieux une bouche muette et, / Tentant par l'ombre d'un chant ténébreux de dépeindre / Les hauts faits du chef des Macédoniens, il s'arrête, épuisé / Au premier seuil, et se plaint que s'engourdisse sa muse paresseuse ; / Là Néron ébranle de sa foudre impétueuse l'orbe du monde, / S'adonnant au crime, il force sa fureur à vouloir plus / Que sa fureur même ne veut ; tout ce qui dégoutte de lui / De malfaisance se répand sur le monde entier ; / Là le riche est pauvre ; bien que tout en or, Midas a soif / D'or et ne concède pas à son âme de bornes à la possession. / Ajax, plus soldat que soldat, outrepasse la loi du soldat / Et sa manière d'être soldat dégénère en colère. / Paris, brisé par l'amour, cuit dans le feu de Vénus, s'enrôle / Au service de Vénus ; tout en se défaisant des manières du soldat, / Pour son malheur il compense en celle-ci ce qu'il perd dans les armes. / La chouette s'émerveille de trouver en Davus sa propre forme / Et se console en lui des défauts de son apparence.

un homme d'une laideur repoussante, Davus. Hutchings émet l'hypothèse selon laquelle Alain s'en prend dans ce passage à des personnes réelles, contemporaines de la composition de "l'épopée", à travers le masque de l'allégorie mythico-historique, sous *integumentum*. En l'occurrence, il s'agirait pour Néron de Henri II Plantagenêt et pour les quatre personnages suivants de ses fils (dans l'ordre : Henri, Richard, Geoffroy et Jean).

Dans ce contexte il n'est pas sans intérêt de noter que Guernes de Pont-Sainte-Maxence, auteur de la première biographie en langue d'oïl de Saint Thomas Becket, se rendit à Cantorbéry en 1172. Il souhaitait ainsi préparer son ouvrage, dans lequel, relatant le piège de Northampton, il allait dénoncer les traîtres, en parlant de *la maisnïe Nerun* :

*Al jugement en vunt la maisnïe Nerun,*
*Lur pere espirital jugerent li bricun*
*Que li reis le presist e mesist en prisun*[1]

Les deux poètes si vivement critiqués, *Ennius* et *Maevius*, seraient selon Hutchings : Joseph d'Exeter/Cantorbéry (ce qui justifierait l'adjectif *noster*) et Gautier de Châtillon/Lille[2]. La critique d'Alain contre ce dernier semble évoquer le manque soudain d'inspiration de Gautier, qui lui-même y fait allusion dans sa préface en prose.[3] Il est intéressant de noter qu'une lettre de Jean de Salisbury[4] nous apprend que maître Gautier, qui avait débuté sa carrière comme l'un des auxiliares de Geoffroi Ridel («ennemi intime» de Becket)[5] était à la cour du roi en 1166 en tant que porte-scel, au moment où le roi était le plus fâché contre Thomas Becket. Quelque temps après on lui reprocha de ne pas

1 Ainsi fit la maisonnette de Néron : comme des insensés, ils condamnèrent leur père spirituel à être arrêté et mis en prison par le roi.

2 Cette identification est transparente pour Guillaume d'Auxerre, dans sa glose de l'*Anticlaudianus*, il en est de même pour Raoul de Longchamp dans son *Commentaire*.

3 PL, Migne, tome CCIX ; Gautier de Châtillon, *Alexandreis*, éd. Marvin L. Colker, Padova, Antenore, 1978 (Thesaurus mundi, 17).

4 *The Letters of John of Salisbury*, éd. par William J. Millor, Oxford, Clarendon Press, 1979, vol. II, p. 76-79, 114-115, 192-197, 254-257.

5 Cf. *Recueil des actes d'Henri II*, éd. L. Delisle, IV, p. 98 *sqq*.

avoir arrêté un courrier qui portait certaines dépêches du pape à l'archevêque de Cantorbéry. Du coup, le roi lui retira le sceau. Gautier passa alors à la cour de Champagne, avant de revenir plus tard à celle d'Henri… Ce parcours chaotique témoigne des relations complexes qu'il entretenait avec le roi d'Angleterre[1].

Compte tenu de la disposition du passage de l'*Anticlaudianus* où Alain semble associer par juxtaposition les deux figures de poète à la famille d'Henri II, il semblerait qu'il s'en prenne vivement à la cour d'Angleterre, aussi bien au roi Henri II et à ses fils qu'à Baudouin, qui soutenait fidèlement le roi contre l'autorité papale, surtout après après avoir été intronisé archevêque de Cantorbéry. À cet égard, le fait qu'Alain désigne Joseph par le possessif *noster* semble indiquer une proximité géographique avec Joseph, ce qui pourrait attester la présence d'Alain de Lille à Cantorbéry.

Mais pourquoi a-t-il assimilé Joseph à *Ennius* ? Je crois qu'Alain connaissait, par le biais de Priscien,[2] le vers d'Ennius : « cum veter occubuit Priamus sub Marte Pelasgo[3] ». Sans aucun doute Alain a voulu donner à l'*Anticlaudianus* une signification politique : en attaquant la maison royale d'Angleterre il flatte sa rivale, la maison de France, qui voit le jeune Philippe-Auguste accéder au trône de son père Louis VII en 1180. Le poème d'Alain aurait, dans cette hypothèse, une force polémique indéniable et impliquerait l'auteur dans la rivalité entre les deux cours royales[4] (ce qui me paraît confirmé par la lettre d'Alain de Cantorbéry à Philippe Auguste)[5].

---

1 *L'Empire des Plantagenêt*, Martin Aurell, Paris, Perrin, 2003-2004, p. 250-251.

2 Priscien, in *Grammatici Latini*, éd. Henricus Keil, 1864, vol. 2, p. 97.

3 *Annales*, XVI,14.

4 L. H. Marshall, « The identity of the New Man in the *Anticlaudianus* of Alan of Lille », *Viator*, 10, 1979, p. 77-94 ; M. Wilks « Alan of Lille and the New Man in the Anticlaudianus », *Renaissance and renewal in Christian history*, éd. D. Baker, Oxford, 14, 1977, p. 137-157 (Studies in church history).

5 *Ad Philippum regem Franciæ*. / Philippo Dei gratia illustri Francorum regi cum aetatis incremento augmentum gioriae et gratiae apud Altissimum. / Piae recondationis Ludovici, patris vestri et nosti benefactoris, nec debemus nec volumus ullo unquam tempore esse immemores ; sed magis, ut tenemur, in nostro est voto et affectu, ut ejus beneficiis et honori, quae beato martyri Thomae in suo exilio, et

Si l'hypothèse formulée, très prudemment d'ailleurs, par Françoise Hudry[1] sur l'identité de l'auteur des *Lettres familières* d'un moine du Bec ne paraît pas recevable, ses observations concernant l'identification d'Alain de Lille avec Maître Alain de Cantorbéry/ Tewkesbury, une fois soumises à vérification systématique, sont au contraire probantes. Et c'est cet aspect qui nous intéresse le plus car il permet de reconnaître l'appartenance du *doctor universalis* au cercle de Thomas Becket[2].

---

post gloriosam ejus victoriam in propria persona Cantuariae exhibuit, possimus vol in aliquo respondene. Ipsius itaque animam, quod nunc licet, devotis prosequimur orationibus, ut qui, dum vixit, id apud ecciesiam Cantuariensem plene promeruit, jam sentiat ipsius martyris et suorurn devotionem sibi prodesse, qui eidem martyri et suis in tribulationibus et angustiis extitit tam devotus. In hoc etiam excellentiae vestrae sumus obligati, ut non minus pro Vestra salute quam sua simus solliciti. Nimirum vestram magnificentiam nobis, sicut et multis, ad profectum, non solum coronae et regni, sed etiam fidei et devotionis reliquit heredem ut, sicut ipso praecessit in spiritu mansuetudinis ad dirigendos sibi subditos in viam pacis et tranquillitatis, ita et vestra serenitas ejus sequatur vestigia, superadjiciens, quod et ipse superadjecit, hoc ad coronam regiae dignitatis jure haereditario spectane praecipue, quod omnes afflicti, et maxime pro justitia exulantes, ad se summum debeant habere refugium. In quo et nos indubitatam spem concepimus, si ea tamen necessitas nobis ingruerit, quod debeamus et nos in nostra parvitate invenine apud clementiam vestram, quod majores nostri in eodem vel consimili casu dicuntur promeruisse. Quum vero regiae celsitudini vestrae placuerit super his nos certiores fieri, tunc demum firmiores erimus ad id, quod quidam minantur acrius, fortius proferendum. Si vero sublimitatis vestrae rescriptum super his de gratia vestra ad nos reverteretur, in angustiis ipsis quibus urgemur non modicum, maximum nobis credimus et optamus conferri solatium.

1 Dans son édition critique des *Lettres familières d'un moine du Bec*, cit.; cf. aussi, *Alain de Lille, Règles de théologie suivi de Sermon sur la sphère intelligible. Introduction, traduction et notes par F. Hudry*, Paris 1995, p. 24-25 p. Glorieux, « Alain de Lille, le moine et l'abbaye du Bec », *Recherches de théologie ancienne et médiévale*, 39, 1972, p. 51-62 ; la paternité des lettres a été niée par M.-T. d'Alverny, *Alain de Lille, problèmes d'attribution*, dans H. Roussel et F. Suard (eds.), *Alain de Lille, Gautier de Châtillon, Jakemart Giélée et leur temps*, Lille, Presses Universitaires de Lille, 1980, p. 29 ; par F. Dolbeau, « Compte-rendu des Lettres familières d'Alain de Lille, éd. F. Hudry », *Archivum Latinitatis medii aevi*, tome 61, 2003, p. 338-342 (Bulletin du Cange) et enfin par moi-même dans l'article « Autour d'Alain de Lille : nouvelles propositions », sous presse aux *Cahiers de Civilisation Médiévale*.

2 Dom Brial, « Alain de Lille », dans *Histoire littéraire de la France*, tome XVI, 1824, p. 396-425. Thomas Duffus Hardy, *Descriptive Catalogue of Materiels relating to the History of Great Britain and Ireland* (3 vols., 1862-1871), vol. 2, p. 324 : « *Alan of Tewkesbury, sometimes called Alan de Insula* ».

Dès la fin des années quarante, l'archevêque Thibaud est constamment assisté par un clerc personnel du nom d'*Alanus clericus de Welles*, qui signe un grand nombre de chartes à coté de Thomas Becket [*Thomas de Lond'*], Roger de Pont l'Evêque[1], Jordan Fantosme [2] et Jean de Salisbury[3].

---

1 Roger servit comme archidiacre à Cantorbéry sous l'archevêque Théobald (1147-54) et devint archevêque d'York en 1154. Il couronna Henri le Jeune (fils d'Henri II) en mai 1170 à Westminster, acte qui constituait un empiétement sur les droits de l'archevêque de Cantorbéry, Thomas Becket en l'occurrence. En décembre 1170, à la veille de son retour en Angleterre, Becket excommunia Roger ainsi que l'évêque de Londres (Gilbert Foliot) et celui de Salisbury qui avaient assisté au couronnement. Ces trois évêques s'embarquèrent pour la Normandie pour se plaindre au roi, ce qui entraîna, quoique indirectement, l'assassinat de Becket.

2 Jordanus Fantasma est l'auteur du poème historique anglo-normand relatant la guerre d'Ecosse et la révolte du jeune roi Henri, fils d'Henri II, soutenu par le roi d'Ecosse Guillaume le Lion.

3 Les exemples suivants feront comprendre (vu l'ordre dans lequel sont nommés les témoins) l'importance de ce clerc : *Qualiter ecclesia Christi Cantuari tenet manerium de Deepeham / [...] Huic devocioni presentes fuerunt [...] clerici : Walterus archidiaconus Cant', Johannes de Pageham, Rogerus de Ponte Epscopi, Thomas de Lond', Alanus de Welles, Willelmus Cumin et Jordanus Fantasma.* [ms. original : Dean and Chapter Canterbury, Reg. B, fol. 213b. Date : 1147] – *Theobaldus dei gratia Cantuariensis archiepiscopus et tocius Brittannye primas venerabili fratri Ascelino Roffensi episcopo archidiacono quoque Cant' totique clero universisque sancte ecclesie filiis tocius archiepiscopatus salutem et benedictionem [...]. Teste Waltero archidiacono et magistro Johanne de Pageham et magistro Rogero de Ponte Episcopi et Thoma de London et Alano et Malgerio et Johanne de Saresberia [...]* [ms. original : Maidstone, Kent Archives Office, U /120, Q/ 13, f6b. Date : 1147] – *Confirmatio Theodbaldi archiepiscopi super ecclesia de Tanet'. [...] Hujus confirmationis testes sunt hii : Robertus episcopus Exoniensis, Walterus archidiaconus Cant', Aluredus prior sancti Gregori, Rogerus de Ponte Episcopi, Thomas de Lond', Johannes de Cant', Ricardus Castel et Alanus et Malgerius, clerici [...]* [ms. original : BL, Cotton Julius D ii, f. 76a. Date : 1148] – *Theobaldus dei gratia Cantuariensis archiepiscopus et tocius Anglie primas Gualterio archidiacono Cantuariensi totique capitulo de Raculphe salutem et benedictionem [...]. Teste Johanne de Pegham, Rogero de Ponte Episcopi, Gilberto de Clara, Johanne de Cantuaria, Thoma de London, Alano de Welles [...].* [ms. original : Maidstone, Kent Archives Office, U /120, Q/ 13, f4a. Date : 1148] – *Thedbaldi Cantuariensis de curtilagio de Slindona / Theobaldus dei gratia Cantuariensis archiepiscopus Anglorum primas et apostolice sedis legatus universis hominibus suis de Slindona Francis et Anglicis salutem. [...] T. : Thoma de Lond' et Philippo cancellario et Alano de Wellis [...]* [ms. original : P.R.O. Exchequer T.R. Ancient Deeds A 15775 (E40). Date : 1150-54] – *Carta Thedbaldi archiepiscopi Willelmo coco de quadam terra apud Westgate et bosco. / [...] Hiis testibus Rogero Cant' archidiacono, Johanne Cant' thesaurario arch. Eborac', Philippo Cancellario, Alano clerico de Wellis [...]* [ms. original : Lambeth 241 f. 171° (Cartulary of Dover Priory). Date : 1153-54] – *Theobaldus dei gratia Cantuariensis archiepiscopus Anglorum primas et apostolice sedis legatus toti*

Avec *Alanus clericus de Wellis*[1] nous avons affaire à un personnage étroitement lié aussi bien à Becket qu'à Jean de Salisbury et au futur archevêque d'York (1154-1181), Roger de Pont-l'Evêque (le *Satan*)[2], qui, dans le prologue en prose du *De Planctu Naturæ*[3], semble être la cible d'une attaque virulente de la part d'Alain de Lille. Ce prologue, resté dissimulé pendant deux siècles, soulignait la sodomie de son temps et dénonçait Roger de Pont-l'Evêque, ennemi acharné de Thomas Becket[4]. Son amoralité était connue, comme le confirme de manière accablante Jean de Salisbury[5].

Dans l'hypothèse d'un Alain de Lille auteur continental français, on aurait du mal à comprendre les raisons de son attaque virulente non seulement contre l'archevêque d'York, mais aussi, dans l'*Anticlaudianus*, contre toute la famille royale d'Angleterre. Qui plus est, si le poème *Historia Bruti carmine ad Hugonem Dunelmensem Episcopum* peut lui être attribué[6], il serait plus logique de présumer qu'Alain de Lille a été à un certain moment de sa vie en rapport avec le dédicataire de ce texte, Hugues du Puiset[7], mécène de Pierre de Blois[8] et amateur de beaux livres. Un faisceau d'indices fait penser à un réseau de relations dont bénéficiaient des proches de la maison de Blois et de Champagne, tels

---

*hundredo de Westgata et universis fidelibus suis Francis et Anglicis salutem [...]. Test' Philippo cancellario et Johanne Sal' et Radulfo Dunell' et Alano de Well' [....]* [ms. original : D et C Canterbury C.A. C 1099. Date : 1150-60].

1 Wells et Bath ne formaient qu'un seul diocèse.

2 Cf. Türk, *Nugæ*, cit. p. 22.

3 D'après le seul manuscrit connu : Cambridge, St. John'College 115.

4 À ce propos, il faudra tenir en compte la *Vie seint Thomas*, en ancien français, de Garnier de Pont Sainte-Maxence : Roger de Pont-l'Evêque, archevêque d'York, s'y avère jaloux de saint Thomas dès le premier jour de leur rencontre.

5 F. Hudry, « Prologus Alani De Planctu Nature », cit.

6 Le poème lui est attribué par J. Raine, dans l'éditions des *Dialogi Laurentii Dunelmensis*, Surtees Soc. 70, 1880, p. 88-89.

7 Sur *Hugo de Puteaco*, c. 1125-1195, voir G. Vaughn Scammell, *Hugh Du Puiset, Bishop of Durham*, Cambridge University Press, 1956. À sa mort Hugues laissa un grand nombre de lettres que Pierre de Blois lui avait adressés, cf. Raine, J. (ed.), *Wills and Inventories Illustrative of the History ... of the Northern Counties of England*, (part 1) Surtees Society vol. 1 (1835).

8 Egbert Turk, *Pierre de Blois : Ambitions et remords sous les Plantagenets*, Turnhout, Brepols, 2006, p. 448-551.

que ce même Hugues du Puiset, neveu du roi Étienne de Blois, l'évêque de Winchester Henri de Blois, l'archidiacre de Durham Burchard du Puiset, Pierre de Blois et son frère Guillaume.

Que sait-on de cet *Alanus* de Wells, sinon qu'il fut clerc personnel de Thibaud[1] de 1146 à 1155 ? Si Stubbs soulignait que « The household of archbishop Theobald to some extent satisfied the want which was afterwards met by the university system[2] » et si Saltman remarquait que « Theobald's household produced four archbisphops and six bishops » [3], il y a peu d'études consacrées aux *litterati* de l'entourage de Thibaud.

Néanmoins, il faut remarquer qu'Alain (de Wells/ Cantorbéry) figure parmi les fidèles compagnons de Thomas (exilés avec Becket en France) présents à la conférence entre l'archevêque de Cantorbéry et les légats du pape qui eut lieu le 18 novembre 1167. On peut lire un grand nombre de détails sur cette conférence dans une lettre écrite par Jean de Salisbury[4] :

> *Consederunt pariter inter Gisorcium et Triam [...] archiepiscopus quoque Cantuariensis sedis apostolice tunc nunciatus legatus et cum eo exules eius, Iohannes de Salesberiensi cum Herberto de Boseham, Lumbardus de Placentia, Alexander Galensis, Gaufridus prior de Penteneia et Garinus canonicus, Robertus et Gilebertus canonici, capellani Cantuariensis, Iohannes Cant', Alanus, Ricardus, Henricus et multi alii.*

Qui plus est, trois lettres de la correspondance d'Alain de Canterbury/Tewkesbury ont particulièrement attiré l'attention de F. Hudry, non sans raison[5]. Dans les lettres 31 et 32, l'abbé de Tewkesbury s'adresse ainsi à un correspondant anonyme :

---

1 Cf. Saltman, cit., p. 80.

2 William Stubbs, *Seventeen Lecturers on the Study of Medieval and Modern History* (1886), p. 142.

3 A. Saltman, cit., p. 165.

4 A. Duggan, éd. *The Correspondence of Thomas Becket Archbishop of Canterbury*, 1162-1170, Clarendon Press, Oxford, 2000, p. 664.

5 *Alan of Tewkesbury and his letters*, éd. M.A. Harris, *Studia monastica*, 18/1 et 18/2, 1976, p. 77-108 et 299-351 ; ce sont les lettres 19 (p. 306-308) et lettres 31-32 (p. 320 *sq.*).

*Utque a sanctis patribus digeruntur mistice, numerorum proportiones, et ipse digererem, cum michi sufficiat precedentium inherere vestigiis, ne si ab eorum itinere deviaverim, ausu temerario convincar abuti presumptione, maxime cum ordo monasticus et etatis decursus suggerat michi potius ad mores converti et in hiis quod superest temporis consumare*[1].

[Et pour exposer à mon tour ce qu'exposent les saint Pères au sens mystique, les proportions des nombres, puisqu'il me suffit de m'attacher aux pas de mes prédécesseurs de peur d'être convaincu de présomption par excès d'audace si je m'écartais de leur chemin, surtout que l'état monastique et le cours de l'âge me suggèrent plutôt de me tourner vers les questions morales et d'y consacrer le temps qui me reste.]

En lisant ce passage, il est difficile de ne pas penser aux *Règles de théologie*, à moins de supposer qu'Alain de Tewkesbury ait été incapable de rédiger un traité de théologie, ce qui n'est pas démontrable. Par ailleurs, dans la lettre suivante, adressée probablement au même destinataire, Alain écrit :

*Qui sibi nequam est, cui bonus est ? Et pro certo nolim te tibi nequam esse, et re et nomine. Et quidem lusi tecum, se deo ludo quo non illuditur. Sub hoc ludo pretempto michi fodere introitum usque in atrium anime tue […] et in hiis quidem hominem loquor assumptum ad altaris misrium et quedam alia.*

[Celui qui ne vaut rien pour lui-même, à qui est-il bon ? Et vraiment je ne voudrais pas que tu sois un vaurien pour toi-même, ni de fait ni de nom. J'ai joué avec toi, c'est vrai, mais à ce jeu où l'on ne joue pas : je m'y efforce de trouver accès à l'intimité de ton âme. […] J'y parle[2] en vérité de l'homme assumé dans le sacrement de l'autel et d'autres thèmes.]

Le jeu de mots sur *nequam* rappelle ceux du *De Planctu Naturæ* ou de l'*Anticlaudianus*, notamment aux nombreux doubles sens sur le *locus* logique[3], et il permet d'identifier le destinataire d'Alain

1 J'attire l'attention sur les jeux de préfixation, qu'affectionne Alain notamment dans l'*Anticlaudianus*, mais qui relèvent plus largement de la pratique de la prose ornée. Voir sur ce point de style p. Bourgain, « Démonstration de virtuosité : Alain de Lille, *Anticlaudianus*, prologue (1181-1185) », dans *Le Latin médiéval*, Turnhout, Brépols, 2005, p. 516-524 (L'Atelier du médiéviste, 10).

2 F. Hudry remarque la proximité avec la règle 42 des *Règles de théologie*, qui a pour sujet « l'homme assumé ».

3 *Anticlaudianus*, III, 60-62.

comme étant Alexandre Neckham/Nequam (1157-1217). Ce brillant théologien s'est établi à Oxford après des études à Paris et est entré en religion à Cirencester en 1197. Il compléta le travail de *collatio* des lettres de Becket commencé par Alain de Tewkesbury[1]. Tout comme Alain de Lille, Neckam est l'un des premiers à mentionner le *Liber de causis* du pseudo Aristote et ses œuvres théologiques présentent des similitudes avec celles d'Alain[2].

Dans l'esprit comme dans le style, on retrouve la veine satirique du *doctor universalis* dans la «lettre consolatoire» d'Alain de Canterbury, adressée à un *Asinum sancti Petri de Burgo.*[3] Cet Asinus ressemble de près à Burnellus (non pas au Burnellus abélardien, mais au protagoniste du *Speculum Stultorum* ou *Miroir au fous*, de Nigel Wireker, moine de Christchurch, qui entreprit ce poème satirique virulent entre novembre 1179 et mars 1180).[4] Maître Alain spécifie que l'Âne auquel il écrit appartient à *sancti Petri de Burgo*, soit à Peterborough. Alain y brocarde avec férocité la personne de Néron, qu'on sera tenté de rapprocher du Néron/Henri II du début de l'*Anticlaudianus.* Dans ce contexte, si l'identification d'Alain de Lille à Maître Alain de Welles/ Cantorbéry/ Tewkesbury est plausible, il est naturellement tentant de rapprocher aussi les deux personnage portant le même nom, Benedictus : Maître Benoît de Cantorbéry/Peterborough et Benoît de Sainte-More. Comme l'a bien montré Aristide Joly «l'histoire de Benoît de Sainte-More se complèterait ainsi tout à coup, et les dates et bien des faits de leur vie s'y prêteraient à merveille [...] Benoît de Sainte-More annonce, en divers endroits de son livre [*La Chronique des ducs de Normandie*], qu'il voulait

1 A. Duggan, *The Correspondence of Thomas Becket, Archbishop of Canterbury*, Oxford University Press, 2000, p. XCII.

2 Alexander Nequam, *Speculum speculationum*, II, 35, 1, éd. Thomson, p. 164, Oxford, Oxford University Press, 1988.

3 PL Migne, tome CXC, col. 1484-1485 et *Alani prioris cantuariensis postae abbatis tewkesberiensis scripta quae extant*, éd. John Allen Giles, 1846, reprint New York, B. Franklin, 1967, p. 48-51.

4 Nigel of Longchamp, *Speculum Stultorum*, éd. J. H. Mozley et John H. Mozley et Robert R. Raymo, Berkeley, University of California Press, 1960.

écrire la vie de Henri II et le plus important ouvrage qu'ait laissé Benoît de Peterborough est une vie de ce prince[1] ».

1 Aristide Joly, *Benoît de Sainte-More*, cit., p. 133-134.

# LES *LAIS*

La structure extérieure du recueil des douze *Lais* transmis par le manuscrit de Londres Harley 978 suggère que ce codex provient d'un recueil d'auteur, car les compositions présentent deux prologues et pas d'épilogue. Cela rend problable l'hypothèse d'une rédaction du texte dans des moments et des lieux différents (vraisemblablement en France et en Angleterre), ce qui se trouve confirmé par le reste de la tradition manuscrite[1].

Grâce au témoignage de Denis Pyramus,[2] nous savons que quelques *Lais* composés par la poétesse étaient déjà célèbres à la cour des Plantagenêt autour de 1175 (il serait insensé de penser, comme le fit pourtant Warnke, que Denis se soit référé à un recueil identique à celui transmis par le ms. Harley 978), mais il reste à voir s'il est possible d'établir une chronologie plus précise à l'intérieur de l'œuvre, d'autant plus que dans le prologue de *Guigemar*, Marie semble répondre aux blâmes de Denis.

« Parmi les nombreux problèmes que posent les *Lais* de Marie de France, celui de leur chronologie n'est pas un des moins obscurs », notait Hoepffner en 1933[3] à l'ouverture du travail le plus important consacré jusqu'à ce jour à ce problème. Warnke, éditeur des *Lais* en 1925, proposait de dater le recueil, tel que l'a transmis le manuscrit harleyen, d'avant 1167[4]. Après un examen attentif des traces intertextuelles dans les brefs récits de Marie,

1 Cesare Segre, « Per l'edizione critica dei *Lais* di Maria di Francia », in *Cultura Neolatina*, 19, 1959, p. 215-237 ; Lachin, « Maria di Francia, la tradizione », *op. cit.*, p. 222.

2 Voir *ultra*.

3 Ernest Hoepffner, « Pour la chronologie des Lais de Marie de France », première partie dans *Romania* 59 (1933), p. 351-370, et deuxième partie *Ibid.* 60 (1934), p. 36-66.

4 Karl Warnke, *Lais*, p. 20.

Hoepffner parvenait à la conclusion que les *Lais* de *Lanval* et de *Yonec*, où l'on retrouve l'influence du *Brut* de Wace (écrit vers 1155 et dédié à la reine Aliénor) et du *Roman de Thèbes* (le plus ancien «*roman d'antiquité*», 1150 environ), devaient précéder chronologiquement *Guigemar* où, par contre, l'influence de l'*Eneas* (daté approximativement de 1160) est très forte.

Hoepffner attirait même l'attention sur le fait que dans *Lanval* «un rôle actif est bien inutilement attribué au duc de Cornouailles (v. 433)[1]». L'importance accordée au «quoens de Cornwaille» pourrait être justifiée, encore une fois, comme un écho de *Brut* (v. 11 013), où le duc de Cornouailles prend le premier la parole pendant une assemblée de barons. Dans *Lanval*, cependant, ce personnage non seulement prend la parole le premier, mais expose la situation inconfortable dans laquelle se trouve ce chevalier : le roi a lancé une dure invective contre Lanval et l'a accusé de «felunie». Ce détail, à mon avis, pourrait avoir une signification historique : ce fut justement Réginald, duc de Cornouailles[2], qui, en présence du roi pendant l'assemblée des barons à Northampton, en octobre 1164, lança l'accusation contre l'archevêque Thomas Becket, défini parjure et traître[3], des termes qui se lisent aussi dans la lettre envoyée par Henri à Louis VII immédiatement après l'assemblée : «*Sciatis quod Thomas, qui Cantuarensis fuit archiepiscopus, in curia mea a plenario baronum regni mei concilio ut iniquus et proditor et perjurus publice judicatus est*[4]».

Réginald de Cornouaille sera ensuite parmi les ambassadeurs d'Henri en France qui scelleront la paix entre l'archevêque et le roi, en octobre 1170. On pourrait formuler l'hypothèse que Marie, en faisant résumer par le duc de Cornouailles l'accusation du roi lancée contre Lanval, voulait faire allusion à une affaire présente au moment où elle rédigeait le *lai*, après le mois d'octobre 1164. Hoepffner écrivait encore : «Or, *Lanval* n'est qu'un conte épisodique (parmi les romans arthuriens) auquel manque l'élément

1 Hoepffner, *Pour la chronologie*, cit., Première partie, p. 355.

2 Fils illégitime d'Henri II et duc de Cornouaille de 1141 à 1175.

3 Cf. *MHTB* III, 67-68 ; *MHTB* IV, 50-51.

4 Cf. *Gall. Rer. Script.* XVI, p. 107, et *MHTB* V, p. 134.

essentiel du roman arthurien, les grands exploits héroïques *[...]*. Enfin, Lanval n'est pas lui-même un des héros de la Table Ronde. Son nom ne figure ni dans la longue liste des Arthuriens que Chrétien de Troyes a dressée dans *Erec* (v. 1691-1750), ni parmi les hôtes du roi dans le même roman (v. 1915-2006), ni dans aucun autre roman de Chrétien, ni parmi les nombreux Arthuriens du Lai du Cor[1] ». Le choix du nom est effectivement remarquable parce qu'il coïncide avec celui d'une célèbre famille bretonne à laquelle appartenaient, au moment où Marie écrivait (1164-1170 ?), tant le seigneur de Mayenne, Guy V de Lanval, que l'un des « curiales » du roi Henri, le sénéchal de Rennes, Guillaume de Lanval. La maison de Lanval dominait la partie occidentale du Maine. Il me semble que jusqu'à ce jour personne n'ait remarqué cette particularité. Or, la maison des Lanval (ou Laval, ou encore Lavallay) était parmi les plus puissantes de Bretagne et possédait également des domaines dans le comté de Richmond, en Angleterre[2]. Il est donc impossible que le public de Marie ne se soit pas aperçu des multiples résonances « réalistes » d'une affaire entourée d'une aura magique. Guy V de Lanval était, entre autres, le gendre du duc Réginald de Cornouaille, ayant épousé en secondes noces la fille de celui-ci, Emma[3].

Le lai de *Lanval* est, parmi les douze compositions de Marie, le texte où il est possible de déceler un nombre considérable d'allusions à l'actualité politique. On a dit, par exemple, que Marie, en situant la résidence d'Artus à Carduel (« Kardœl »,

1 Hoepffner, *Pour la chronologie*, cit., p. 352-353.

2 Judith Everard, *Brittany and the Angevins : Province and Empire 1158-1203*, Cambridge 2000, qui mentionne pour la période étudiée les seigneurs de Lanval suivants : Jean, p. 212, Raoul, p. 211, Robert, p. 88 et 91, Guillaume, p. 44, 49, 86-89, 102. Pour l'histoire de la famille, cf. *La maison de Laval, étude historique accompagnée du cartulaire de Loyal et de Vitré*, éd. par Bertrand de Broussillon, 5 vol., Paris 1895-1903.

3 Il y eut une grande confusion autour de ce personnage féminin, dont on disait qu'elle aurait été une fille illégitime de Geoffroi d'Anjou et donc une demi-soeur d'Henri II, mais aussi la fille d'Henri Ier Beauclerc. Un doument d'Evron daté de 1202, reproduit par l'abbé A. Angot, *Généalogies féodales Mayennaises du XIe au XIIIe siècle* (1942), p. 294, éclaircit son degré de parenté : « [...] venerabilis Emma domina de Lavalle, filia Reginaldi comitis Cornubiensis [...] ut praedictae dominae in abbatia nostra perpetuo recolatur memoria [...] ».

*Lanval*, v. 5), fait référence au *Roman de Tristan* de Béroul où cette ville est mentionnée comme demeure du roi. Il est intéressant de noter que dans *Erec*, *Yvain* et *Perceval* Carduel apparaît souvent comme résidence de la cour, mais la ville est située au Pays de Galles. Marie, par contre, la situe là où elle se trouve réellement, c'est-à-dire au nord de l'Angleterre, dans le comté de Cumberland. Comme la poétesse devait bien le savoir, la ville était très importante pour Henri II, parce que c'est là qu'il avait été adoubé par le roi David d'Écosse à la Pentecôte de 1149.

Margaret Aziza Pappano a insisté récemment dans son *Marie de France and Aliénor d'Aquitaine*[1] sur la ressemblance, dans *Lanval*, entre Aliénor et Guenièvre, Henri et Artus. Le sarcasme, sous-entendu dans l'évènement raconté dans le lai, fait supposer que ce dernier a été rédigé plus pour complaire à la cour française de Louis VII qu'à celle d'Henri. Le détail historique de Carduel a échappé à Aziza Pappano, mais il peut confirmer la thèse d'une identification d'Henri avec Artus dans le lai. Cette identification, d'ailleurs, déjà présente dans le *Draco Normannicus* (écrit par le moine du Bec Étienne de Rouen entre 1167 et 1169[2]), a été longtemps recherchée et fortement voulue par Henri lui-même[3], lequel ne fut pas étranger au fameux faux fabriqué par les moines de Glastonbury concernant l'invention des tombes d'Artus et de Guenièvre. Une invention qui fut une excellente occasion de propagande pour les Plantagenêt et spécialement pour Richard[4].

Si l'on procédait à une lecture attentive dans une perspective « historique » du *Lai de Lanval*, qui a une tradition manuscrite

1 Dans *Eleanor of Aquitaine, Lord and Lady*, éd. par Bonnie Wheeler et John Carmi Parsons, New York 2003, p. 337-367.

2 Mildred Leake Day, « The Letter from King Artur to Henry II : Political Use of the Arthurian Legend in *Draco Normannicus* », in *The Spirit of the Court*, éd. par Glenn Burgess et Richard Taylor, Woodbridge 1985.

3 James p. Carley, *Glastonbury Abbey and the Arthurian Tradition*, New York 1988, p. 178 ; Frank D. Reno, *The Historic King Arthur : Authenticating the Cletic Hero of Post-Roman Britain*, Londres 1996, p. 252.

4 Rodney Castleden, *King Arthur : The Truth Behind the Legend*, Londres 2003, p. 195.

particulière[1], on pourrait confirmer l'hypothèse selon laquelle les différents *Lais* furent écrits non seulement en des temps et des lieux différents, mais aussi pour des cours différentes. Cela évidemment, plus qu'accréditer l'hypothèse de Baum concernant l'attribution de textes hétérogènes à l'*auctoritas* de Marie, attesterait clairement que l'auteur a passé une partie de son existence en France et une autre en Angleterre.

Comme le souligne encore Aziza Pappano, l'image d'une Aliénor d'Aquitaine lascive voire incestueuse (pendant son séjour à Antioche auprès de son oncle Raymond de Poitiers[2]) se trouve dans un texte « roughly contemprary to Marie's *Lais [...]*, in John of Salisbury's *Historia Pontificalis*[3] », un texte écrit pendant l'exil de Jean de Salisbury à la cour de France. Dans le passage en question l'auteur n'hésite pas à recourir à des images prises aux *Héroïdes* ovidiennes pour parler de la dissolution des mœurs de la reine qui, pourvu qu'elle pût satisfaire ses désirs malsains, n'aurait pas hésité à porter la France à la ruine, « *quia cognato poterat nomine culpa tegi, tum quia regno Francorum perpetuum opproprium imminebat si inter cetera infortunia rex diceretur spoliatus coniuge, vel relictus*[4] ».

De son côté, Gautier Map, dans son *De Nugis* (*Distinctio* V, 475) parle ouvertement d'inceste à propos de la « liaison » d'Alienor avec le père de son futur époux : *Cui successit Henricus, Matildis filius, in quem injecit oculos incestos Alienor Francorum regina, Lodovici piissimi conjux, et injustum machinata divortium nupsit ei, cum tamen haberet in fama privata quod Gaufrido patri suo lectum Lodovici participasset.* Pareillement dans *Lanval* la reine ne se soucie pas des incursions des Scots et des Pictes dans le royaume de Logres

1 Nous y retournerons à la fin de cette étude ; cf. Jean Rychner et Paul Aebischer, *Marie de France – Le Lai de Lanval, texte critique et diplomatique*, Genève, Droz, 1958. Dans le ms. BL Cotton Vespasian B. XIV, le lai est transmis avec deux textes, l'un latin et l'autre français, relatifs à la vie et la mort de Thomas Becket.

2 De sorte que l'on soupçonnât que l'enfant, Adèle de France, née peu après le retour du couple royal en France, ne fût pas la fille de Louis VII mais de Raymond, mort immédiatement après le départ d'Antioche de sa nièce.

3 Margarot Aziza Pappano, *Marie de France*, cit., p. 350.

4 *Historia Pontificalis*, édition et traduction par Marjorie Chibnall, Oxford 1986, p. 53.

et ne pense qu'à satisfaire ses instincts ; mais après avoir été refusée par le chevalier elle attire l'attention de la cour à son « affaire » manquée et détourne la vigilance de la cour d'un possible désastre militaire qui la menace.

Quelques commentateurs des *Lais* de Marie ont confondu la ville de Carduel, sise dans le nord de l'Angleterre avec Karlion (Cærleon, au Pays de Galles), qui apparaît par contre au v. 470 de *Yonec*. Mais il s'agit de deux endroits différents. Cærleon est la ville arthurienne par excellence dans laquelle la cour se déplace souvent – selon Geoffroy de Monmouth (qui, dit en passant, était originaire de ces lieux) et selon Wace et les romans courtois tardifs - en se rendant à Caerwent, toujours au Pays de Galles. Il me semble que malheureusement jusqu'à ce jour on a beaucoup discuté pour situer géographiquement l'action racontée dans *Yonec*[1], sans pourtant remarquer que du début à la fin elle se déroule seulement et exclusivement au Pays de Galles comme il résulte des v. 11-13 du lai où Marie déclare explicitement qu'il « était une fois en Bretagne un seigneur puissant, déjà vieux ; il était gouverneur de Caerwent » :

> « En Bretaingne maneit jadis
> Uns riches hums, viels e antis ;
> De Caerwent fu avouez
> E del pais sire clamez
> La citez siet sur Duelas,
> Jadis i out de nes trespas ».
> (v. 11-16)

Marie écrit au v. 15 que la ville de Caerwent est située sur le fleuve Duelas : « La citez siet sur Duëlas », mais personne n'a réussi à identifier un fleuve de ce nom ni à proximité de Caerwent (Kær Venta, la Venta Silurum romaine, c'est-à-dire la forteresse de Gwent) au Pays de Galles du Sud, ni à proximité de Winchester (Cær Wynt, Venta Bengarum) dans le Hampshire.

1 Une des dernières contributions en la matière, plus que clarifier la question, a fini par confondre encore plus les idées de la critique ; cf. Jean Louis Moreau, « La citez siet sur Duelas », in *Romania*, CV, 1985, p. 492-504.

La critique a fini par accepter passivement l'hypothèse avancée en 1926 par Brugger[1] selon laquelle Marie aurait donné une connotation galloise à une localité armoricaine, car un fleuve du nom de Daoulas a été localisé en Armorique, dans le département du Finistère. Le fait qu'historiquement il n'y a jamais eu de ville du nom de Caerwent n'a pas trop embarrassé les historiens. Je crois que c'est ici l'occasion de faire justice d'une série d'erreurs dont la plus grave est celle d'avoir accusé Marie d'ignorance. L'insuffisance des moyens que nous, philologues, employons est à imputer exclusivement à nous-mêmes : les critiques, le plus souvent, ignorent non seulement la géographie mais aussi l'histoire. Le cas de *Yonec* est exemplaire. Le lai se termine avec le voyage à la fête de Saint-Aaron à Cærlion, dans le sud du Pays de Galles. Pour couronner la confusion exégétique, on n'a malheureusement pas su faire mieux que de dire que « menzionando Carlion Maria si riferisce alla capitale di Artù, situata nel nord dell' Inghilterra, senza tener conto che la chiesa di Saint Aaron si trova a Kærlion nel Galles[2] ».

La première source concernant saint Aaron est le *De excidio Britanniæ*, mais nombreux sont les auteurs qui parlent de ce saint gallois, parmi lesquels ne manque pas Giraud de Barri qui, au dernier chapitre du premier livre de l'*Itinéraire de l'archevêque Baudouin à travers le Pays de Galles*, évoque non seulement ce saint local mais aussi la ville de Cærleon où Alexandre[3], archidiacre de Bangor, servit d'interprète.

Reprenons la question dès le début, c'est-à-dire au v. 11 : « En Bretaingne maneit jadis ». Les critiques ont pensé que « Bretaingne » se réfère ici à la région française. Mais lisons un contemporain de notre poétesse, Denis Pyramus, qui écrit dans la *Vie seint Edmund le rei* :

1 Ernst Brugger, « Eigennamen in den Lais der Marie de France », in *Zeitschrift für französische Sprachen und Literaturen*, XLIX (1926), p. 201-252 et 381-384.

2 Cocito, *Lais*, cit., n. 6, p. 78.

3 Alexandre, qui comme je viens de le dire figure dans la liste des érudits de Cantorbéry dressée par Herbert, avait passé les années 1164-1170 en exil aux côtés de l'archevêque Becket ; Giraud le dit « *vir sermone facetus et facundus* ».

> « Engletere Bretaigne a noun,
> De Brut qui sa gent i mena,
> E qui la tere poplia ».
> (v. 128-130)

> « En Armoriche tuz s'en vunt,
> Ke petite Bretaigne ad noun ».
> (v. 152-153)

Il faut appliquer la même distinction pour ce lai. *Yonec* débute donc sur l'île de Bretagne, à Caerwent, la ville du Pays de Galles (sise aujourd'hui encore, sous le même nom, à proximité de Caldicot) que les commentateurs n'ont pas prise en considération parce qu'ils n'ont pas trouvé aujourd'hui dans les environs un fleuve dont le nom puisse rappeler celui mentionné par Marie. Mais on n'a pas tenu compte du fait que la géographie change au cours des siècles. Il existe des documents, signés par des seigneurs du Pays de Galles, Rhys ap Gruffydd (connu comme Lord Rhys, qui gouverna de 1155 à 1197 et qui lutta âprement contre Henri II avec une alternance de succès et d'échecs) et par Gwenwynwyn ab Owein (mort en 1216), documents grâce auxquels nous savons que le long des terres où s'élève Caerwent coulait un cours d'eau appelé Dwlas. Si nous consultons en particulier *The acts of Welsh rulers 1120-1283*[1], nous découvrons le document n° 563 qui contient le passage suivant :

> « *[...] omnes pasturas totius provincie que dicitur Keueilliauc infra istos terminos : scilicet a Bon Main Melin usque ad Lluin Ecrois, et inde in directum usque ad blain Nanhanauc, et inde Nanhanauc usque ad eius aber*[2]*, et inde usque ad Abernant Karthbrandu, et per longitudinem ipsius rivuli usque ad suum blain, et inde directum usque ad Carnethwen, et inde usque ad Gobleitheu, et a pen Gobleitheu blain Nant Teyling usque ad suum aber, et inde Bacho usque ad aber Dengum, et inde per Dengum usque ad eius ortum, et inde usque ad Keilligogeu, et inde usque ad Reidiaul et per Reidiaul usque ad Gwrhet Kei, et inde Reidiaul iterum usque ad aber Camdwr Keueiliauc, et ab aber Camdwr Keueiliauc usque ad eius ortum, et inde in directum usque ad blain Eynniaun,*

1 *The Acts of Welsh Rulers*, éd. par Huw Pryce et Charles Insley, Cardiff, 2005.

2 Par *aber*, mot breton, on indique un endroit où deux fleuves réunissent leur cours.

*et sic per Eynniaun usque ad eius aber, et inde per Devi usque ad aber Dwlas, et inde per Dwlas usque ad eius ortum, et inde in directum usque ad Kenghulf, et inde usque ad blain Lloido, et per Lloido usque ad eius aber et inde Devi usque ad aber Llewenith, et sic per Llewenith usque ad eius ortum, et inde in directum usque ad Red Pebellua super Clawedauc, et inde per Clawedauc usque ad Gwernach, et per Gwernach usque ad eius ortum, et inde sicut ducit mons superior usque ad Red Derwen, et sic per Derwen usque ad Euernœ, et inde Nant Er Heyre usque ad Lledwern, et a Blain Lledwern in directum usque ad Bon Main Melin*[1] ».

Ce document[2], daté de 1201, a pour objet le pâturage du bétail de l'abbaye cistercienne d'Ystrad Marchell (Strata Marcella, fondée en 1170), dans la province de Keueilliauc, à l'intérieur de limites déterminées notamment par la rivière Dwlas, c'est-à-dire l'Afon Dulas, le fleuve noir-bleu, appelé ainsi à cause de ses dépôts ferreux. Il est réduit aujourd'hui, à cause de ces dépôts, à un petit affluent du Teifi, long seulement de sept kilomètres, mais (comme en témoigne Marie au v. 16 : «Jadis i ot de nes trespas») il était auparavant navigable jusqu'à la mer et traversait la ville de Caerwent. Le long des rives du cours d'eau s'élève aujourd'hui le campus de l'«University of Wales», Lampeter. Jusqu'au XIX<sup>e</sup> siècle, il existait un village de pêcheurs portant le même nom que le fleuve Dwlas, connu pour les bateaux qui s'y construisaient (à proximité de l'estuaire du Severn)[3]. «*The Dulas, rushing towards the south, forms the well-known cataract of Aberdulas and enters the river Neath at no great distance below Ynis-y-Gerwn*[4] ». Bien que le fleuve Dwlas soit devenu un ruisseau aux cours des siècles, il reste dans la toponymie de la région de fortes traces de sa présence[5].

1 L'original se trouve dans les Wynnstay Estate Records, Ystrad Marchell charter no. 34.

2 Je reproduis la photo de l'original dans l'Appendice.

3 Cf. *The Hidden Places of Wales*, éd. par J. Billing, Travel Publishing Ltd. 2003, p. 89.

4 Samuel Lewis, *The Book of English Rivers*, Londres, Longman, Brown, Green and Longmans, 1855, p. 239.

5 Que l'on pense à Aberdulas, Pontdulas, le petite île d'Ynis Dulas, la baie dite Dulas Bay. *The Concise Oxford Dictionary of English Placenames*, Oxford 1960, éd. par Eilert Ekwall, rappelle que le fleuve est mentionné en 1135 déjà comme Dunelais.

Dans le chapitre « Soldier and civilian in Wales », dans *A Companion to Roman Britain*[1], Malcolm Todd rappelle qu'à l'époque romaine « *Caerwent straddled the military road to Cærleon, fifteen kilometers distant*[2] ». Comme on le sait, les voies romaines furent encore longtemps utilisées après la chute de l'Empire, de sorte qu'il y a un faible pourcentage de voies qui remontent au Moyen Âge. Caerwent se trouve sur la voie militaire pour Cærleon (la Isca Silurum romaine), comme Marie devait le savoir, peut-être pas par connaissance directe mais certainement à travers ses sources littéraires. Rien de plus vraisemblable que de faire se déplacer les protagonistes d'une ville à l'autre et non du Nord de l'Angleterre au Pays de Galles.

Dans la conclusion de son article déjà cité « La citez siet sur Duelas », Moreau, qui n'avait pas réussi à situer géographiquement les endroits mentionnés dans le lai, écrivait : « La seule chose certaine dans tout cela est que rien n'est certain *[...]* Pourquoi Marie situe-t-elle l'action de la plus grande partie de son lai à Caerwent qui, pour autant qu'on puisse juger, n'était à l'époque qu'une toute petite bourgade sans importance politique et que n'arrose aucune rivière navigable et portant un nom que rappelle de près ou de loin Duelas ? À cette question, il nous semble impossible d'apporter une réponse décisive[3] ». Il se lançait ensuite dans une conjecture plutôt embrouillée dans laquelle il finit par imputer à un copiste l'interpolation de Caerwent, et il remarquait qu'au Pays de Galles « jamais la moindre abbaye, encore moins le moindre « chastel » comprenant dans son enceinte une abbaye, n'a jamais existé entre Cærleon et Caerwent[4] ». Affirmation absolument erronée : car si l'on pouvait identifier un « chastel » sur la voie de Cæwent à Cærlion et établir la date de sa construction, on pourrait résoudre et éclaircir définitivement la question du théâtre de l'action du lai. Entre les deux villes, à environ cinq kilomètres de Caerwent (sur l'actuelle route A48), s'élevait (et s'élève toujours,

1 Malcom Todd, *A Companion to Roman Britain*, Londres 2003.
2 *Ibid.*, p. 111.
3 Moreau, « La citet siet sur Duelas », op. cit., p. 500.
4 *Ibid.*, p. 495.

récemment restructuré) le château de Pen Howe (Penhow)[1] qui se vante d'être le manoir normand le plus ancien du Pays de Galles érigé comme rempart contre de possibles révoltes galloises. Il était gouverné, aux environs de 1129 (comme il résulte d'un document relatif à la fondation du prieuré de Monmouth) par Roger de Sainte-Maure (nom écrit aussi Saincte-More, Seint-More, qui deviendra Seymour, toujours présent dans la toponymie locale), descendant de Milon, baron de Touraine probablement à la suite de Guillaume le Conquérant[2]. À Roger de Sainte-Maure succédèrent son fils Barthélémy et son petit-fils Guillaume, qui fut écuyer d'Henri II en 1175 et qui épousa Eve Marshall[3].

En 1158, nous retrouvons à la cour d'Henri II, Hugues de Sainte-Maure[4] et ses fils Guillaume, trésorier de l'Église de Laon et doyen de Saint-Martin de Tours (en 1163, le trésorier de Saint-Martin de Tour est Josbert de Sainte-More)[5], Joscelin et Hugues III (ou le Jeune), qui en 1173 excitera le roi Henri le Jeune contre son père.

Comme le lecteur s'en souviendra, au v. 106 du lai de *Yonec*, tout de suite après que la dame malmariée ait terminé sa plainte, apparaît l'ombre d'un grand oiseau qui vole par la fenêtre dans la chambre où est enfermée la pauvre dame. Il s'agit d'un autour qui a des « gez » aux pieds, c'est-à-dire des lanières de cuir qu'on liait aux pattes des oiseaux de chasse. La précision avec laquelle

1 Cf. Charles Octavius S. Morgan, *Notes on Penhow Castle*, Monmouth and Caerleon Antiquarian Association), 1867.

2 *The Annals of the Seymours*, éd. par Richard Harold St. Maur, Londres, Trench, Trubner & Co., 1902.

3 *Ibid.*, p. 11.

4 Cf. Jacques Boussard, *Le comté d'Anjou sous Henri Plantegenet et ses fils (1151-1204)*, Paris, Édouard Champion, 1938. (Bibliothèque de l'École des Hautes- Études, fascicule 271), p. 11 *sq.* La maison seigneuriale de Sainte- More était particulièrement influente en Touraine et en Anjou, car elle descendait d'Hugues I de Sainte-Maure qui, au XIe siècle, avait épousé Aénor, fille de Berlai I de Montreuil. Cf. aussi les *Gesta Henrici secundi et Ricardi primi* attribuées à Benoît de Cantorbéry/ Peterborough, éd. William Stubbs, Londres, Rolls Series, 2 vols., 1867, vol. 1, p. 47.

5 Le nombre et l'union des membres directs de Sainte-More et la parenté en ligne collatérale avec les principales familles du Saumurois et de la Touraine assuraient à cette maison une quasi indépendance.

Marie décrit l'oiseau est digne d'un traité de fauconnerie, d'autant plus que l'auteur joue sur le nom latin de l'autour :

> « Quant ele ot fait sa pleinte issi,
> L'umbre d'un grant oisel choisi
> Par mi une estreite fenestre
> Ele ne seit que ceo pout estre.
> En la chambre volant entra ;
> Gez ot as piez, ostur sembla,
> De cinc mues fu u de sis.
> Il s'est devant la dame asis.
> *[...]*
> Chevalier bel e gent devint.
> La dame a merveille le tint
> *[...]*
> Il la areisunat primers :
> « Dame, fet il, n'eiez pour :
> Gentil oisel ad en ostur ».
> (v. 106-122)

Dans les traités de fauconnerie latins, l'autour apparaît non seulement sous le nom de *astur*, mais aussi comme *accipiter gentilis* (nom scientifique encore en usage aujourd'hui). Il y figure comme oiseau destiné aux nobles seigneurs de campagne.

Or, il me semble intéressant de signaler que l'*Encyclopædia Britannica*[1] et *The Annals of the Seymours*[2] rappellent que le blason des Sainte-Maure/ Sainct-Mor de Penhow portait deux ailes déployées en or sur gueules[3]. Cela pourrait être une simple coïncidence si les connaissances historiques de Marie ne dépassaient pas ces détails : le nom du protagoniste de ce lai, Yonec (qui signifie en gallois *Désiré* et en français est l'équivalent de Didier), est gallois, comme le soulignent les critiques et comme Moreau nous le rappelle : « Marie utilisa la variante méridionale de ce nom (*o* pour *a*), détail qui peut nous apporter un indice

1 New York 1910.

2 *Ouvr. cit*

3 Pour la clarté, je reproduirai le blason dans l'appendice. Voici la description qu'en donne la *Britannica* : « Gules, a pair of wings conjoined in lure (otherwise inverted and conjoined) ».

sur la forme britonnique la plus familière à Marie[1] ». On peut se demander si, à l'origine, le nom du père de Yonec (qui varie dans tous les manuscrits) qui nous est transmis sous les formes de Eudemarer, Murdimalet, Nusdumaret, Muldumarec ne cache pas un patronyme. Comme l'écrit C. Snyder, dans *The Britons*, « *Gerald of Wales and later Welsh sources ascribe three functions to the bard : to recite the deeds of British kings and princes, to be the custodians of the Welsh language and to know the genealogies and heraldry of the Welsh nobility*[2] ». Avec le lai de *Yonec*, Marie paraît s'insérer parfaitement dans la tradition des bardes en construisant tout le récit autour du blason de la famille Seymour/Saincte-More.

Les chroniques anglaise contiennent tant de témoignages du goût du roi Henri II pour les récits et les traditions poétiques des Gallois qu'on comprend bien le propos de Marie de dédier ses *Lais* à Henri. Giraud de Barri écrit :

> « *Rex Angliae Henricus II sicut ab historico cantore Britone audiverat antiquo (...) Rex autem hoc ex gestis Britonum et eorum cantoribus historicis frequenter audiverat*[3] ».

Ce n'est peut-être pas le fruit du hasard si un autre lai « généalogique », celui de *Milon*, où apparaît à nouveau l'indication de Cærlion (v. 183), commence lui-aussi dans le Sud du Pays de Galles (« Milun fu de Suhtwales nez », v. 9) et si dans *Chevrefoil*, Marie rappelle que Tristan était originaire du Pays de Galles méridional : « En sa cuntree en est alez, / En Suhtwales u il fu nez » (v. 15-16).

J'avancerais même l'hypothèse que l'action du lai d'*Equitan* qui commence avec le fameux vers « Mut unt esté noble barun / Cil de Bretaine, li Bretun ! » se situe dans le Pays de Galles. Marie annonce aux v. 11-12 son intention de raconter l'histoire « d'Equitan, ki mut fu curteis / Sire des Nauns, jostise e reis ». La leçon du manuscrit Harley « Nauns », acceptée par Rychner dans son édition, a posé

1 Moreau, « La citez », op. cit., p. 498.
2 Christopher Snyder, *The Britons*, Oxford 2003, p. 255.
3 In John Leland, *Assertio Arthuri*, éd. William Mead, London, 1923, p. 52.

problème, tandis que le manuscrit S, c'est-à-dire Paris B.N. nouv. Acq. Fr. 1104 (où la lai d'*Equitan* occupe les ff. 43d – 45d) porte la leçon « Nains ». Tous ceux qui ont pensé que Marie renouerait avec la tradition des récits celtes concernant les peuples de nains et de géants se sont déclarés en faveur de cette dernière leçon. Certains, pourtant, comme Brugger[1], suggéraient l'identification de Nauns ou Nains avec une ville (Vannes, en Bretagne, ou encore Nantes, l'antique Namnetes, choix retenu par tous les éditeurs successifs en dépit des difficultés phonétiques).

Je crois que l'on peut résoudre le problème si l'on admet que la leçon originale, que les copistes du XIIIe siècle n'ont plus comprise, était « Nais ». Ici en effet, il s'agit à l'origine d'un toponyme qui s'est transformé par la suite dans un patronyme propre au Pays de Galles (précisément du Pembrokeshire[2]) ; du Pays de Galles, il fut ensuite exporté en Irlande avec les premiers conquérants de Richard de Clare, en 1172. Connu aussi sous les formes de « Nasshe », « Nasse », « Nash », « Naish », le nom dérivait d'une déformation française du moyen anglais « at ten ash », ou « atten Ashe », et indiquait un lieu à proximité d'un bois de frênes car « ash », en anglais, signifie frêne. Les seigneurs « de Nais », parmi lesquels un certain Robertus au XIIe siècle, figurent dans les documents sous le nom latin « de Fraxino ». L'auteur Simund de Fraxino était connu à la cour Plantagenêt. Il nous reste de lui quelques lettres adressées à Giraud de Barri, qu'il admirait beaucoup, et deux textes signés par un acrostique : une *Vie de saint Georges* et une vulgarisation anglo-normande du *De consolatione philosophiæ* de Boèce.

Le théâtre de l'action des douze *Lais* se déplace donc essentiellement de la Petite Bretagne vers le Pays de Galles, en particulier dans la région méridionale désormais devenue un rempart de la puissance anglo-normande.

---

1 Brugger, *Eigennamen in den Lais der Marie de France*, cit., p. 240-246.

2 Dans les chartes qui nous restent du Picton Castle figurent différents membres de la famille de Fraxino, de Nasse, de Nais.

## LE PROLOGUE DES *LAIS*

Dans le prologue de ses *Lais*, Marie montre qu'elle connaît bien le premier livre du *Metalogicon* de Jean de Salisbury où celui-ci exprime la conviction que le cours du temps perfectionne l'art de la compréhension des textes[1].

Si d'ailleurs elle insiste tant sur le risque de l'oubli et sur la fonction salvatrice de la mémoire, elle ne fait qu'exprimer une idée particulière, née sous l'impulsion de l'enseignement d'Abélard et réélaborée dans la seconde moitié du XII^e^ siècle par les érudits de Cantorbéry : la mémoire est une *arca sapientiæ*, l'unique moyen possible pour les œuvres de survivre à la corruption du temps.

Connaître, rappeler, comprendre et apprendre les textes du passé n'est possible pour Abélard qu'à travers l'exercice de la mémoire. Jean de Salisbury écrivait dans le *Metalogicon* (I, 11) : « *Memoria quasi mentis arca, firmaque et fidelis custodia perceptorum* ». Il se plaignait ensuite de la décadence de l'exercice de l'*ars notatoria*, c'est-à-dire de cet instrument particulier qu'étaient les *notæ sententiarum*, nécessaires pour étudier et comprendre les textes anciens : « *notæ quæ scripturam distingunt modos, ut deprehendatur, quid in eis lucidum, quid obscurum, quid certum, quid dubiumet in hunc modum, plurima* ».

Les *notæ* dont parle Jean de Salisbury sont les gloses que Marie évoque dans son prologue (v. 15) ; il est cependant étrange que la poétesse fasse allusion, de manière presque directe, au problème de la polysémie du texte. Ce n'est que dans les milieux universitaires parisiens, d'abord (1120-1135), puis à Chartres quelques années plus tard (1138-1140) que l'on posa la question des paradigmes exégétiques, expérimentés sur les textes sacrés et appliqués

1 Déjà Roberto Antonelli avait suggéré, en 2001, l'opportunité de nouvelles recherches sur les rapports entre le prologue des *Lais* et le *Metalogicon* ; cf. « Oscurità e piacere », in *Obscuritas. Retorica e poetica dell'oscuro. Atti del XXVIII Convegno Interuniversitario de Bressanone (12-15 luglio 2001)*, éd. Giosué Lachin et Francesco Zambon, Trente 2004, p. 47-58, spécialement p. 53.

non seulement dans des domaines traditionnellement antithétiques (tels celui des textes sacrés et celui des auteurs de l'antiquité classique), mais aussi dans celui, plus récent et novateur, de la poésie courtoise en langue vulgaire.

La référence à Priscien dans le prologue des *Lais* a été abondamment commentée par les savants modernes[1] (« Si à partir du v. 28, la compréhension en est aisée, il n'en va pas de même des v. 1-27 »)[2], ces derniers voient dans ce renvoi une sorte de querelle *ante litteram* entre Anciens et Modernes. D'autres érudits, comme A. Taylor, insinuent quelques doutes par rapport au « caractère chrétien » de Priscien et finissent par affirmer qu'en réalité, la référence à l'obscurité des anciens est à attribuer à saint Augustin[3].

L'affirmation de Priscien à laquelle Marie se réfère pourrait être celle qui se trouve dans le prologue des *Institutiones grammaticæ* (1,1) : « *Quanto sunt iuniores, tanto perspicaciores et ingeniis floruisse et diligentia valuisse omnium iudicio confirmatur eruditissimorum* ».

Or, dans les *Lais* on peut apercevoir, d'une part, une référence implicite et allusive à la notion d'*integumentum*, de l'autre un renvoi voilé à la séduction de la polysémie effrénée, dénoncée par les philosophes du milieu de Becket à partir de 1160 :

« Costume fu as anciiens,  
Ceo testimoine Preciiens,  
Es livres ke jadis feseient,  
Assez oscurement diseient  
Pur ceus ki a venir esteient  
E ki aprendre les deveient,  
Ki peussent gloser la lettre  
E de lur sen le surplus mettre.  
Li philesophe le saveient,  
Par eus meiismes entendeient,  
Cum plus trespassereit li tens,

1 Alexandre Micha, *Lais de Marie de France*, cit., p. 344, la commente ainsi : « Les écrivains du XIIe siècle se recommandent volontiers de Priscien pour affirmer que les modernes en savent plus que les anciens [...]. Marie de France, on le voit, se range parmi les modernes ».

2 Jean Rychner, *Lais de Marie de France*, cit. p. 235-238.

3 Taylor, *Textual Situations*, cit. p. 101.

Plus serreient sutil de sens
E plus se savreient guarder
De ceo k'i ert a trespasser».

Si Abélard avait affirmé qu'un texte se présente comme un réservoir de significations, dont l'auteur souvent n'est pas conscient (ou qui finissent par devenir étrangères, voire opposées à l'intention originale[1]), Guillaume de Conches, maître de Jean de Salisbury à Chartres (autour de 1138) et auteur des *Gloses sur Priscien*[2], allait plus loin encore et soutenait que les contradictions implicites dans les interprétations diverses et opposées d'un même passage constituent la richesse du texte[3]. Le moyen de l'*integumentum* et les mécanismes qu'il met en œuvre (qui coïncident avec ceux de l'allégorie de l'exégèse sacrée) accordent aux futurs lecteurs (avec les paroles de Marie, «ceus ki a venir esteient», v. 13) une plus grande liberté pour plier la signification du texte selon ce qui est convenable, mais le lecteur doit être capable de procéder de manière à ce que son savoir ne le dévie pas de la véritable signification de l'œuvre (v. 19-22). Un tel travail développe et achève les prémisses formulées déjà par Jean Scot – auteur étudié dans le milieu chartrain – quand il affirme qu'il existe une théologie poétique semblable dans ses méthodes à la poésie, dépositaire de contenus éthiques[4].

Quand Marie écrit le prologue, sans doute après 1160, Jean de Salisbury mettait déjà en garde contre les dangers inhérents à cette sorte de syncrétisme de textes et contre la fusion des procédés exégétiques : «aliter legendi sunt libri divini, aliter gentili»

1 Abélard, *Theologia Scholarium* I, 180-183, in *Petri Abelardi Opera Theologica*, III, éd. Eloi Buytaert, Turnhout, Brepols, 1965, p. 394-396.

2 Irene Rosier, «Le commentaire des *Glosulæ* et des *Glosæ* de Guillaume de Conches sur le chapitre *De Voce* des *Institutiones Grammaticæ* de Priscien», in *Cahiers de l'Institut de Moyen-Âge grec et latin*, 63 (1993), p. 115-144.

3 Cf. à propos Édouard Jeanneau, «L'usage de la notion 'integumentum' à travers les gloses de Guillaume de Conches», in *Archives d'histoire doctrinale et littéraire du Moyen-Âge*, 34, 1957, p. 35-100 (la référence porte sur les *Gloses sur Boèce*, transmises par le Ms. de Troyes, B.M. 1331, f. 69r).

4 *Johannis Scoti Eriugenæ Expositiones in ierarchiam cœlestem*, éd. Jeanne Barbet, Turhout, Brepols, 1975, II, p. 24; 142-151.

(*Polycraticus* VII, 12). Ce sont les érudits de Cantorbéry qui, les premiers, dans la deuxième moitié du siècle, dénoncent le fait que le texte est désormais devenu un prétexte pour le commentateur, lui permettant ainsi d'exposer ses propres doctrines. Pierre de Blois, en 1160, dans une polémique dirigée contre la nouvelle méthode des dialecticiens, se plaint des effets de celle-ci sur l'école moderne, qui ne commence plus l'étude des *auctores* par leurs textes mais s'exerce plutôt sur les notes et les fiches tirées des leçons (« *quaternis et schedulis* »), ou encore sur les *glosule* désormais sans lien avec les textes qui les ont fait naître. De ce point de vue, les v. 21-22 du prologue des *Lais* seront peut-être moins impénétrables puisque la poétesse se conforme fidèlement au crédo des « philesophe » de l'école de l'archevêque de Cantorbéry. Lisons ce qu'écrit Pierre de Blois dans l'*Epistola 101* :

> « *Wilelmum predicas subtilioris venæ et acutioris ingenii eo quod, grammaticæ et auctorum studio pretermisso, evolavit ad versutias logicorum, ubi non in libris, sicut fieri solet, dialecticam didicit, sed in schedulis et quaternis [...] que utilitas est schedulas evolvere, firmare verbotenus summas et sophismatum versutias inversare, damnare scripta veterum et reprobare omnia quæ non inveniuntur in suorum schedulis magistrorum ? Scriptum est quia in antiquis est scientia*[1] ».

Dans la partie délibérément omise, Pierre fait allusion à Priscien et à la nécessité de s'exercer. Je cite en traduction : « Dans l'étude des règles de la grammaire, dans l'étude des analogies, des barbarismes, des solécismes, des tropes et des schèmes : Donat, Servius, Priscien, Isidore, Bède et Cassiodore s'appliquèrent à cette discipline. Ils ne l'auraient certainement pas fait si elle n'était pas le

1 « Tu dis que ton neveu Guillaume a un génie plus subtil et une intelligence plus aiguë parce qu'il a pris le vol tout de suite vers les subtilités des dialecticiens sans s'arrêter à l'étude de la grammaire et des auteurs. Et la dialectique, il ne l'a pas apprise dans les livres, comme on fait d'habitude, mais par des notes et des cahiers. Ce n'est pas un bon fondement pour l'étude des lettres, et cette subtilité que tu vantes tant est mortelle pour beaucoup. [...] À quoi sert donc lire et relire les notes, apprendre par coeur des sommes, se casser la tête sur les sophismes abstrus, mépriser les écrits des anciens et refuser tout ce qui ne se trouve pas dans les résumés des propres maîtres ? Il est écrit : La science se trouve auprès des anciens », Pierre de Blois, *Epistola 101),* PL 207, 1904.

fondement indispensable de toute science. Quintilien écrit aussi sur la grammaire, en confirme l'utilité et la loue sans condition à tel point qu'il affirme qu'il n'y a pas de vraie science sans elle. *[...]* Il m'a été utile, quand j'étais enfant, d'avoir été contraint à apprendre par cœur et à répéter les lettres d'Hildebert qui sont des modèles d'élégance et de style. En plus des textes d'usage fréquent dans les écoles, il m'était utile d'avoir lu assidûment Trogue Pompée, Flavius Josèphe, Suétone, Hégésippe, Curce Ruf, Corneille Tacite, Tite Live, tous des auteurs qui insèrent souvent dans la narration historique des passages utiles à l'édification des mœurs et à l'apprentissage des arts libéraux. Voilà pour ce qui regarde les historiens. J'ai lu ensuite un nombre incalculable d'autres auteurs. Les modernes peuvent aller y cueillir des fleurs, comme dans un jardin bien odorant, s'ils sont avisés, pour se revêtir des grâces d'une élocution ornée[1] ».

De ce point de vue, plus le temps passe, plus on devrait se perfectionner dans la maîtrise des textes anciens et en éviter des interprétations erronées, dues au fait qu'on s'est éloigné de la signification intime de la pensée de l'auteur. Mais que fait Marie sinon partager avec Pierre l'idée (en dehors de la métaphore florale) qu'elle-même, à qui Dieu a donné la *sapientia* (« enciience ») et l'art de la parole pour perfectionner son éloquence ornée (« bone eloquence », v. 2), doit aller cueillir des fleurs dans les jardins

1 PL 207, 1904 : « *[...] in regulis artis Grammaticae, in analogiis, in barbarismis, in solœcismis, in tropis et schematibus : in quorum omnium doctrina Donatus, Servius, Priscianus, Isidorus, Beda, Cassiodorus plurimam diligentiam impenderunt : quod equidem non fecissent, si sine his posset haberi scientiae fundamentum. Nam et Quintilianus, qui hanc doctrinam tradit, et tradendam asserit, tantis eam attollit praeconiis, ut publice protestetur sine illa scientiae nomen non posse subsistere. [...] Scio mihi plurimum profuisse, quod quum in arte versificatoria parvulus erudirer, praecipiente magistro mihi materiam non de fabulis, sed de historiarum veritate sumebam. Profuit mihi, quod epistolas Hildeberti Cenomanensis episcopi styli elegantia, et suavi urbanitate praecipuas firmare, et corde tenus reddere adolescentulus compellebar. Praeter caeteros etiam libros, qui celebres sunt in scholis, profuit mihi frequenter inspicere Trogum Pompeium, Josephum, Suetonium, Hegesippum, Q. Curtium, Corn. Tacitum, Titum Livium, qui omnes in historiis quas referunt, multa ad morum aedificationem, et ad profectum scientiae liberalis interserunt. Legi et alios, qui de historiis nihil agunt, quorum non est numerus. In quibus omnibus, quasi in hortis aromatum flores decerpere, et urbana suavitate loquendi mellificare sibi potest diligentia modernorum.*

de ceux qui l'ont précédée ? Ceci parce qu'une œuvre méritoire commence à germer quand elle est connue d'un grand nombre (« a primes est il fluriz », v. 6), mais qu'elle ne finit par fleurir que lorsque elle est louée par un grand nombre (« dunc as espandues ses flurs », v. 8). Marie est bien informée des sujets de réflexion auxquels s'intéressent les membres du cénacle de Thomas Becket, mais par ailleurs, en choisissant de ne pas se limiter à traduire une belle histoire du latin en langue romane (v. 29-30) et d'exercer sa mémoire en se rapportant à la tradition orale des *Lais*, elle tente de revaloriser la femme face à la culture des savants de l'époque entièrement centrée sur les hommes : Heloïse *docet* ! Rachat qui sera, au cours de son activité littéraire ultérieure, de moins en moins possible. Si les *Lais* furent vraiment sa première œuvre, il est évident que la poétesse devait jouir au début d'une liberté créative qui, pour certaines raisons, a diminué par la suite.

Il y a un point sur lequel les critiques tombent d'accord : le prologue a été écrit après la rédaction des *Lais* (ou, du moins, après la rédaction d'une partie du recueil) comme il en résulte des v. 43-56 :

« En l'honur de vus, nobles reis,
ki tant estes pruz e curteis,
a ki tute *joie* s'encline,
e en ki *quœr* tuz biens racine,
m'entremis des lais assembler,
par rime faire e reconter.
En mun *quœr* pensœ e diseie,
sire, ke(s) vos presentereie ;
si vos les plaist a receveir,
mult me ferez grant *joie* aveir,
a tuz jurz mais en serrai lie.
Ne me tenez a surquidie
Si vos os faire icest present.
Ore oëz le comencement ! »

Il semble que Marie ait attendu une occasion spéciale pour présenter son œuvre au « nobles reis » en l'honneur duquel cette dernière aurait été composée. Que l'on note la répétition des termes «joie» (v. 45 et 52) et «quœr» (v. 46 et 49) rapportés d'abord au souverain, ensuite à la poétesse. Ce sont là deux véritables mots-clefs qui permettent de mieux pénétrer ce à quoi Marie fait allusion «assez obscurement» dans sa dédicace. Rappelons ce que Denis Pyramus observe dans la *Vie seint Edmund le rei* (v.46-48) à propos des *Lais* :

> «Les lais solent as dames pleire :
> de *joie* les oient e de gré
> qu'il sunt sulum lur volonté».

Dans l'article sur le prologue d'*Erec et Enide* que j'ai déjà cité, Luciano Rossi a de nouveau attiré l'attention des philologues sur l'allusion de Chrétien, à la fin de son poème, au *Lai de la Joie* :

> «*Al termine di quest'episodio, che conclude significativamente il romanzo, Erec scatenerà il gaudio generale, suonando il corno 'del giardino' e richiamando a corte i sudditi d'ogni condizione sociale. Per celebrare l'avvenimento, uomini e donne intonano due diversi componimenti ; mentre i primi si limitano a cantare una canzone, le seconde 'compongono' un lai : 'cil qui el vergier estoient / d'Erec desarmer s'aprestoient, / e chantoient par contançon / tuit de la joie une chançon. / Et les dames un lai troverent / Que le* Lai de Joie *apelerent, / Mes n'est gueres li lais saüz' (v. 6178-6180). L' 'ormai dimenticato' (al tempo del locutore)* Lai de Joie *non ha mancato di suscitare l'interesse dei critici che ne hanno illustrato la funzione di mise en abyme. Per conto mio, un richiamo così preciso a dames che si rivelano autentiche trobairitz non può non far pensare alla dedica dei Lais di Maria di Francia (le dame-poetesse, autrici di lais, non dovevano essere poi così numerose), dove pure è messo in risalto il tema della* joie *[...]*[1] ».

Rossi voit une forte contiguïté non seulement chronologique mais surtout intellectuelle entre *Erec et Enide* et les *Lais* et remarque que les deux œuvres semblent provenir d'un même milieu littéraire : «*la cui* laetitia *era destinata ad essere sconvolta dal brutale assassinio di Tommaso Becket, proprio in quel fatidico 1170 che sembra assumere un'importanza del tutto particolare per la storia delle lette-*

1 Rossi, «Ancora sul prologo di Erec et Enide : principio e fine della Storia», cit, p. 1425.

*rature gallo-romanze*[1] ». L'allusion, dans *Erec*, à « l'archevesques de Cantorbere » (v. 2028) ne fait que confirmer cette hypothèse car la présence de l'archevêque à la cour est signalée comme un événement exceptionnel. Le prélat a le devoir de bénir une union particulièrement symbolique comme celle d'Erec et d'Enide. Rossi écrit : « *In questo senso, l'espressione* si con il doit *potrebbe risultare molto meno anodina di quanto appaia a prima vista, mettendo in rilievo una sorta di subordinazione del presule*[2] ».

En 1931 déjà, G. Cohen avait insisté sur l'hommage rendu par Chrétien, dans *Erec*, à la cour d'Henri II[3]. Plus récemment, on a noté comment les références aux vassaux d'Angleterre, par exemple Brian de Insula[4] ou le choix de Nantes comme ville de couronnement du jeune roi Erec, rappelant l'investiture de Geoffroi Plantagenêt comme duc de Bretagne au Noël de 1169, pourraient être une preuve tangible de l'hommage du Champenois aux Plantagenêt. Ces allusions, cependant, examinées à la lumière des événements historiques, apparaissent marquées de traits polémiques. Dans *Erec*, la situation est particulière : nous sommes à la Pentecôte (moment typique de la tradition narrative), c'est-à-dire la solennité de la descente de l'Esprit Saint (*Actes* 2, 38) qui est source de joie continuelle dans l'exégèse patristique et par conséquent dans la théologie médiévale (que l'on pense à Jean de Salisbury[5] ou à Marie tant dans *Lanval*[6], de manière polémique, que dans l'*Espurgatoire*). L'archevêque de Cantorbéry bénit le couple au moment du mariage mais ce n'est pas lui qui couronnera Erec. Le déplacement à Tintagel où Erec se trouve au moment de la mort de son père, le roi Lac, et où il demande au roi Artus de la faire couronner roi à Nantes semble plutôt forcé :

1 *Ibid.*
2 *Ibid.*
3 Gustave Cohen, *Un grand romancier d'amour et d'aventure au XII^e siècle*, Paris 1931, p. 155.
4 Beate Schmolke-Hasselmann, « Henry II Plantagenêt, roi d'Angleterre et la genèse d'*Erec et Enide* », in *Cahiers de Civilisation Médiévale*, 24, 1981, p. 241-246.
5 Cf. *Entheticus Maior* I, 413-418, et *Polycraticus* 3.1.
6 Où, par un *crescendo*, nous assistons à un renversement des canons courtois et religieux : à la Pentecôte même, Lanval ne réussit pas à trouver « consilium » chez aucun chevalier ni chez le roi.

«*[...]* del roi sa terre reprist;
Aprés si li pria et dist
Qu'il le coronast a sa cort.
Li rois li dist que tost s'atort;
Que coroné seront andui,
Il et sa fame ansamble o lui,
A la natevité qui vient;
Et dist : 'Aler vos an covient
De ci qu'a Nantes an Bretaingne;
La porteroiz real ansaingne,
Corone et chief et ceptre el poing;
Cest don et ceste enor vos doing'».

Il me paraît évident qu'au-delà du renvoi à un événement comme l'investiture de Geoffroi Plantagenêt (qui, cependant, ne fut pas couronné roi), qui devait être encore présent dans l'esprit du public d'*Erec*, le choix de Nantes peut être doublement allusif :

«L'evesques de Nantes meïsmes
Qui mout fu prodon et *saintismes*,
Fist le sacre del roi novel
Mout *saintemant* et bien et bel,
Et la corone el chief li mist.
Li rois Artus aporter fist
Un ceptre qui mout fu lœz.
Del ceptre la façon œz *[...]*».

Il faut noter l'insistance sur la sainteté de l'évêque. À mon avis, Chrétien fait ici allusion à saint Gohard (*Gunhardus*), évêque de Nantes, décapité en 843 par les conquérants normands sur les marches de l'autel de la cathédrale, pendant la célébration de la messe, à l'occasion de la fête de Saint Jean-Baptiste. S'il en est ainsi, la ville de Nantes se révèlerait être spéculaire de Cantorbéry : Becket, revêtu des vêtements sacerdotaux pendant qu'il célébrait la messe, fut assassiné le 29 décembre 1170 sur les marches de sa cathédrale par cinq chevaliers partis de nuit de Normandie. Dans l'histoire anglaise, on le sait, c'est toujours l'archevêque de Cantorbéry qui a couronné le roi, sauf une fois, qui concerne Becket : le 14 juin 1170, en effet, ce droit fut usurpé par l'archevêque de York qui couronna à Westminster Henri le Jeune, âgé de quinze ans, comme « roi adjoint ».

L'événement eut une vaste résonance. Le pape Alexandre III lança une menace d'excommunication et tenta d'interdire le couronnement. La tâche de faire parvenir aux évêques anglais les lettres d'interdiction émises par le pape fut confiée par Thomas Becket à une femme, une religieuse, dont l'identité reste incertaine, cachée peut-être derrière un pseudonyme, « Idonea[1] ». Mais les lettres furent détruites par l'archevêque de York et le couronnement du jeune Henri (mais non celui de sa femme, la fille du roi de France, Marguerite, restée à Caen avec la reine Aliénor) eut lieu en présence du roi son père : « dolus est et nequitia[2] ! » Il s'agit d'une épreuve de force supplémentaire entre Henri II et l'archevêque. Comme le souligne W. L. Warren, le roi « *was offending not only against tradition but also the express prohibition of the pope [...]. It seems, however, that Henry was taking a calculated risk, for he was ready with a counter-move to turn aside papal wrath*[3] ».

Pendant la rencontre entre Becket et le roi à Fréteval, le 22 juillet 1170, l'archevêque demanda à pouvoir couronner à nouveau le Roi Henri le Jeune et Marguerite de France après son retour en Angleterre. Noël 1170 aurait été le meilleur moment pour célébrer le retour de l'archevêque et le nouveau couronnement du jeune Henri[4]. En effet, à peine rentré en Angleterre, Becket envoya une lettre à Winchester où était réunie la cour, non pas celle d'Henri II (qui se trouvait en France à cette époque), mais celle du jeune roi Henri. Le témoignage de Guernes de Pont-Sainte-Maxence est significatif :

4771 « Le jovene rei aveit a Wincestre trové
La erent del païs li barun asemblé

1 Cf. *CTB*, lettre 289.

2 *Ibid.*, lettre 296.

3 William Warren, *Henry the Second*, Berkeley, 1977, p. 111.

4 Benoît de Peterborough/Roger de Howden, *Gesta Henrici II*, in *Rerum Britannicarum Medii Aevi Scriptores*, Londres 1889, I, p. 5-6 ; *Chronica*, éd. par William Stubbs, 4 vol., *RS*, Londres, 1868-1871, vol. II, p. 4-5 ; Gervais de Cantorbéry, I, 219-220.

Deien, arcedïachene, persones e abé
*[...]*
4778 E li prince, e li conte e des baruns pluisur».

Selon les témoignages de ses biographes latins et selon ce qu'écrit Guernes, Becket ne manqua pas de faire remarquer au jeune roi Henri comment «une grande amertume s'est installée en mon cœur du fait que je n'ai pas pu poser sur votre tête la couronne d'or, conformément au privilège de notre Église mère» :

4871 «M'est el quer grant amerté asise
Que ne vus el chef la corune d'or mise
Sulunc la dignité de nostre mere iglise».

Joie et douleurs se succèdaient alternativement dans l'âme de l'archevêque et de ses amis en ces pénibles dernières années de la vie du prélat. Déjà après les *Constitutions de Clarendon*, Becket avait «perdu le cœur d'Henri[1] », selon le témoignage d'Herbert de Bosham. En novembre 1169 l'archevêque écrivait au roi de son exil français et l'exhortait encore une fois à se réconcilier avec lui et avec son église. Il lui rappelait le temps où il tenait le cœur du roi «aliquando il manibus meis[2] », et il l'invitait à suivre, d'un cœur joyeux et heureux, ce que le Seigneur lui aurait suggéré de faire : «Hoc facite benigne, domini mi, et corde *iocundo ac hylari*, quatenus concedat vobis Deus et heredibus vestris et restituat illam pacem quam desiderat *cor* vestrum[3] ». Il ajoutait encore, à sa façon caractéristique, l'exhortation à restituer à l'église de Cantorbéry, à lui et aux siens ce que le roi avait pris injustement :

> «*De mobilibus vero ablatis ecclesie Cantuariensi et nobis et nostris, secure vobis affirmamus coram Deo et toto mundo, etiamsi presens esset, quia nullo modo, nulla ratione, dimittitur peccatum, nisi restituatur ablatum, si habuerit qui abstulit vel auferri fecit, unde restituat [...] Et si quis vobis in contrarium predicaverit, etiamsi angelus de celo, anathema est et sit et erit quamdiu in hac sententia perseveravit*[4] ».

1 *MHTB* III, p. 294, cap. 31.
2 *MHTB* III, p. 355, cap. 11.
3 *CTB*, p. 1035-1037, lettre 241.
4 *Ibid.*, p. 1036.

La *Confessio Regis Henrici Secundi* à laquelle nous reviendrons sous peu – contenue dans le même manuscrit qui a transmis les *Lais* et les *Fables*, le ms. Harley 978 – souligne comment le roi, au moment du retour de Becket en Angleterre, avait éprouvé en son cœur un nouvel amour pour l'archevêque : « amor novus in corde regio » (v. 21).

Dans ce contexte historico-politique particulier, l'insistance de Marie sur les deux termes « *joie et quœur* » est moins énigmatique, surtout si l'on prend en considération le fait que la poétesse aurait pu être particulièrement proche, par affinité intellectuelle et idéologique, du milieu de l'archevêque.

## *LES FABLES*

Comme Elisabeth Schulze-Busacker l'a finement remarqué, pour Marie « la fable tire sa « légitimation » en tant que genre littéraire non pas du récit (« fable de folie », « cunte »), mais de la somme morale formulée en conclusion[1] » :

> mes n'i a fable de folie
> u il nen ait philosophie
> es essamples ki sunt aprés
> u des cuntes est tuz li fes (v. 23-26)

Ce message éthique est « *vénérable* » (v. 3-4, 8), « *mémorable* » (v. 5-6), « *universel* » (v. 9-10) et « *transférable* » d'un cas à l'autre (v. 14-16).

L'essence morale confère au genre sa portée didactique. Par le prologue, Marie situe explicitement la fable dans une conception proche de la « doctrine profitauble » développée par

1 Elisabeth Schulze-Busacker, « Le Romulus vers 1180 : Walter l'Anglais, Alexandre Nequam et Marie de France », *Miscellanea mediaevalia. Mélanges offerts à Philippe Ménard*, éd. Jean-Claude Faucon, Alain Labbé et Danielle Quéruel, Paris, Champion (Nouvelle bibliothèque du Moyen Âge, 46), 1998, t. 2, p. 1213-1233 ; cit. p. 1220.

les philosophes de Cantorbéry : « il s'agit chez Marie de France de créer, par la somme entre récit et moralité, le message éthique qui est (...) exemplaire, mais non didactique dans la mesure où les modalités de la mise en pratique du message éthique restent au lecteur[1] ».

Or, grâce aux travaux de Mall et de Warnke (dont les conclusions ont été acceptées par Ewert et Jauss), il reste désormais peu de doutes que la poétesse, pour les *Fables*, ait eu recours à un texte en moyen anglais aujourd'hui perdu : la présence de termes comme « welke » 12,3 ; « wibet » 65,28 ; « witecoc » 52, 20 et « sepande » (fréquent dans les fables 23, 74, 76 dans le texte anglo-normand confirmerait cette hypothèse)[2].

Warnke en a tiré la conclusion que la source de Marie peut être un texte composé au début du XIIe siècle dans un dialecte des Midlands britanniques et attribué au roi Alfred[3]. Alfred le Grand est en effet cité par Marie dans le fameux épilogue du recueil (v. 16 *sq.* : « li reis Alvrez, que mut l'ama, / le translata puis en engleis, / e jeo l'ai rimée en franceis, / si cum jeo poi plus proprement ») comme étant l'auteur de la source directe du texte en ancien français. Marie semble insister sur ce point (v. 11-12) : « m'entremis de cest livre feire / e de l'engleis en romanz treire »).

La maîtrise de l'anglais de la part de la poétesse a été confirmée aussi par l'examen des vocables anglais dans les *Lais*[4]. C'était d'ailleurs le privilège des Normands de la deuxième et de la troisième génération qui étaient nés en Angleterre : que l'on pense à la reine Mathilde, grand-mère maternelle d'Henri II et premier grand mécène d'œuvres en anglo-normand. Elle avait été éduquée dans les monastères de Romsey et de Wilton et l'anglais était sa première langue, à côté du latin, mais elle connaissait aussi le français à la perfection.

1 *Ibid.*, p. 1222.

2 Pour une présentation détaillée à ce propos, voir l'édition des *Fables* éditée par Charles Brucker, Louvain, 1991, p. 6-9.

3 Karl Warnke, « Die Quellen des Esopes der Marie de France », in *Festgabe Hermann Suchier*, Halle, 1900, p. 254 *sq.*

4 Philippe Ménard, *Les Lais de Marie de France*, Paris, PUF, 1979, p. 28.

Il est singulier qu'une poétesse considérée « continentale » connaisse la langue locale, qui n'était pas celle de la cour angevine. Le couple royal était contraint de recourir à des interprètes quand il devait traiter avec les indigènes qui ne savaient ni le français ni le latin ; de nombreux chevaliers normands provenant de Normandie devaient en faire autant. Depuis le début du XX^e^ siècle, les critiques ont littéralement mis sens dessus dessous les bibliothèques britanniques à la recherche d'un possible témoin du recueil d'Alfred, sans succès.

Il peut être intéressant de noter à ce propos que la plus grande bibliothèque médiévale de la région dite des Midlands appartenait à l'abbaye bénédictine de Peterborough, dont Benoît, ancien prieur de Cantorbéry et secrétaire de Becket, avait été nommé abbé en 1177. Le *Corpus of British Medieval Library Catalogue*[1], récemment publié, permet de chercher à savoir si cette abbaye possédait la copie d'un volume attribué au roi Alfred. La section du catalogue sous le sigle BP2[2] présente un véritable index – transmis par le ms. Bodley 163, f. 251r [3] des textes contenus dans la bibliothèque de l'abbaye au XII^e^ siècle. Au numéro 59 de cet index figure le titre « Elfredi regis liber anglicus ».

« *The library contained some books surviving from the Anglo-Saxon minster and some new volumes from the early 12th century, but most of the texts mentioned could fall into either category*[4] ».

J'avancerais l'hypothèse suivante : on peut voir sous le terme général de « liber », dans ce catalogue, l'œuvre du roi Alfred dite *Handboc*, connue aussi sous le nom de *Encheiridion*. Guillaume

1 Publié en huit volumes. Le dernier volume, édité par Karsten Friis-Jensen, est dédié à la bibliothèque de l'abbaye de Peterborough : *The Library of Peterborough Abbey*, Londres, The British Academy, 2001.

2 *Ibid.*, p. 6-15.

3 Ce catalogue fut découvert par Reinhold Pauli et publié pour la première fois dans *Serapeum* 38 (1877), p. 120, et ensuite dans *Neues Archiv* 2 (1876-1877), p. 433. Pauli ne fut pas en mesure d'identifier la provenance du catalogue. Ce fut Montague Rhodes James qui comprit qu'il s'agissait d'une liste de volumes appartenant à l'abbaye de Peterborough, comme l'ont confirmé des études ultérieures (cf. Michael Lapidge dans *Learning and Literature in Anglo-Saxon England*, Cambridge 1985, p. 76-82).

4 *The Library of Peterborough Abbey*, cit. p 54.

de Malmesbury, dans ses *Gesta regum Anglorum* dédiés en 1127 au comte Robert de Gloucester[1], se réfère au « liber » d'Alfred comme suit : « *quem patria lingua handboc (i.e. Encheiridion) manualem librum appellavit* ». Il s'agissait très probablement d'un manuel de rhétorique (comme il ressort du double titre, saxon et grec, du texte aujourd'hui perdu). Guillaume de Malmesbury le cite à plusieurs reprises comme sa source[2]. On pourrait même aller plus loin et, donnant crédit à Marie, formuler l'hypothèse que l'*Encheiridion*, attribué au roi Alfred et rédigé en anglais comme le démontre aussi le titre de l'index cité ci-dessus, ait contenu également à des fins didactiques et moralisatrices un recueil de fables ésopiques, qui dérivent d'un recueil semblable à celui dit *Romulus Nilantii.*

Un autre *index librorum*, celui de la bibliothèque de la cathédrale de Durham, mentionne la présence d'un *Elfledes Boc* parmi les « *libri anglice*[3] ». Les experts de littérature anglo-saxonne ont dernièrement affronté à nouveau la question relative au manuel du roi Alfred et sont arrivés à la conclusion (intéressante pour notre recherche) qu'il s'agissait d'un texte, attribué tardivement seulement au roi saxon (dans la première moitié du XIIe siècle)[4]. Des textes de différentes nature, origine et provenance, ésopiques ou non, auraient pu être juxtaposée dans ce volume.

On déduit des recherches faites par Paul G. Remley[5] qu'il est possible qu'en réalité ce manuel, dont parlait pour la première fois Asser, évêque de Sherborne, dans sa *Vie du roi Alfred*[6], puisse

1 Guillaume de Malmesbury (1090-1143). Cf. *Gesta Regum Anglorum*, éd. John Sharpe, Londres, 1815, II, 123.

2 En parlant des qualités d'Aldelm, auteur d'un *De virginitate*, Guillaume note : « *Adeo ut – teste libro Elfredi – [...] nulla umquam aetate par ei fuerit quisquam. Poesiam Anglicam posse facere, cantum componere, eadem apposite vel canere, vel dicere* » (cf. *G.R.A.*, cit.).

3 *Catalogi Veteres Librorum Ecclesiae Cathedralis Dunelm : Catalogues of the Library of Durham Cathedral*, éd. par. James Raine, préface Beriah Botfield Surtees Society, vol. VII, Oxford, 1840, p. 5.

4 Simon Keynes, *Anglo-Saxon England*, Cambridge, University of Cambridge Dept. of Anglo -Saxon, 2004.

5 Katherine O'Brien O'Keeffe, Andy Orchard, *Latin Learning and English Lore*, Toronto, Toronto University Press, 2005, p. 90-101.

6 William Henry Stevenson, *Asser Bishop of Sherborne, Life of king Alfred*, Oxford 1958

avoir été rédigé au XIIe siècle dans le monastère de Worcester (entre 1113 et 1120). C'est là, en effet, qu'avait été élaboré un programme ambitieux de recherches historiographiques relatives à la période saxonne.[1] Dans ce monastère avaient travaillé, entre autres, Florent (auteur de la *Chronique anglo-saxonne*[2], pour laquelle il avait puisé dans le texte d'Alfred) et un certain Jean qui continua l'œuvre de Florent.

Comme le notait Runte[3] en 1983, une fable de Marie ne provient certainement pas du texte attribué au roi Alfred : il s'agit de la version donnée par la poétesse de l'histoire de la veuve qui fit pendre le cadavre de son mari, modelée d'après le récit de la matrone d'Éphèse de Pétrone. Brucker et Runte ont démontré que la source directe de Marie est à chercher dans le *Polycraticus.*

Mais, pour les *Fables*, l'influence de Jean de Salisbury ne se limite pas à ce récit. Comme Brucker l'a justement remarqué[4], Marie reprend dans le prologue de cette œuvre le thème du caractère protéiforme de la sagesse en des termes très proches de ceux du prologue du deuxième livre du *Polycraticus.* En ce qui concerne la disposition générale de l'œuvre de Marie qui diffère des fables latines par la « présentation des réalités sociales[5] », il ne faut pas oublier, entre autres, que la définition de « bestiæ curiæ[6] » pour les courtisans d'Henri Plantagenêt est due justement à Thomas Becket. Une définition semblable, transformée à partir de Boèce, est utilisée par Alain de Lille dans son *De planctu naturæ.* L'écrivain parle des « *palatinæ canes* ». La même expression est employée par le comte Thibaud de Blois dans une lettre au pape écrite tout de suite après l'assassinat de l'archevêque. Ces similitudes sont

(réimpression), copyleft Whitefish 2004.

1 Cf. Antonia Grandsen, *Historical Writing in England c. 550 to c. 1307*, Londres 1974, p. 143-148.

2 Cf. George Norman Garmonsway, *The Anglo-Saxon Chronicle*, Londres 1953.

3 « Alfred's book, Marie de France and the Matron of Ephesus », in *Romance Philology*, XXXVI, n° 4 (1983), p. 556-564.

4 Brucker, *Fables*, p. 51.

5 *Ibid.*, p. 18.

6 Cf. *MHTB*, I, 5-6, et VII, 304-305.

exploitées aussi par Gautier Map dans son *De nugis curialium*[1] et par Marie elle-même dans le prologue de *Guigemar*, quand la poétesse remarque (v. 7-14) :

> « Mais quant il a en un pais,
> Humme u femme de grant pris,
> Cil ki de sun bien unt envie
> Sovent en dient vileinie ;
> Sun pris li volent abeisser :
> Pur ceo commencent le mestier
> Del *malveis chien coart felun*
> Ki mort la gent par traisun ».

Le thème de l'envie à l'intérieur de la cour se rencontre fréquemment dans les *Lais* et il n'est pas superflu de noter comment Jean de Salisbury s'attarde sur les moines envieux qu'il compare à des chiens « dente cruento » (v. 1723) toujours prêts à mordre[2]. La référence, dans l'*Entheticus*, à l'envie à l'intérieur des « *schola, claustrum, aula* » (v. 1726) sera reprise ensuite dans le *Polycraticus* (7. 24) : « *non modo in curia, sed in schola, sed in claustro, sed in capitolio [...] domestica vitia* ». Dans cette perspective l'allusion de Marie à ces « *clerc plusur* » de l'épilogue des *Fables* (v. 5) qui seraient prêts à s'attribuer son œuvre devient plus claire.

Howard Bloch lui-même n'a pas manqué de souligner à plusieurs reprises, dans son livre susmentionné sur l'œuvre de Marie[3], l'affinité intellectuelle particulière entre la poétesse et le milieu de l'archevêque de Cantorbéry. Alfred Ewert, lui, avait déjà avancé en 1969 l'hypothèse que Marie de France aurait connu Jean de Salisbury, peut-être à travers Guillaume Longue-Épée, possible dédicataire des *Fables*[4].

Nous voici donc confrontés au problème de l'identité historique de la poétesse : quel personnage féminin de la cour Plantagenêt pouvait avoir lu le *Polycraticus*, écrit vraisemblablement autour

1 Benoît de Peterborough/Roger de Howden, *Gesta Henrici II*, cit., II, p. 20-22.
2 *Entheticus de dogmate philosophorum*, par. 113, v. 1719-1728 (selon les critiques, le texte remonte à 1155).
3 *The anonymous Marie*, cit., p. 154-158 et 169-172.
4 Cf. Ewert, *Lais*, p. IX.

de 1159, quand Becket était encore chancelier du roi ? Il faut réfléchir brièvement sur les rapports entre Jean de Salisbury et le roi Henri II (particulièrement tendus en 1159 déjà) et, partant, à la circulation de ses textes majeurs (*Metalogicon* et *Polycraticus*, tous les deux dédiés à Becket) à l'intérieur de la cour angevine à l'époque où l'on suppose que Marie a exercé son activité littéraire (1160-1180). Les œuvres de Jean ne circulèrent au début que dans un milieu particulier et il est surprenant qu'une femme ait pu avoir accès directement à une œuvre destinée aux dits «*clerici Cantuarienses*».

# LES QUATRE HYPOTHÈSES DE LA CRITIQUE CONCERNANT L'IDENTITÉ DE MARIE

## MARIE DE MEULAN, UNE IMPROBABLE MARIE DE FRANCE

Dans un livre récent, *Marie, ki en sun tens pas ne s'oblie*[1], j'ai de nouveau examiné les quatre hypothèses d'identification historique de la poétesse, et j'ai réfuté notamment celle qu'avait formulée, en 1932, U. T. Holmes, qui avançait le nom de Marie de Meulan, fille hypothétique d'un des « *milites litterati* » de l'Angleterre anglo-normande, Galeran IV de Meulan (mort en 1166), dédicataire de la première version de la *Historia Regum Britannie* de Geoffroy de Monmouth (1136)[2].

Galeran IV[3] et son frère jumeau Robert de Beaumont, comte de Leicester (loué par Jean de Salisbury et par Richard Fitz Nigel qui le définissent « *litteris eruditus* »)[4], avaient reçu une éducation soignée au monastère d'Abingdon et comptaient parmi les chevaliers de la cour d'Henri II qui savaient le latin et aimaient à l'occasion composer des vers.

1 Carla Rossi, *Marie, ki en sun tens pas ne s'oblie. Marie de France : la Storia oltre l'Enigma*, Roma, Dipartimento di Studi Romanzi Università di Roma « La Sapienza », Testi, Studi e Manuali 25, Bagatto Libri, 2007.

2 Cf. *HRB*, VII, 2, p. 384. Pour l'analyse historique et politique des dedicaces des trois versions de la *HRB*, voir Michelle R. Warren, *History on the Edge*, Minneapolis, The University of Minnesota Press 2000, p. 26-28.

3 Pour la carrière politique de Galeran, voir Geoffrey White, « The carrer of Waleran, count of Meulan and earl of Worcester (1104-1166) », in *Transactions of the Royal Historical Society*, Londres 1871, ser. XVII (1934, p. 19-48.

4 Pour ces deux chevaliers, voir David Crouch, *The Beaumont Twins : The Roots and Branches of Power in theTwelfth Century*, Cambridge 1986.

En 1950 déjà, R. D. Whichard avait repris l'hypothèse de Holmes dans « A Note on the identity of Marie de France[1] » et quelques années plus tard P. N. Flum, dans « Additional Notes on Marie de France[2] », avait examiné les conséquences fascinantes que pourraient avoir cette hypothèse par rapport aux *Lais*, tandis qu'en 1988 P. Grillo se posait la question rhétorique « Was Marie de France the daughter of Waleran II, count of Meulan[3] ? ». Mais c'est surtout en 1995 que Yolande de Pontfarcy arrivait à la conclusion, totalement abstraite, sur la base de laquelle, en admettant seulement que Marie de France et Marie de Meulan soient la même personne, il deviendrait possible de résoudre la *vexata quæstio* de l'identité de l'auteur : le comte Willemus, dédicataire des *Fables* ne serait autre que Guillaume le Maréchal, allié des Beaumont de Meulan ; le souverain auquel la poétesse dédie les *Lais* serait le dit « Roi Jeune » (Henri le Jeune), comme l'avait déjà proposé Levi[4], mais, surtout, les rapports deviendraient clairs entre le *Tractatus de purgatorio sancti Patricii* rédigé par un non mieux identifié H., moine de Sawtry, et l'*Espurgatoire*, la vulgarisation composée par Marie. Comme on le sait, la genèse de la narration autour de la légende du puits de saint Patrice (en Irlande, dans le comté de Donegal) est complexe et trouve son origine dans les milieux cisterciens : le promoteur du récit fut le monastère de Luda (aujourd'hui Louth Park, dans le Lincolnshire)[5], où « *sunt complures libri neque ad materias pertinentes nisi sint litteris*

1 In *Romance studies presented to William Morton Dey*, édd. U. T. Holmes, A. E. Engskrom, S. E. Leavitt, Chapel Hill 1950, p. 177-181.

2 In *Romance Notes*, III, (1961/62), p. 53-56.

3 In *Medium Ævum*, LVII (1988), p. 269-274.

4 Cf. Ezio Levi, *Il re Giovane*, cit., p. 448 : « Le roi jeune avait vécu vingt huit ans (1155-1183) et avait régné treize ans (1170-1183). Ces treize ans comprennent la synthèse de tous les idéaux chevaleresques des deux civilisations qui s'étaient rencontrées et réunies à la cour des Plantagenêts, la civilisation normande et la civilisation provençale ».

5 Il existe une chronique latine du monastère de Luda, cf. *Chron. Louth Park. The Chronicle of Louth Parl Abbey*, éd. Rev. Edmund Venables, Lincolnshire Record Society 1891. Cf. aussi *Fasti Ecclesiæ Anglicanæ 1066-1300*, volume 3 : Lincoln (1977), p. 18-26.

*impressi*[1] » comme le notait au XVI^e^ siècle John Leland[2], antiquaire d'Henri VIII.

L'abbé de Luda, Gervais[3], avait envoyé en Irlande, en 1148, le moine Gilbert pour y fonder un monastère de moines blancs, celui de Baltinglass. En 1151, Gilbert rentra en Angleterre et eut l'occasion de raconter à son confrère, le susmentionné H., qui sera un jour abbé de Sartis (autre monastère cistercien qui dépendait de Luda), l'histoire suivante : son interprète en Irlande, le chevalier Owein, chargé de graves péchés, avait fait un voyage dans l'au-delà où il avait eu accès à une caverne sans fond dont saint Patrice était le gardien et d'où l'on accédait au purgatoire. Le chevalier avait été entouré de démons et d'esprits qui avaient tenté de l'épouvanter et de le faire retourner sur ses pas. Mais en cédant à la peur il aurait perdu âme et corps. Entre des visions effroyables, la puanteur et un bruit assourdissant Owein était sorti vainqueur de chacune des épreuves auxquelles il était soumis, en invoquant le nom de Jésus. Avant de sortir vivant du purgatoire le chevalier acceptait avec joie de se faire moine parce que dans l'au-delà il n'avait vu aucun ordre ayant autant d'éclat que celui des Cisterciens. Le futur abbé de Sartis[4] avait par la suite demandé à un moine de l'abbaye de Sawtry[5] (une sorte d'hétéronyme, désigné, lui-aussi, dans les manuscrits par la lettre H) de rédiger le fameux *Tractatus*.

1 « Leland's list of Manuscripts in Lincolnshire Monasteries », in *English Historical Review* 54 (1939), p. 93.

2 *Ibid.*, p. 88-95.

3 *The Testament of Gervase of Louth Park*, éd. Charles Talbot, in *Analecta Sacri Ordinis Cistercensis*, 7 (1951), p. 32-45.

4 Sartis (toponyme dérivant du terrain où fut construite l'abbaye : *assarts*) fut connue plus tard sous le nom de Wardon, ou Warden Abbey ; fondée par Gautier Espec le 8 décembre 1136, elle dépendait de Rievaulx (cf.. *VCH, Beds.*, 1, p. 357-358). Les livres appartenant à l'abbaye finirent presque tous au Trinity College de Cambridge. Son cartulaire subsiste encore : cf.. *Old Wardon Abbey Cartulary* ed. par G. H. Fowler, Bedfordshire Historical Society, vol. XIII, 1930.

5 La graphie du nom du monastère varie entre Sawtrey, Saltrey, Sautre, Sawtre et, en latin, Saltereia. Pour les chartes relatives au monastère qui subsistent cf. Keith Stringer, « A Cistercian archive : the earliest charters of Sawtry Abbey », in *Journal of the Society of Archivists*, 6 (1980), p. 325-334. Cf. aussi VCH, « Houses of Cistercian monks : The abbey of Sawtry », in *A History of the County of Huntingdonshire*, vol. 1 (1926), p. 391-392.

La question des rapports entre le texte en ancien français de Marie et les versions latines du *Tractatus* (qui appartiennent à deux familles de témoins distinctes) est embrouillée : on a parlé récemment[1] d'une contamination due à Marie elle-même, qui aurait pu consulter, peut-être à différents moments, des exemplaires des deux familles : « Une telle hypothèse serait beaucoup plus solide », écrivait en 2004 Sonia Maura Barillari, dans son édition italienne de l'*Espurgatoire seint Patrice*[2] que je cite en traduisant : « *si l'on pouvait identifier de manière certaine l'auteur à Marie de Beaumont de Meulan, qui appartiendrait à une famille dont les membres contribuèrent de façon déterminante à la fondation des abbayes de Basingwerk [...], de Saltrey (où fut rédigé probablement le* Tractatus*) et de Basinglass [...]. Des circonstances, celles-ci, qui auraient mis l'auteur sans aucun doute dans des conditions idéales d'accéder facilement aux manuscrits du texte, qu'elle se mit à traduire* ».

Malheureusement, dans le guêpier des données pseudo-historiques auxquelles je viens de faire allusion les rôles et les liens idéologiques entre chacune des abbayes cisterciennes mentionnées jusqu'ici ont été largement banalisés et confondus : les unes sont partiellement impliquées dans la naissance de la narration du *Purgatoire de saint Patrice*, les autres ne le sont en rien. Si, d'un côté, il est difficile d'imaginer notre poètesse dans le rôle d'un philologue lachmannien, engagé dans la collation de plusieurs manuscrits latins, il me paraît d'autre part également incroyable que personne jusqu'ici n'ait vérifié dans les archives l'existence matérielle de Marie de Meulan, à laquelle une certaine critique n'a non seulement attribué un père illustre, Galeran IV, un lignage, celui des Beaumont, et un mari, Hugues Talbot, appartenant à une importante maison normande apparentée aux Mandeville, mais aussi une vie pourvue de dates qui semblent être certaines et indiscutables. Ceci sans la moindre preuve fondée sur les documents, même en ce qui concerne sa naissance, et moins encore

---

1 Lachin, *Maria di Francia*, cité, p. 216.

2 Maria di Francia, *Il Purgatorio di San Patrizio*, éd. Sonia Maura Barillari, Alessandria, Ed. dell'Orso, 2004, p. 44.

la possibilité qu'elle ait appris à lire et à écrire (ce qui par contre fut le cas de son père présumé).

La date de la composition du *Tractatus*, qui représente le *terminus post quem* de l'œuvre de Marie, reste en outre aujourd'hui encore incertaine[1] ; de même le nom de baptême de l'auteur du remaniement et du commanditaire, tous les deux désignés dans les manuscrits par la lettre H (« *Patri suo preoptato in Christo, domino H., abbati de Sartis, frater H. monacorum de Saltereia minimus, patri filius obedientiæ munus* »)[2].

1 Kölbing (cf. Eugen Kölbing, « Zwei mittelenglische Bearbeitungen der Sage von St. Patrick's Purgatorium », in *Englische Studien*, I, (1877), p. 57-121 ; et « Vier Romanzen-Handschriften », in *Englische Studien*, VII (1884), p. 177-201) distingua trois versions latines de la légende : une version plus ample qui fut publiée dans l'oeuvre de Ioannes Colganus (John Colgan, *Triadis thaumaturgæ seu divorum Patricii Columbæ et Brigidæ, trium veteris et maioris Scotiæ, seu Hiberniæ sanctorum insulæ [...] acta [...]*, II, Louvain, 1647, p. 273-281) ; une version moyenne qu'il identifie avec le *Tractatus de Sancti Patricii* (publié dans le *Florilegium insulæ sanctorum, seu Vitæ et acta sanctorum Hiberniæ, quibus accesserunt non vulgaria monumenta, hoc est sancti Patricii purgatorium, s. Malachiæ prophetia de summis pontificibus [...] Omnia nunc primum partim ex ms. codicibus, partim typis editis collegit & publicabat Thomas Messinghamus*, Paris, S. Cramoisy, 1624, p. 98-107) ; une rédaction plus brève qui se trouve dans la *Chronica majora* de Matthieu Paris. Paul Meyer, dans sa révision de l'écrit de Kölbing, remarqua qu'il manquait un autre texte, le ms. Ee 6 de la Cambridge University Library II, traduction anglo-normande du texte latin de H. Saltereiensis transmise par ce seul manuscrit et par le fragment An (dit aussi F) Lansdowne 383 (auquel nous allons revenir sous peu). En 1891 Meyer dressa une liste de sept textes français avec les références aux trois traductions en moyen anglais. Eduard Mall (cf.. Ed. Mall, « Zur Geschichte der Legende vom Purgatorium des heil. Patricius », in *Romanische Forschungen*, VI (1891), p. 139-197) publia deux textes latins des mss de Bamberg E. VII. 59 et d'Arundel 292 de Londres qui suivent de près la source originale à laquelle se référa Marie de France. Frati donna le texte de la légende contenu dans le traité d'Étienne de Bourbon *De septem donis Spiritus Sancti* suivant les leçons du manuscrit parisien 15970 de la Bibliothèque Nationale (ff. 158$^{v}$ - 159$^{v}$) (cf.. L. Frati, « Il Purgatorio di S. Patrizio secondo Stefano di Bourbon e Uberto da Romans », in *Giornale Storico della Letteratura Italiana*, VIII (1886), p. 140-179. Selon les dernières recherches, les rédactions latines du *Tractatus de PurgatorioSancti Patricii* du moine H. se regroupent en deux familles, α et β. La version traduite par Marie dériverait, selon les experts, d'un texte de la famille α dont on a perdu matériellement toute trace.

2 Royal 13 B. VIII, fol. 75$^{r}$, appartenant à la famille β contient une version plus longue du traité. Le texte du prologue continue ainsi : « Jussisti, Pater venerande, ut scriptum vobis mitterem, quod de Purgatorio, in vestra me retuli audisse præsentia : quod quidem eo libentius aggredior, quod ad id implendum paternitatis vestræ

Entrons donc dans cette forêt de conjectures pour essayer de comprendre, si possible, à quelle époque remonte la source latine connue de Marie. En 1959 Frederick Locke[1] proposait une datation entre 1209 et 1215 sur la base du *Catalogue of Romances* rédigé par Harry Leigh Douglas Ward qui, en 1893, avait résolu l'abréviation H. de Sartis par *Henricus*, nom de l'abbé du monastère de 1209 à 1215. Par la suite, la datation en fut anticipée à 1189-1190. Comme le démontra de manière convaincante R. Easting, vingt ans environ après la publication de cet article, avec des arguments sérieux et valables, il faudra dater l'œuvre « *some few years earlier than the traditional date of c. 1189-1190* ». Le savant fondait son hypothèse sur le fait qu'une solution possible de l'énigme pourrait venir justement de l'identification des personnages cachés derrière la lettre H. Le nom abrégé du commanditaire de l'œuvre pourrait être, en effet, *Hugo*, et non *Henricus*, personnage qui figure comme abbé, entre 1173 et 1185, dans les chartes de l'abbaye de Sartis.

En passant de nouveau au crible les preuves et les documents produits par Easting, j'ai constaté que la date de 1185 indiquée pour l'abbatiat d'Hugues est cependant erronée et fondée sur la date présumée de nomination d'un nouvel abbé, Payne. Dans *The Heads of religious houses*[2], la date du début de l'abbatiat successif

---

jussione instantius compellor. Licet enim utilitatem multorum per me pervenire desiderarem, vestram vero minime lateat paternitatem nunquam me legisse quidquam, unde in timore et amore Dei tantum proficerem. Et, quoniam beatum papam Gregorium legimus multa dixisse de his quæ erga animas fiunt terrenis exutas corporibus, ut et tristibus negligentium animos terreret, et lætis justorum affectum ad devotionem inflammaret ; fiducialius quod jubes, ad profectum simplicium perficiam. In multis enim exemplis quae proponit, ad exitum animarum, angelorum bonorum, sive malorum præsentiam adesse dicit, qui animas pro meritis, vel ad tormenta pertrahant, vel ad requiem perducant. Sed et ipsas animas adhuc in corpore positas, ante exitum, multa aliquando de his, quæ ventura sunt super eas, sive ex responsione conscientiæ interiori, sive per revelationes exterius factas, præscisse fatetur. Raptas etiam et iterum ad corpora reductas, visiones quasdam et revelationes sibi factas narrare dicit, sive de tormentis impiorum, sive de gaudiis justorum ».

1 Cf. Frederick Locke, « A new date for the composition of the *Tractatus de Purgatorio Sancti Patricii* », *Speculum*, XL (1959), p. 641-646.

2 Cf. *The Heads of Religious Houses : England and Wales, 940-1216* éd. par David Knowles, Cambridge, 1972, p. 146.

à celui d'Hugues est clairement signalée avant l'an 1185 sur la base du document n° 817 du *Cal. Doc. Fr.* Le document n° 95, reproduit dans les *EYC*, IV, donne comme terme extrême du début de l'abbatiat d'Hugues l'an 1181, tandis que *Reg. Lincoln*, III, en donne l'an 1179. J'ai aussi noté une autre particularité, peut-être plus intéressante. Aux fins de notre recherche il sera utile de mentionner que les deux religieux, Hugues et Payne, occupèrent alternativement la charge d'abbé dans les monastères cisterciens de Sawtry (plus petit et de moindre importance) et de Sartis (plus grand et dépendant directement de la maison-mère de Rievaulx) : Hugues fut d'abord abbé de Sawtry (où se trouvait aussi l'autre H., remanieur du traité) de 1152 au 8 septembre 1164, ensuite de Sartis de 1181 à 1199. Sur la base de ces données, il me semble possible d'avancer l'hypothèse que le *Tractatus* pourrait avoir été une sorte d'hommage du moine H. (l'abréviation est généralement et peut-être erronément résolue par *Henricus*, selon le choix de Richards Luard, éditeur de l'œuvre de Matthieu Paris[1]) à celui que l'auteur lui-même nomme «*pater venerandus*», Hugues, qui fut auparavant son supérieur à Sawtry. L'apostrophe avec laquelle on s'adresse habituellement à un père abbé, «*patri suo in Christo*», est accompagné, dans la dédicace du traité, de l'apposition «*preoptato domino*», qui aurait pu apparaître irrévérencieuse pour l'abbé de Sawtry, sauf dans le cas où le dédicataire aurait été déjà, dans le passé, supérieur de ce monastère. Il me paraît par conséquent permis de supposer

1 Cf. *Matthæi Parisiensis monachi Sancti Albani chronica maiora* éd. par Henry Richards Luard, Londres, 1874. L'erreur me semble causée par la confusion de *Salteriensis* avec *Saliburiensis*, et l'on sait qu'il existait un écrivain du nom d'Henri de Salibury. Dans le ms. La Haye Bibl. Royale 73 H 14 (de la moitié du xv$^{e}$ siècle) qui contient une version en prose du *Tractatus*, l'abréviation est résolue par *Henricus*, tandis que Thomas Tanner, dans la *Bibliotheca Britaanico-Hibernica*, Londres 1748, p. 397, notait : «Tracatus huius codex ms. bis aut ter extat in bibliotheca monasterii de Sion : in cuius catalogo ms. CCC Cantabr. 016 semper ascribitur Hugoni de Saltereia». J'ai vérifié l'indication : trois manuscrits du monastère des Brigittines de Sion, récemment enregistrés dans la *Liste of Identifications* en appendice au *Corpus of British Medieval Library Catalogues*, éd. par Richard Sharpe, Londres 1995, p. 272 (SS I.625a, SS I.6539 et SS I.1309a) contiennent, en effet les «Sermones Hugonis de Saltereya de Purgatorio Patricii».

que la composition du traité latin puisse remonter à 1173, c'est à dire à proximité de la nomitation d'Hugues comme abbé de l'importante abbaye de Sartis, nomination advenue, selon le ms BL Cotton Faust. A. IV., fol. 38 r-v, le mercredi 18 août 1173[1]. Le *terminus post quem* pour la rédaction de la version romane de Marie serait, dans ce cas, 1173 et non pas 1189.

Par ailleurs l'argument proposé par quelques philologues, parmi lesquels Yolande de Pontfarcy[2], selon lequel l'auteur aurait rédigé l'*Espurgatoire* après la canonisation de Malachie (1190)[3] est plutôt faible : dans le texte, le nom de l'évêque irlandais apparaît tantôt sans l'épithète de saint, au v. 299, tantôt précédé de celui-ci, au v. 2074 :

> En cel an meïmes trovai
> Un eveske a qui jo parlai,
> nevoz fud al tierz seinz Patriz
> qui compaigns ert seinz Malachiz.

En ce qui concerne « le troisième saint Patrice », Barillari remarquait justement que celui-ci, probablement évêque de Dublin en 1074, « ne fut jamais canonisé (ce qui) ne représente pas d'obstacle à une identification puis qu'au moyen âge il était assez habituel que

1 On notera, en outre, que dans le ms de Cambridge, Sidney Sussex College 50, *H. de Sartis* est accompagné d'une glose, d'un auteur anonyne qui renvoie à *Hugoni.*

2 Cf. *Espurgatoire Seint Patriz*, texte éd. par Karl Warnke, trad. de Yolande de Pontfarcy, Paris 1995, p. 9-10.

3 Malachie naquit à Armagh dans l'actuelle Irlande du Nord où il vécut à la fin du XIe/début XIIe siècle. On donne habituellement 1094 comme année de sa naissance (mais l'on a proposé aussi 1078 et 1110) et 1148 comme année de sa mort (mais pour sa mort aussi on a proposé d'autres dates : 1149, 1151 ou enfin 1154). On ne tombe pas non plus d'accord sur la graphie de son prénom en gaélique : on le trouve transcrit en Mælmædhog, ou Maoldog, ou encore Mal Mædos, tandis qu'il semble certain que son nom était Us (O') Morgair. Premier évêque de Connor et ensuite primat d'Irlande, il se retira, vers la fin de sa vie, à Clairvaux. Ayant la réputation de voyant, devin et thaumaturge, il fut canonisé par Clément III en 1190. En 1138, il renonça à sa charge épiscopale et retourna à la simple vie monastique par désir d'humilité et par amour de la prière ce qui lui fit bannir tout honneur terrestre. Saint Bernard, lié à lui par une profonde amitié, fut son premier biographe officiel. Le pape Innocent II le reçut à Rome avec de grands honneurs. La réputation de Malachie se répandait dans toute l'Europe et le prélat, encore en vie, fut vénéré comme un saint et un prophète.

les communautés monastiques et les fidèles attribuent le titre de saint à celui qu'ils en considèrent digne, et cela abstraction faite de la ratification officielle qui était nécessaire[1] ». C'est pour ce même motif que l'argument de la canonisation de Malachie perd son poids, au-delà du fait que le «seinz» du v. 2074 pourrait être une interpolation tardive ou une erreur du scribe, séduit par la présence du même mot à la même hauteur au vers précédent. Retournons donc à la proposition d'identifier l'auteur à Marie de Meulan. Y. de Pontfarcy notait avec honnêteté, après avoir révélé, grâce à la fille présumée de Galeran IV, tout le mystère qui entourait l'auteur : «Par une curieuse ironie, Marie (de Meulan) n'a guère laissé de trace dans les archives, de même que son époux, Hugues, n'est qu'une ombre dans l'une des nombreuses branches des Talbots[2] ».

Qu'Hugues Talbot n'ait pas laissé de traces dans les archives n'est pas tout à fait vrai. En fait, Y. de Pontfarcy se contredit en présentant un document dans lequel apparaîtrait le nom du mari présumé de Marie de Meulan transcrit dans le *Red book of the Exchequer*[3], document qui mentionne une donation du roi Henri II en ces termes : «*In terris datis Hugoni de Longo Campo et Hugoni (sic) Talebot in Lintone et Wiltone, xxxiij li. blancas*».

En citant cette charte, l'érudite écrivait avec une extrême désinvolture : «En 1155/56 il (Hugues) reçoit de Henri II les châteaux de Linton et Wilton dans le Herefordshire (à cette époque au Pays de Galles) en co-propriété avec Hugues de Longchamps[4] ». Tout de suite après, cependant, elle s'interrogeait : «mais l'on ne sait pas pour quelles raisons la même année, ce même don est fait à Richard».

Les autres diplômes royaux avaient évidemment suscité en elle quelques doutes car, en toute logique, Yolande de Pontfarcy se

1 Barillari, *Il Purgatorio*, cité, p. 327, note 186, texte orig. : «*non fu mai canonizzato [il che] non costituisce un ostacolo alla sua identificazione, essendo nel medioevo abbastanza comune che le comunità monastiche e i fedeli attribuissero il titolo di santo a chi reputassero degno, e ciò a prescindere dalla pur necessaria ratifica ufficiale*».

2 De Pontfarcy, *Si Marie de France*, cité, p. 355.

3 *Red book of the Exchequer*, éd. H. Hall, Londres, Brande & C., 1896.

4 De Pontfarcy, *Si Marie de France*, cit., p. 357.

demandait pourquoi le roi Henri II aurait dû concéder les mêmes châteaux dans les mêmes contrées, en outre la même année, à deux membres de la même famille ? La cause du problème peut être rapidement découverte : le document cité dans le *Red book* contient une erreur de transcription. Le copiste, en effet, y répète deux fois le nom (*Hugoni*) du premier destinataire. L'erreur apparaît évidente si nous consultons pour la même période *The Great Rolls of the Pipe for the Second, Third and Fourth Years of the Reign of King Henry the Second, 1155-1158*[1] : « *In terris datis Hugoni de Longo Campo et Ricardo Talebot in Linton' et Wilton' xxxiii li. bl.* », tandis que le *Recueil des actes de Henri II, roi d'Angleterre et duc de Normandie*[2] donne : « *Sciatis me dedisse et concessisse Ricardo Talebot pro servitio suo manerium de Lintona [...] in fœdum et hereditatem, preter LX. solidatas terre quas Hugo de Longocampo habet in eodem manerio* ».

Richard, né vers 1120, était le fils d'Hugues Thalebot (ca. 1078) et de Béatrice de Mandeville[3]. Nous savons, entre autres, que cet Hugues - en tout les cas trop âgé pour être le mari d'une poétesse active dans la deuxième moitié du XIIe siècle-, après l'annullation de son mariage avec Béatrice, n'eut pas d'autre épouse et devint, vers 1144, moine au couvent de Beaubec en Normandie. Le *Liber de fundatione cenobii de Waledena*, écrit autour de 1203 au monastère de Walden et dans lequel est racontée l'histoire des Mandeville, rappelle que pendant le règne du roi Étienne « *in illis itaque diebus sororem suam (de Geoffroy) nomine Beatricem in Normannia Hugoni Talebot matronam nuptam, divortio prius facto, in Angliam transtulit eamque Willelmo de Say, ferocis animo viro et bellicoso, nuptiali federe coniunxit*[4] ».

Y. de Pontfarcy remarquait grâce à une question rhétorique : « Grillo a signalé l'activité en Normandie de Hugues. [...] un acte

1 Édition Joseph Hunter, Londres, Record Commission, 1844 ; réimpression anastatique 1931, p. 51.

2 Édition Léopold Delisle, 3 vol. (Paris, Imprimerie Nationale, 1916-1927) ; cf.. ici vol. I., p. 182.

3 Pour ne pas ennuyer le lecteur, je passe sur les arbres généalogiques de la famille Talbot d'Angleterre (Y. de Pontfarcy l'a fait, avec quelques ajouts fantaisistes, « Si Marie de France », cité, p. 356).

4 *The Book of the Foundation of Walden Monastery*, édité par David Greenway, Oxford 1999, p. 14.

datant de mars-juin 1189 mentionne des donations de « Hugonis Talebot senis et junioris » au prieuré de Sainte-Foi de Longueville ; s'agirait-il ici de l'époux et du fils de Marie de Meulan[1] ? ».

Dans ce cas également on peut essayer de clarifier la question. Il faut d'abord préciser que, quand on se trouve en présence d'une confirmation de concessions de domaines, les faits auxquels les documents se réfèrent sont évidemment antérieurs (il n'y aurait sinon aucune raison de les confirmer). C'est le cas, par exemple, d'un document daté de 1177 relatif à la confirmation générale des biens de l'abbaye de Valmont en Normandie[2], par lequel le roi Henri, par une formule uniformisée que l'on rencontre souvent dans ses actes et que nous allons examiner de plus près, confirme une donation faite à l'abbaye, des années auparavant, par Hugues Talebot et par son frère Guillaume[3].

Examinons le document cité par Grillo à propos duquel Mme de Pontfarcy se demandait si les deux Hugues Talbot qui y figurent pourraient être le mari ou le fils de Marie de Meulan. La charte est transcrite dans le *Recueil des actes de Henri II*[4] et l'original (perdu déjà en 1916) était conservé auprès des archives de la Seine-Inférieure, fonds de Longueville.

Les mêmes archives conservent – dans le *Recueil* sous la lettre B – un autre document : la confirmation de la part de Saint-Louis de l'acte de Henri II, confirmant à son tour des donations au prieuré, « *Actum apud Bonam Vallem, anno Domini millesimo ducentesimo sexagesimo nono, mense januario* ». À Paris, à la Bibliothèque Nationale, sont conservées deux copies de l'original médiéval remontant au XVIe siècle : ms lat 10059, fol. 3v et 11v, et Nouv. acq. lat. 1245, fol. 233. En voici l'*incipit* : « *Henricus, Dei gratia rex Anglorum et dux Normannorum et Aquitanorum et comes Andegavorum, archiepiscopis, episcopis, abbatibus [...] salutem. Sciatis me concessisse et presenti carta confirmasse Deo et monachis de Karitate Deo servientibus in ecclesia Sancte Fide de Longa Villa, pro amore Dei et salute anime mee*

1 De Pontfarcy, « Si Marie de France », cité, p. 357.

2 Cf. *Recueil des actes de Henri II*, cité, vol. II, p. 347-349.

3 Il s'agit selon toute probabilité du mari de Béatrice de Mandeville.

4 Vol. II, p. 421-428.

*et antecessorum meorum [...] sicut quondam rex Henricus, avus meus, eis concesserat ; et preterea quicquid eis datum est ex dono Willelmi regis secundi, sive ex dono Henrici regis, avi mei. In primis [...]*».

Il résulte clairement des paroles du souverain que le document concerne aussi bien certaines concessions nouvelles que la confirmation d'anciennes donations qui remontent parfois à l'époque du roi Guillaume II (Rufus, ca. 1056 - 2 août 1100, grand-oncle de Henri II) et du roi Henri I^er^ Beauclerc (ca. 1068 - 1^er^ décembre 1135, grand-père du Plantagenêt). Voici le premier passage où le roi se réfère à une donation faite à l'abbaye normande par Hugues Talbot : « *Apud Ansketavollam ecclesiam cum pertinentiis suis, et terram, et homines quos habent (i monaci) de Hugone Thalebot et heredum suorum* ».

L'allusion aux héritiers de ce Hugues est un indice certain : le roi se réfère à une donation lointaine dans le temps. Mais poursuivons la lecture du passage : « *[...] et culturam terre que vocatur Tilia Comitis, de dono Ricardi Thalebot et Avitie, uxor sue, et Hugonis filii sui* ». Le domaine mentionné ici fut donné, précisément, par Richard Talbot le Vieux et par Avice de Albini, parents de cet Hugues dont nous avons parlé, mari de Béatrice de Mandeville. Richard Talbot le Vieux était né autour de 1045 à Battlesdon, Bedford, de Guillaume Talbot et de Basilia de Flaitel. Avice de Albini était née autour de 1050 à Saint-Martin d'Aubigny, en Normandie, de Guillaume d'Aubigny, vicomte de Cotentin, et d'Adelicia Belvoir de Plessis. Richard et Avice eurent un autre fils, outre Hugues, Guillaume. Aucun des personnages cités jusqu'ici n'est donc contemporain de Henri II. Vers la moitié du document, justement, figure le passage qui a attiré l'attention de Grillo : « *In molendino de Nigella, dimidium modium frumenti, de dono Hugonis Talebot senis et in eodem moledino, quatuor minas frumenti de dono Hugonis Talebot junioris* ».

Au-delà du fait qu'il n'y a aucune certitude que le roi fasse allusion à une donation récente, une solution de la question de l'identité des deux Talebot porteurs du même prénom pourrait être fournie par William Farrer qui, dans *Honors and Knight's Fees*[1],

1 3 vol. (Londres et Manchester, 1923-1925) ; cf. vol. III, p. 361.

cite un document daté de 1162. Il en ressort qu'un *Hugo Talebot* concéda des terrains possédés par lui à Feltwell (dans le Norfolk) à l'abbaye de Beaubec (où son oncle s'était retiré en 1144), avec le consentement de sa femme, Ermentrude, et de leurs quatre fils, Gérard, Geoffroi, Hugues et Richard. Le personnage concerné par ce document était le fils de Guillaume Talbot et donc le neveu du mari homonyme de Béatrice de Mandeville. La donation fut confirmée par Henri II et plus tard par un héritier de ce seigneur, nommé lui-aussi Guillaume Talbot[1].

Il est possible de déduire qu'il s'agisse du même Hugues auquel se réfère Grillo, surtout grâce à la présence, dans ce document, du fils du même nom. *Hugo senior* apparaît dans un autre document comme témoin d'un acte de Henri II daté de 1179 qui concerne la confirmation de la donation de quelques terrains normands à Guillaume de Mandeville, acte transmis par le cartulaire de l'abbaye de Silly-en-Gouffern (Orne, Normandie) comme «*confirmacio possessionum quas habemus apud Blanc Fossé*[2]».

La femme de ce seigneur que Yolande de Pontfarcy imagine être Marie de Meulan s'appelle, au moins en 1162, Ermentrude. Il résulte d'un document de 1183 que ce seigneur eut la garde du château de Neaufle (Neauphle-le-Châtel)[3]. Si l'on veut croire qu'un Talbot a épousé une fille présumée de Galeran IV de Meulan on peut avancer l'hypothèse qu'il s'agirait de Hugues, bien que l'on soit alors confronté à d'évidents problèmes chronologiques. Le point fondamental, cependant, est ailleurs. Yolande de Pontfarcy affirme : «Galeran de Meulan et Agnès (de Montfort) eurent neuf enfants, dont trois filles[4]». Elle donne ensuite le nom des trois filles du couple et celui de leurs maris respectifs. Elle précise : «Marie épousa Hue Talbot, baron de Cleuville, seigneur de Hotot-sur-Mer, d'Auffray et de dix autres lieux[5]». Pourtant

1 Londres, British Library, Harleian charters 112, D. 57, III, B. 48, et Additional charters 19804.
2 *Recueil*, vol. III., p. 125.
3 *Rot. Scacc. Norm.*, t. I, p. 111.
4 De Pontfarcy, «Si Marie de France», cité, p. 355.
5 *Ibid.*

tout de suite après elle déclare dans une note qu'une des sources employées pour la rédaction de son article, c'est-à-dire G. E. Cokayne, *The complete Peerage*[1] mentionne exclusivement une fille de Galeran de d'Agnès, Isabelle, épouse de Maurice II de Craon. En consultant le *Recueil des actes de Henri II*[2] que nous avons déjà cité, nous trouvons une charte datée de 1180/1183 : « *Ad petitionem Ysabell<is>, filie Gualerandi comitis de Mellento [...] quas prefata Ysabella concedentibus filiis suis, Juhello scilicet, filio Gaufridi de Meduana, et Mauricio et Petro, filiis Mauricii de Creon* ». Le *Trésor généalogique de Dom Villevieille*[3] mentionne dans une note que Galeran eut six fils et une seule fille, justement notre Isabelle. Malgré l'évidente absence d'autres filles du comte Galeran IV, Y. de Pontfarcy cite également, outre Marie, une Amieu ou Amice.

Les données certaines que l'on peut tirer des documents qui existent sur la famille à laquelle quelques savants veulent faire appartenir Marie de France sont uniquement les suivantes[4] : Galeran IV de Meulan épousa Agnès de Montfort entre 1130 et 1142 ; Agnès reçut de son frère comme *maritagium* les propriétés de Gournay-sur-Marne. Les enfants du couple dont l'existence apparaît dans les archives (ils pourraient être natuellement plus nombreux, mais ne pas avoir atteint l'âge adulte) sont six fils (Raoul[5], Amaury Ier[6], Étienne[7], Robert[8], Roger[9], Galeran V[10]) et une fille (à laquelle fut donné le nom de la grand-mère paternelle,

1 Londres, The St. Catherine Press, 13 vol., 1910-1959 ; vol. VII, p. 737-742.

2 Vol. II, p. 239.

3 Paris, Honoré Champion, 1875, p. 738.

4 Cf. *The complete Peerage*, cité, t. VII, *Appendix I*, « Waleran, count of Meulan, and his successors », p. 737-742 ; C. Warren Hollister, *Henry I*, New Haven 2001 (English Monarchs Series) ; *Orderici Vitalis Historiæ Ecclesiasticæ libri tredecim*, Société de l'histoire de France, 5 vol., éd. A. Le Prévost, Paris 1838-1855. W. L. Warren, *Henry II*, Berkeley 1973.

5 Probablement le premier-né dont la date de naissance n'est pas certaine, mort autour de 1165.

6 ca. 1130-1196.

7 1135-1165.

8 1140-1207.

9 1150-1205.

10 1144-1204.

Isabelle[1]). Tous naquirent entre 1130 et 1150[2]. Galeran, né en 1104, mourut, moine, dans le monastère de Preaux le 10 avril 1166 ; Agnès mourut le 15 décembre 1181.

Il faut en outre signaler que la famille de Beaumont de Meulan, par la volonté de Galeran IV et de son frère jumeau, n'utilisait pas toujours en Angleterre le titre *de Meulan* (de Mellenti), qui finit par n'avoir plus aucun sens dans le contexte de l'aristocratie anglo-normande. Ainsi, Galeran IV signait beaucoup de documents en tant que «*comes de Wigornia*», c'est-à-dire comte de Worcester[3], et il fit graver un double sceau *ad hoc* sur lequel on lit sur un côté l'epigraphe : «Sigillum Gualeranni comitis Mellenti», et sur l'autre «Sigillum Gualeranni comitis Wigornie[4]». Il est donc évident qu'une fille de Galeran n'aurait eu aucune raison de se définir «de France» quoique Y. de Pontfarcy affirme à la fin de son article : «Pour conclure, Marie de Beaumont de Meulan aurait bien pu se réclamer «de France», comme descendante du roi de France Henri Ier et aussi comme référence à son pays d'origine, si elle était née à Meulan[5]».

La prémisse «si elle était née» est absolument pertinente. Cette Marie-là, toutefois, ne vit jamais le jour ! Devons-nous par conséquent soupçonner de mauvaise foi Holmes et ceux qui, à sa suite, ont soutenu l'hypothèse que Marie de France pourrait être Marie de Meulan ? Il s'agissait plutôt, comme je l'ai démontré dans l'article publié dans *Critica del Testo*, d'une confusion banale, d'une négligence coupable dans la lecture des chartes des archives parce que c'est justement dans les archives que l'existence

1 1148-1220.

2 Année, déduite des documents, de la naissance de Roger, le cadet des sept enfants du couple.

3 En ce qui concerne l'abandon du titre «de Meulan» par Galeran IV, nous renvoyons à l'étude intéresssante et bien documentée du rev. Wykes-Finch, *The ancient family of Wyke of North*, reprinted from the Transactions of the Devonshire Association for the Advancement of Science, Literature and Art, Ashburton, Devon 1903, p. 360-425.

4 Pour l'étude des sceaux de Galeran, cf.. *Tradition and Change : Essays in Honour of Marjorie Chibnall*, éd. par David Grennway, Cambridge 2002, p. 167-178.

5 De Pontfarcy, «Si Marie de France», cité, p. 361.

d'une Marie de Meulan est attestée[1]. Cette Marie, cependant, est née autour de l'an mille en France, fille de Galeran II de Meulan (un aïeul de Galeran IV) et d'Oda de Conteville[2], qui eurent au moins un fils, Hugues (Hugues II, ca. 1018-1053) et une autre fille, Adelize (ou Alisende, ou encore Amice). D'où, évidemment, le malentendu autour de la troisième fille de Galeran IV (Yolande de Pontfarcy cite en effet ce prénom pour la troisième fille).

De plus, il faut remarquer que Galeran IV, comte de Worcester, figure dans certains documents comme Galeran II[3] de Beaumont-le-Roger-Mellent en tant que deuxième comte de Beaumont-le-Roger qui porte le nom de Galeran (mais en même temps le quatrième comte de Meulan). Rien de plus facile, donc, que de le confondre avec son aïeul normand. Le catalogue des actes émis par lui, édité en 1960, porte, en plus, le titre moderne *Galeran II, comte de Meulan. Catalogue de ses actes, précédé d'une étude bibliographique*[4]. Parmi les documents publiés dans le recueil des *Archives de la France monastique, Abbaye de Saint-Martin*[5] figurent divers papiers où il apparaît comme Galeran II (comme celui classé n° 287[6], où Galeran II et sa femme Agnès de Montfort confirment à l'abbaye Notre-Dame de Gournay-sur-Marne quelques donations). Bref, il est presque inévitable de le confondre avec son aïeul homonyme, père de Marie.

---

1 Le premier auteur médiéval à mentionner la Marie de Meulan historique, fille de Galeran II, épouse d'Hugues Talbot et mère de Jeanne, cf. Orderic Vital, *Historia Ecclesiastica* (*The Ecclesiastical History of Orderic Vital*, éd. par M. Chibnall, 6 vol., Oxford 1969-1980 ; ici t. 6, p. 92-94).

2 Cf. David Bates, « Herluin de Conteville et sa famille », in *Annales de Normandie* 23, 1973, p. 21-38.

3 Transcrit aussi Waleran ou Valeran. À titre d'exemple (car une liste exhaustive serait trop longue pour être publiée ici), les archives de la ville de Birmingham conservent un document dans lequel il apparaît comme Waleran, *comes de Wigornia* [comte de Worcester] (Birmingham City Archives : Catalogue Ref. MS 3444). On conserve dans le Worcestershire Record Office, Diocese of Worcester, Diocesan Central Registry, un contrat (ref. 778/2857/ii, daté de 1160) entre Simon, évêque de Worcester, et Waleran, *comes de Wigornia.*

4 Édité par Émile Houth, dans le *Bulletin philologique et historique*, Paris 1960-1961, p. 627-682.

5 *Recueil de chartes et documents de Saint-Martin-des-Champs*, Ligugé-Paris, vol. II, 1913, p. 158.

6 Cela vaut également pour le document reproduit à la p. 230, n° 337.

Mais il y a plus. Autour de 1030, la Marie de Meulan historique (fille, il faut insister, du normand Galeran II) épousa Hugues de Cleuville de Tallebot. Un premier indice qui aurait pu éveiller les soupçons des philologues qui ont ajouté foi à Holmes est le toponyme « de Cleuville » désignant le mari de Marie de Meulan. Holmes lui même s'en était aperçu, mais pour se tirer d'affaire il avança l'hypothèse qu'il s'agirait de Clovellie, près de Barnstaple, dans le Devonshire. Cleuville, cependant, se trouve dans la Haute Normandie (Seine-Maritime) et appartenait aux x^e^ et xi^e^ siècles aux barons de Tallebot (il faut en outre remarquer que le toponyme n'était utilisé que par les premiers Tallebot normands, mais jamais en Angleterre du temps du roi Henri)[1]. Le couple Marie-Hugues dont les archives attestent l'existence au xi^e^ siècle avait une fille : Jeanne de Tallebot, née précisément à Cleuville, qui épousa autour de 1060 Robert de Stuteville[2], lequel participa à la bataille de Hastings[3]. Robert de Stuteville, dit *Granbois*, figure aussi comme témoin dans une charte de donation de terrains à l'abbaye de Saint-Évroult en 1080. Il se croisa en 1097, et en 1106 nous le retrouvons aux côtés de Robert III Courteheuse, duc de Normandie, à la bataille de Tinchebray.

Holmes et ceux qui ont suivi sa thèse sont partiellement excusables car la confusion autour de la généalogie de Marie de Meulan, fille présumée de Galeran IV, est à imputer en premier lieu à Pierre de Guibours, dit « le Père Anselme » qui, en 1726, reconstruisit l'arbre généalogique des comtes de Meulan et confondit les deux Galeran[4]. L'erreur fut répétée par Dieudonné

1 Cf. Alexandre Mazas, *Vie des grands capitaines français au moyen âge*, Paris 1845, p. 412.

2 Orderic Vital le premier parle de lui. Cf. Marjorie Chibnall, *The Ecclesiastical History*, cit., p. 93. Voir aussi François Pierre Guizot (éd.), *Histoire de Normandie*, par Orderic Vital, 4 vol. Paris 1825 (Collection des Mémoires relatifs à l'histoire de France ; Lucien Musset, « L'horizon géographique, moral et intellectuel d'Ordéric Vital, historien anglo-normand », in *La chronique et l'histoire au Moyen Âge*, p. 101-122.

3 Voir, pour toutes les informations réunies ici, George Andrews Moriarty, *Royal Descent of a New England Settler*, New England Historical Genealogical Register 79, Boston 1925, p. 372-373.

4 *Histoire généalogique et chronologique de la Maison Royale de France*, Paris 1726-1733, vol. II, p. 406 ; réimpr. New York 1967.

Dergny, en 1844, qui, en citant le Père Anselme, écrivait : « La baronnie de Cleuville avait séance à l'Échiquier de Normandie. Elle fut d'abord possédée par Geoffroy Talbot, baron de Cleuville, seigneur d'Auzebosc, Bois-Hérout, Buchy, etc., père de Hue ou Hugues Talbot, baron du même lieu, et seigneur des mêmes terres, qui épousa Marie de Meullan, fille de Valerant de Meullant et fit une donation en 1183 à l'abbaye de Saint-Ouen et une autre en 1185 au prieuré de Sigy. *Hugues était seigneur de Hotot-sur-Mer, Auffay et dix autres terres*, dit le P. Anselme. Nous citerons parmi ces dernières terres et seigneuries celles de Buchy, Bosc-Bordel, Bois-Héroult[1] ».

Le passage déjà cité de l'article où Mme de Pontfarcy affirme : « Marie épousa Hue Talbot, baron de Cleuville, *seigneur de Hotot-sur-Mer, d'Auffray et de dix autres lieux*[2] » semble reprendre la dernière partie des notes de Dergny sur Hugues de Cleuville.

Quoique séduisante, l'hypothèse d'une identification de Marie de France avec Marie de Meulan relève donc de la pure fantaisie, et il est bon qu'elle reste reléguée dans des œuvres romancées comme le roman pour enfants de Kevin Crossley-Holland *At the Crossing Places*[3] dont l'action se situe dans l'Angleterre du XIIIe siècle. La seule Marie de Meulan dont on peut vérifier la vie à travers les chartes des archives non seulement ne ne se rendit jamais en Angleterre, mais n'apprit probablement pas non plus à lire et à écrire.

1 Dieudonné Dergny, *Les épaves du passé - Arondissement d'Yvetot*, Brionne, réimpr. 1981, p. 85.

2 *Ibid.*

3 New York 2002 ; parmi les personnages du roman, nous retrouvons Marie de Meulan, fille imaginaire de Galeran IV.

## MARIE, ABBESSE DE READING, MARIA OSTELLI, ABBESSE DE SHAFTESBURY, ET MARIE DE BLOIS, PRINCESSE D'ANGLETERRE : LAQUELLE DES TROIS MARIE ?

Il est nécessaire, voire indispensable, de passer brièvement en revue les trois autres hypothèses formulées par la critique au sujet de l'identité historique de Marie de France.

L'idée de Lévi[1] d'identifier la poétesse avec une abbesse de Reading est absolument privée de fondement, car Reading n'a jamais accueilli une communauté monastique féminine[2]. Cette hypothèse avait été élaborée uniquement à partir du fait que le fameux manuscrit BL Harley 978[3], qui a transmis la meilleure version des *Lais* et des *Fables*, contient une note de propriété de ce monastère qui, dit en passant, n'eut jamais de *scriptorium*. On sait aujourd'hui que le manuscrit harléien fut exécuté à Oxford et appartint, entre autres, à un certain Guillaume de Winchester qui fut jugé et excommunié par l'évêque de Herford à cause de sa conduite scandaleuse, en 1270, envers une religieuse de Limebrook[4].

1 Ezio Levi l'avait d'ailleurs suggéré de manière voilée, quand il avait voulu attribuer à Marie le *Roman d'Eneas*, cf. « Marie de France e il Roman d'Eneas », in *Atti del Reale Istituto Veneto*, 81 (1921-22), p. 645-686.

2 En France, seule l'abbaye de Fontevrault, qui était formée d'une double communauté monastique, masculine et féminine, était régie par une abbesse.

3 Auquel je vais dédier un des chapitres conclusif de cette étude.

4 Cf. Alan Coates, *English medieval books : the reading Abbey collections from foundation to dispersal*, Oxford 1999 ; Francis Douce, *A Catalogue of the Harleian Manuscripts in the British Museum*, 4 vol., Londres (1808-12), I (1808), p. 488a-489b) ; Wolfgang Obst, « Sumer is icumen in : A Contrafactum ? », in *Music and Letters* 64 (1983), p. 151-161 ; Andrew Taylor, dans *Textual Situations : Three Medieval Manuscripts and their Readers*, Philadelphie 2001, chap. 3, reconstruit de manière détaillée, sur la base de différents documents, l'histoire du moine Guillaume de Winchester et ses rapports avec Cantiloupe.

## L'abbesse de Shaftesbury

Au début du siècle dernier, au terme d'une recherche exténuante de Marie de France à l'intérieur des couvents anglais, Fox[1] croyait avoir enfin trouvé une piste à Shaftesbury : il s'agissait d'une abbesse dotée apparemment d'une longévité remarquable (Fox la crut née en 1134), portant le nom latin de Maria Ostelli, qui pendant trente-cinq ans (1181-1216) avait été à la tête de ce monastère. C'est à cette Marie que le savant britannique attribua intentionnellement un lien de parenté illégitime avec Henri II d'Angleterre. L'hypothèse ne convainquit pas pleinement les spécialistes[2], surtout à cause du tour forcé de l'arbre généalogique de l'abbesse. Fox avait pu avancer sa conjecture grâce aux patients travaux de William Dugdale qui, dans son œuvre monumentale, le *Monasticon Anglicanum*[3], avait reproduit un document signé par le roi Henri II dans lequel Marie de Shaftesbury était désignée comme « ma sœur » (on lit dans le texte : « *ad petitionem sororis meæ Mariæ abbatissæ* ») ; cependant, dans une charte de Jean sans Terre (pas encore souverain), l'abbesse est désignée comme « amica » :

> « *Johannes, comes de Morent. Omnibus hominibus et amicis suis Francis et Anglis salutem [...] Sciatis me concessisse ad petitionem karissimæ amicæ meæ Mariæ abbatissæ [...]*[4] ».

Dans une autre charte de confirmation de Jean, rédigée pendant la première année de son règne, Marie est simplement désignée par son nom de baptême. Les documents signés par l'abbesse ne mentionnent aucune parenté avec le roi[5] :

---

1 John Charles Fox, « Marie de France », in *English Historical Review*, XXV, 1910, p. 303-306 ; Idem, « Mary, Abbess of Shaftesbury », *Ibid.*, XXVI, 1911, p. 317-326

2 Luciana Cocito, *Lais*, cité, p. 15 estime que l'hypothèse est « contestable [...] le couvent est un lieu certainement inadapté pour exercer son propre génie en fantaisies étrangères et opposées aux engagements d'édification requis à une religieuse ». Cf. aussi Philippe Ménard, op. cit., p. 16-17.

3 Cf. MA, II, (1819), p. 484.

4 Londres, BL Harley ms 61, f. 27.

5 Comme pourtant cela se faisait même dans le cas de filles nées d'une relation

« *Carta Mariæ abbatissæ de quodam terra de Todredehelle Godefrido carpentario pro octo solidis annui redditus*[1] » ; « *Carta Mariæ abbatissæ de quodam stallagio et duabus acris terræ in Bradefordia Basilio filio Bernardi pro duobus solidis annui redditus*[2] ».

En revanche il est intéressant de remarquer que les *Rotuli Curiæ Regis*[3] reproduisent un acte (daté entre 1194 et 1195, qui concerne un conflit entre l'abbesse et un certain Jean de Torinton) dans lequel l'abesse nomme comme procurateur légal « *Guidonem fratrem suum* ». Le fait que le terme *frère* n'indique pas un moine est confirmé par de nombreuses chartes du monastères (émises entre 1194 et 1208)[4] dans lesquelles le même Guy, « *miles de Shaftesbury* », est invité par l'abbesse à remplir ses devoirs légaux. Fox le premier et beaucoup de critiques à sa suite ont proposé de corriger ce « *amica* », qui figure dans le document signé par Jean sans Terre, en « *amita* », c'est-à-dire « tante ». L'idée de Fox plut aux spécialistes de généalogie qui purent ainsi joindre une autre fille illégitime à la longue liste d'enfants adultérins de Geoffroi le Bel, pour en grossir la descendance de sang plus ou moins noble. Les dégâts, désormais, étaient faits : aujourd'hui encore la Shaftesbury Abbey vante parmi ses abbesses « Mary Plantagenet », et Alison Weir, dans son solide *Britain's Royal Family : A Complete Genealogy*[5], fait appartenir l'abbesse aux enfants du comte d'Anjou. Rien, cependant, ne permet de penser que l'abbesse ait été réellement la fille de Geoffroi. Le roi Henri aura pu se référer à elle, en l'appelant *sœur*, comme il aurait fait avec toute autre abbesse. L'apostrophe « *karissima in Christo soror* », ou simplement « *soror dilecta* », figure dans diverses missives médiévales qui avaient pour destinataires

---

extramatrimoniale du souverain. Henri II appelle dans l'acte de nomination de l'abbesse de Barking (émis autour de 1180) une de ses filles, Matilde, née de Jeanne, une de ses concubine, « karissima filia mea ».

1 Londres, BL Harley ms. 61, f. 28.

2 *Ibdi.*, f. 28b.

3 Cf. *RCR*, I, p. 65.

4 Cf. Constance Bullock Davies, « Marie, abbesse of Shaftesbury and her brothers », EHR 80 (1965), p. 314-322 ; Emmanuel J. Mickel, *Marie de France*, New York 1974, p. 20-21.

5 Londres 1999, p. 54.

des moniales. Il suffit de rappeler les paroles de Boncompagno da Signa dans les *Quinque tabule salutationum* :

> «(4.35) *Abatisse sic se salutant : « Venerabili in Christo matri, vel sorori» (4.36) Hoc modo salutat monacha suam abbatissam : « Venerabili in Christo matri ac dominæ»*[1] ».

On peut citer de la même manière la lettre adressée à la moniale bénédictine Hildegarde par Philippe de Flandres (qui n'avait certainement pas de lien de sang avec l'abbesse de Bingen), conservée à Wiesbaden, à la Hessische Landesbibliothek, 2 (Riesenkodex), f. 31$^{r-v}$, qui porte :

> «*Philippus, Flandriæ et Viromensis comes, domicellæ Hildegardi, ancilla Christi, salutem [...] Valete in Christo, soror dilecta*[2] ».

Fox lui-même connaissait parfaitement le document de 1194-1195 dans lequel Marie de Shaftesbury mentionnait Guy comme son propre frère, mais il avait tenté de justifier la parenté comme suit : «*[...] it is probable that the abbess had a sister whose husband bore that name. Geoffrey of Anjou had, by a lady of Maine, a daughter Emma, who was twice married*[3] ».

La confusion augmentait comme une avalanche et les liens de sang, surtout illégitimes, de l'abbesse se compliquèrent au point[4] que Constance Bullock Davies, en 1965, tenta de mettre

---

1 Cf. *Boncompagni Opera omnia*, éd. Steven M. Wight, Los Angeles 1998.

2 Cf. Susan Edgington, Sarah Lambert, *Gendering the Crusades*, New York 2002, p. 85.

3 Fox, *Mary, abbess of Shaftesbury*, cité, p. 323.

4 Pour les spécialistes des langues romanes, les liens familiaux se sont compliqués au point que Giosuè Lachin, par exemple, suppose que l'abbesse de Shaftesbury ait pu être la soeur de sang d'Emma, fille adultérine de Geoffroi le Bel et donc belle-soeur du mari de cette dernière, le prince Dafydd ap Owain. Lachin écrit : «sarebbe possibile individuare un argomento familiare nell'interesse per un personaggio di tale nome [Owein], poiché Maria di Shaftesbury fu anche cognata del principe gallese Dafydd ap Owein». Mais Lachin oublie que Owein, du latin *Eugenius* et qui est aussi le nom du héros national gallois, Owein ap Urien, roi de North Rheged (ca. 550) était très diffusé au Pays de Galles (il signifie «jeune guerrier»). À cause de la paronymie certains érudits ont voulu faire remonter à ce roi Owein l'origine du nom et de l'histoire d'Yvain, du chevalier au lion. Il faut remarquer au passage que le nom du

de l'ordre à l'intérieur de l'arbre généalogique compliqué de celle qui jusqu'ici paraissait être la meilleure candidate à l'incarnation de Marie de France. Dans le but de découvrir d'ultérieures preuves à l'appui de la thèse de Fox, elle reproduisait une série de documents dans lesquels sire Guy d'Outilli (dit aussi « de Ostelli »,« de Hostiliac », « de Hostiliato », « d'Outillé ») apparaît dans les chartes signées par Henri II, à côté d'autres membres de la famille d'Outilli. L'érudite émit l'hypothèse que l'abbesse aurait été la fille d'une adultère et anonyme « Lady of Outillé », maîtresse de Geoffroi le Bel, femme d'un sire d'Outillé mal identifié, qui eut cependant au moins trois enfants légitimes de son mari[1]. Le fait que quelques membres de la famille d'Outilli revêtaient des charges de responsabilité à la Cour Plantagenêt fit écrire à Mme Bullock Davies :

> « *If the abbess was also Marie de France, then she, too, grows less nebulous for us ; we have learned that her mother was French, the Lady of Outillé ; and that when she (Marie) came to live in England, she was not alone ; three of her brothers were among the most influential officers in the king's court ant that the fourth lived in very close contact with her when she became abbess*[2] ».

Au risque de mettre à rude épreuve la patience du lecteur, il est nécessaire de reprendre en main les documents des archives concernant la famille « de Ostilli[3] » afin de mieux cerner les

prince gallois Dafydd ap Owein (fils d'Owein) indique un patronyme ; on parvient donc pas à comprendre quels auraient été ces « arguments familiaux » qui auraient conditionné, selon Lachin, le choix de Marie de traduire un texte latin où, à l'origine déjà, le héros est un chevalier irlandais du nom celtique Owein, lequel a peu affaire avec le prince gallois Owein Gwynedd, père de Dafydd, fier opposant des Normands et qui ne prit jamais l'habit monastique. On pourrait tout au plus faire des recherches sur une sorte de *retour* du nom dans les œuvres attribuées à Marie parce que dans la *Vie Seinte Audree* nous retrouvons aussi un chevalier qui s'appelle ainsi, qui se fait moine et meurt en odeur de sainteté. Dans ce cas aussi il faut remarquer que le personnage du chevalier homonyme qui assiste l'abbesse est déjà présent dans la rédaction latine de l'histoire, que Marie traduit. En dernière analyse, le choix de transformer un rude combattant celtique en un champion de la foi est à attribuer déjà aux premiers évangélisateurs de ce monde celtique enchanté et barbare.

1 Bullock Davies, *Marie, abbesse of Shaftesbury*, cit., p. 317.

2 *Ibid.*

3 La famille est appelée ainsi parce qu' originaire de Saint-Mars-d'Outillé, petite

données relatives à l'abbesse de Shaftesbury et surtout de faire la lumière sur ses liens familiaux.

Les membres de la famille d'Outillé n'apparaissent pas avant 1158 dans les documents relatifs à la Cour Plantagenêt, ce qui a conduit Bullock Davies[1] à penser que la famille n'était passée de France en Angleterre qu'autour de cette date. Mais n'oublions pas que Henri monta au trône en 1154 et que beaucoup de ses fidèles fonctionnaires commencent à figurer dans les documents rédigés à partir de 1157. Le premier membre de la famille d'Outillé qui figure dans les chartes conservées en Angleterre est « Willelmus de Ostilli » (ca.1130-1186)[2]. Or, c'est justement ce sire d'Outillé, père naturel de l'abbesse que les savants n'ont pas réussi à identifier. Par un tour de force généalogique il fut présenté comme frère aîné de l'abbesse. Il fut « *camerarius* » d' Henri II en Maine et en Anjou et il apparaît dans les documents de 1158 à 1186[3], date probable de sa mort.

Les *Pipe Rolls* des années IX, X et Xi du règne de Henri II (1163-1165) mentionnent les immenses sommes d'argent que ce seigneur, préposé au service de la *camera regis*, avait prélevées[4].

*Willelmus de Ostilli* eut deux fils : Wido (ou Guy, 1160-1195)[5] qui, comme nous l'avons dit, figure dans de nombreuses chartes du monastère de Shaftesbury tant comme assistant légal de l'abbesse Marie, sa sœur, que comme simple témoin[6], et d'autre

commune de la Loire. Ustilliacum>Ostilliacum>Oustillé>Outillé.

1 Bullock Davies, *Marie, abbesse of Shaftesbury*, cit.

2 *Pipe Rolls*, Worcs., 1158.

3 Cf. John H. Round, *A calendar of documents preserved in France, illustrative history of Great Britain and Ireland*, Londres 1899.

4 « In camera Regis Willelmo de Ostilli 165 l. 13 s. et 4 d. per breve regis » (*Pipe* IX, H. II, p. 57) ; « Pro III carr. Ad opus regis 46 s., per Willelmum de Ostilli » (*Pipe* X, H. II, p. 30 ; cf. aussi *Pipe* XI, H. II, p. 42).

5 Bullock Davies reproduit dans son article de nombreux documents concernant ce personnage ; on en trouvera d'autres dans les *Proceedings of the Dorset Natural History and Archaeological Society*, 87 vol., Dorchester 1877-1965, vol. XV, p. 30.

6 Dans une charte du monastère de Shaftesbury, Harley ms 61, f. 118, deux des témoins s'appellent « Gwido de Hostiliato » et « Willelmus de Hostiliato », ce dernier fils du premier. Nous savons que ce Guillaume, fils de Guy, se fit moine, car nous le retrouvons comme « William de Hostel », assitant légal de l'abbé de Ford (Devon) dans deux documents datés de 1222 respectivement de 1226, quand l'abbé

part Durand (1165-1194), membre de la cour d'Henri avec la fonction de *pincerna*[1] (il épousa avant 1185 Gunnora de Valloines, dont il n'eut pas d'enfants). *Willelmus de Ostilli* eut encore une fille, Mathilde (Mahaut), née vers 1170, qui épousa vers 1200 Guillaume de la Jaille. Celui-ci hérita des domaines français du beau-père et du titre de « sire d'Outillé[2] » parce qu'à cette date les deux héritiers mâles de *Willelmus* étaient déjà morts. Rien de ce qui est contenu dans les documents que j'ai examinés ne permet de croire que Marie, abbesse de Shaftesbury, aurait été la fille de Geoffroi le Bel. De plus, il faudra corriger les informations qui la concernent. Il est probable, en effet, que Marie n'est pas née en 1134, comme le croyait Fox (sur la base de la date de naissance de son frère hypothétique, Henri II, né en 1133), mais beaucoup plus vraisemblablement autour de 1160, vu les années de naissance de ses véritables frères utérins.

Nous savons de manière certaine, grâce à des documents encore existants, que le roi avait un rôle de premier plan dans la nomination des abbesses des monastères les plus importants du règne (Barking et Shaftesbury parmi les monastères de religieuses)[3]. Nous pouvons donc supposer que les membres de la famille d'Outillé ayant été fonctionnaires à la cour d'Henri, le souverain les ait récompensés de leur fidélité en nommant Marie abbesse. Si l'on considère l'âge de nombreuses abbesses au Moyen Âge, il est moins étonnant de découvrir que Marie fût élue abbesse à l'âge de vingt ans environ, plutôt qu'à cinquante ans comme le proposait Fox[4]. Il devient difficile dès lors de soutenir que Marie

---

fut impliqué dans un litige avec Philippe de Beaumont et avec Robert de Thore. Il est probable que Guy eût aussi un autre fils, Gilbert, qui apparaît dans des documents relatifs au règne de Jean sans Terre (cf. *Liberate Rolls*, 3 John).

1 Cf. *Pipe Rolls* 1175-75 : « [...] *in procuratione Durandi de Osteilli* », et K. S. B. *Domesday Descendants : A Prosopography of Persons Occurring in English Document : 1066-1166*, vol II : *Pipe Rolls to Cartae Baronum*, Woodbridge 2002, p. 759.

2 Cf. le Marquis de Brisay, *La maison de la Jaille*, Paris 1910, p. 156.

3 Le roi proposait d'habitude trois noms, souvent des sœurs ou des filles de hauts fonctionnaires de cour fidèles à la couronne, parmi lesquels les religieuses devaient élire leur abbesse.

4 C'est seulement aujourd'hui que le droit canon prescrit l'âge minimal de quarante ans pour pouvoir être élue abbesse. Au moyen âge, en revanche, dans toute

d'Outillé, quoique « de France », puisse être identifiée à la poétesse homonyme. Il est vraisemblable qu'elle ait été destinée au couvent dès le plus bas âge et qu'elle n'ait pas eu l'occasion de fréquenter la Cour Plantagenêt, mais surtout, que contrairement à la poétesse, elle n'ait eu aucune connaissance de l'anglo-saxon (justement parce qu'elle était née en France) et encore moins qu'elle ait eu une vocation poétique vu la teneur des chartes existantes signées par elle.

## Marie de Blois

Si nous excluons du « rôle » de Marie de France aussi bien l'incorporelle Marie de Meulan que Marie, abbesse de Reading, personnage imaginaire, que Marie d'Outillé, avons-nous encore des hypothèses plus intéressantes à examiner ? Parmi celles avancées jusqu'ici par les critiques, il n'en reste qu'une, élaborée par Antoinette Knapton dans un bref article paru en 1978[1] : il s'agit de Marie de Blois, comtesse de Boulogne et princesse d'Angleterre, morte en 1182. Celle-ci, cependant, aurait eu peu de raisons de s'appeler « de France » et surtout en aurait tiré peu d'avantages car, bien qu'elle fût « de Blois », le seul trône auquel elle aurait pu aspirer (comme Henri II le craignait en effet) était le trop disputé trône anglais. Quoiqu'il s'agisse d'un personnage féminin intéressant, on n'a pas considéré que certaines certitudes de la critique concernant la poétesse s'écrouleraient automatiquement si on prenait Marie de Blois pour la première voix féminine de la littérature d'oïl. Voyons pourquoi. Antoinette Knapton croit, tout comme Levi, que « la clef de l'impénétrable mystère[2] » autour de l'identité de Marie de France ouvre la porte d'un monastère :

---

l'Europe, la charge d'abbesse était une charge féodale. Nombreux sont les cas de jeunes filles nobles ou appartenant à des familles de hauts dignitaires de cour qui furent élues dès leur plus tendre âge : Jeanne Arnauld, abbesse de Saint-Cyr, élue à l'âge de sept ans, l'abbesse Mathilde de Barking, fille de Henri II, à huit ans, Gertrude de Helfta à dix ans.

1 « À la recherche de Marie de France », in *Romance Notes* XIX, 1978-79, p. 248-253.

2 Levi, « Maria di Francia e le abbazie d'Inghilterra », in *Archivium Romanicum*, 5, 1921, p. 472-493.

c'est dans un couvent, selon eux, qu'il faut chercher la poétesse. Selon Knapton, l'auteur reçut une « éducation soignée en toute vraisemblance sous la tutelle monastique[1] ». Le fait que Marie de Blois, elle aussi, ait reçu une éducation monastique semble à l'érudite un indice valable. Il est cependant dommage que Knapton justifie ce point de vue et se limite à remarquer : « Son éducation aurait pu facilement s'accomplir en un couvent de France ou de Normandie[2] ».

On peut suppléer au manque d'information de l'article cité en précisant que la fille du roi Étienne et de Mathilde de Boulogne, née autour de 1125 (date qui pourrait bien coïncider avec celle de la naissance de notre poète), fut élevée dans le diocèse de Rennes, dans le couvent de Saint-Sulpice-des-Bois[3] où elle séjourna pendant environ dix ans. Quand son père eut conquis la couronne d'Angleterre, en 1135, ses parents la firent entrer au monastère de Stratfort-at-Bow, dans le Middlesex[4], accompagnée de quelques religieuses françaises. Mais les habitudes de la très jeune princesse étaient difficilement compatibles avec celles des moniales anglaises (« *propter ordinis difficultatem et morum dissonantiam* »)[5] qui, pour ne plus subir Marie et sa suite fastueuse dans le monastère, renoncèrent à tout bénéfice royal. Étienne fut contraint de fonder un monastère *ad hoc* pour sa fille, Lillechurch dans le Kent[6], dont la princesse devint évidemment la première prieure[7]. Le nouveau

---

1 « À la recherche de Marie de France », op. cit., p. 249.

2 *Ibid.*, p. 250.

3 Nous possédons le cartulaire de ce monastère breton : *Cartulaire de l'abbaye de Saint-Sulpice-la-Forêt*, édité par Pierre Anger, *Extrait du Bulletin Archéologique d'Ille-et-Vilaine*, 1911. Cf. aussi Hubert Guillotel, « Les premiers temps de Saint-Sulpice-la-Forêt », in *Bulletin de la Société d'histoire et archéologie de la Bretagne*, 1971-74, p. 60-62.

4 Cf. *VCH : Middlesex*, i, p. 156-159.

5 Selon les paroles de l'archevêque de Cantorbéry, Théobald ; cf. Avrom Saltman, *Theobald, Archbishop of Canterbury*, New York 1969, p. 380 ; cf. en outre David Knowles, Richard Neville Hadcock, *Medieval Religious Houses in England and Wales*, Londres 1971, p. 259.

6 Cf. *VCH : Kent*, ii, p. 145-146.

7 SJC archives, Ms. D 46.98. Charte du comte de Warenne, frère de Marie, par laquelle la gestion du monastère est confiée à Saint-Sulpice (cf. *Monasticon Anglicanum*, cit., iv, p. 383, n. 3).

monastère reçut en don des terres aussi bien de la part de la reine «*gratia filiæ suæ Marie*[1] » que de l'abbé de Colchester[2].

Autour de 1145, Marie avait environ vingt ans et elle devint abbesse du monastère de Romsey. En 1154, Étienne mourut, et le premier roi Plantagenêt monta sur le trône. Le roi Étienne avait eu de sa femme Mathilde quatre autres enfants, dont deux moururent encore enfants[3], tandis que les deux autres payèrent leur obole à Charon à la fleur de l'âge : Eustache, comte de Boulogne, né en 1131, finit ses jours avant son père le 25 décembre 1152 (il fut inhumé le 16 août 1153 à Bury St. Edmunds[4] ; Thomas Becket avait empêché son couronnement par le pape à Rome[5]) ; Guillaume, comte de Warenne, né en 1134, perdit tragiquement la vie le 11 octobre 1159 pendant la sanglante campagne de Henri II à Toulouse mené par le chancelier de ce dernier, Thomas Becket.

La princesse Marie, destinée dès le plus jeune âge à la vie monastique, hérita de manière inattendue du comté de Boulogne et devint ainsi une rivale possible du nouveau roi d'Angleterre[6]. C'est pour cette raison que Henri la fit sortir de force du monastère de Romsey, sans même demander une dispense papale, et l'offrit en mariage à Matthieu de Flandres, le jeune frère de son fidèle allié Philippe. L'affaire fit scandale et la ville de Boulogne dut subir l'interdit papal.

Une lettre envoyée au roi de France, Louis VII, à l'insu de la cour de Flandres vers la Pentecôte de 1165[7], témoigne de la

1 SJC archives, Ms D 46.22 (cf. MA, iv, 382, n. 4).

2 SJC archives, Ms D 46.21.

3 Baudouin (1126-1135) et Mathilde (1133-1135).

4 Selon le témoignage d'Henri de Huntigdon, Eustache avait dépouillé le trésor de l'abbaye de St. Edmund ; cf. *The Chronicle of Henry of Huntingdon*, éd. Thomas Forester, Londres, G. Bell and Sons, 1876, p. 288, § 35. Les dates données par Knapton dans son article sont approximatives ; évidemment, l'érudite n'avait pas pu réunir des informations plus précises concernant la famille du roi Étienne avant la rédaction de son article. Elle donne 1154 comme année de la mort de Guillaume, et de nombreux événements de la vie de Marie de Blois sont anticipés ou différés, ce qui crée confusion dans la reconstruction de sa biographie.

5 Cf. Richard Winston, *Thomas Becket*, New York 1967, p. 52.

6 Autour de 1158, Henri avait émis une charte en faveur de l'abbesse de Romsey et «*moniales eius*» ; cf. *Recueil des actes*, cit., I, 144.

7 Je reproduis cette lettre dans l'*Appendice* ; cf. aussi *Recueil des historiens des Gaules et de la*

haine de la noble abbesse pour Henri II. Marie y dénonce la mission de Richard d'Ilchester et de Jean d'Oxford, envoyés du roi d'Angleterre à la diète schismatique de Würzburg pendant laquelle on prêta serment de fidélité à l'antipape Pascal III. La missive (inconnue des philologues ou lue sans l'attention nécessaire) exclut au moins la possibilité que l'ancienne abbesse de Romsey, si jamais elle fut l'auteur des *Lais*, ait pu dédier cette œuvre au roi détesté, Henri II. Même si l'on veut admettre que la malheureuse Marie de Blois soit la délicate poétesse médiévale, il faut être disposé à réexaminer quelques lieux communs de la critique contemporaine concernant Marie de France : il faudrait accepter, pour la rigueur du raisonnement, que les *Lais* aient été dédiés à Étienne et composés avant la mort du souverain (qu'aucun auteur de l'époque ne décrit jamais comme « preux et courtois ») plutôt qu'au premier roi Plantagenêt. Ayant passé les premières années de sa vie en Bretagne, Marie de Blois-Boulogne aurait pu avoir connaissance, dans cette période de sa vie, des lais bretons, mais n'oublions pas que Saint-Sulpice n'était certainement pas un lieu fréquenté par les bardes, même s'il était moins rigoureux que le monastère de Stratford. Quel meilleur dédicataire des *Fables* que Guillaume de Warenne, comte de Surrey et frère cadet de Marie, comme le croyait Knapton[1] ? Cependant, dans ce cas aussi, il faudrait accepter la date haute de l'œuvre, donc avant 1159, année de la mort du comte.

À mon avis, cette sorte de stupeur satisfaite pour la commande littéraire (de la part du comte Guillaume qui apparaît dans la dédicace de Marie et auquel elle ne pouvait certainement pas refuser la composition de l'œuvre en raison du haut rang et de la culture du mécène), se concilierait mal avec de simples raisons de parenté. Guillaume de Warenne, de plus, n'est pas connu pour aimer les lettres.

---

*France*, XVI, p. 144, n. 437, où la missive ne porte pas de date, mais est insérée par l'éditeur, Michel Jean-Joseph Brial, parmi les lettres reçues par le roi de France en 1168.

1 Pour des informations biographiques sur Guillaume de Mortain-Boulogne, mari d'Isabelle de Warenne, cf. Elizabeth Longford, *The Oxford Book of Royal Anecdotes*, Oxford 1991, p. 39-62.

Knapton suggère que les *Fables* aient été, chronologiquement, la première œuvre de Marie composée avant 1160, tandis que les *Lais* auraient été écrits entre 1173 et 1180, c'est-à-dire - toujours selon le point de vue de Knapton - « pendant la vie mondaine de Marie de Blois[1] ». Mais l'érudite oublie qu'en 1169 déjà, après la naissance de deux filles (légitimées par le pape qui, cependant, refuse toujours de reconnaître le mariage de l'abbesse), Matthieu de Flandres dut se soumettre aux exigences papales pour ne pas encourir l'excommunication et accompagner lui-même Marie à l'abbaye royale de Sainte-Austreberthe de Montreuil-sur-Mer (il put ainsi se marier, en peu de temps, avec la comtesse de Valois).

L'information fournie par Matthieu Paris selon laquelle Marie de Blois serait rentrée à Romsey, pénitente et d'un cœur contrit pour le péché charnel commis avec le comte de Flandres, n'a pas laissé de traces dans les chartes du monastère[2].

Une bulle émise par Alexandre III confirme ce que je viens de dire : pour épargner d'autres ennuis à Marie, le pape, le 26 mai 1170, mit l'abbaye de Sainte-Austreberthe sous sa protection spéciale[3].

Un autre document, daté de 1171, atteste que Matthieu d'Alsace assura à Marie une rente dont une partie pouvait être destinée au monastère qui l'avait accueillie[4].

---

1 « À la recherche », *op. cit.*, p. 253.

2 En 1841 déjà, Charles Spence, dans *An essay descriptive of the Abbey Church of Romsey*, réfutait fermement l'affirmation de Matthieu Paris, qui tendait à discréditer la comtesse, accusée par ce dernier d'avoir délibérément abbandoné le monastère par luxure, à cause de son amour pour Matthieu de Flandres (qu'évidemment, dans la réalité historique, Marie ne pouvait connaître avant le mariage) : « *She subsequently retired to the monastery of Montreuil, in Picardy, and died there. This last fact, which is recorder by Flemish historians affords a satisfactory refutation to the very improbable statement which has been received by our writers, that she returned to Romsey Abbey* » (Sylvanus Urban, in *Gentleman's Magazine*, 1842, recension du livre de Spence, p. 402).

3 Cf. Abbé Haigneré, « Une bulle inédite du pape Alexandre III pour l'abbaye de Sainte Austreberthe de Montreuil (26 mai 1170) », in *Le Cabinet Historique de l'Artois et de la Picardie*, vol VII (1892-93), p. 24-29. Cf. aussi *Notice sur l'abbaye de Sainte-Austreberthe de Montreuil*, Boulogne 1851.

4 Auguste Braquehay, « Essai historique sur l'Abbaye des Bénédictines de Montreuil », in *Le Cabinet Historique de l'Artois et de la Picardie*, vol. IX (1894-95), p. 58.

En juillet 1182 Marie mourut dans le monastère de Montreuil où elle fut inhumée[1]. Il est vrai que le récit de la *Vie seinte Audrée*, princesse d'Angleterre qui renonce à ses richesses pour devenir épouse du Christ, fondatrice et première abbesse d'un monastère de religieuses et vierge malgré deux mariages (seul un miracle divin l'avait soustraite aux désirs de son second époux) se prête bien à des spéculations sur les nombreux traits communs avec la biographie rocambolesque de l'abbesse de Romsey, surtout là où l'auteur laisse entendre que les femmes peuvent trouver la vraie liberté à l'intérieur des murs d'un couvent et non à l'intérieur du mariage.

Ainsi, même si l'on voulait accepter l'hypothèse séduisante de Knapton concernant l'attribution des *Lais* et des *Fables* à Marie de Blois, d'importants doutes subsisteraient en ce qui concerne la consultation, de la part de l'ancienne abbesse de Romsey, des sources tant de l'*Espurgatoire* (1173) que de la *Vie seinte Audrée* (1174), conservées exclusivement en Angleterre.

## LE PSAUTIER DE SHAFTESBURY

Entre le XII^e et le XIII^e siècle, le *Tractatus de Purgatorio sancti Patricii* connut un énorme succès tant en latin qu'en langue vulgaire. On conserve encore sept versions en français dont trois sont signées par leurs auteurs : outre celle de Marie, la rédaction de Béroul (transmise par les mss Yale University 395, ff. 184a-188d, d'origine anglo-normande, et Tours 948, ff. 102$^{v}$-119$^{r}$, d'origine continentale), et celle de Geoffroi de Paris (témoin unique : le ms Paris B.N. fr. 1526, ff. 154a-170a).

Les quatre autres versions sont anonymes et conservées dans les bibliothèques suivantes : la première à Cambridge, University Library, E.e. 6.11 (ff. 13-37), plus un fragment à la British Library,

1 Cf. Louis Marmin-Pamart, «Dissertation sur un bas-relief du Moyen-Age», in *Mémoires de la Société d'Agriculture de Boulogne*, 1834, p. 257.

Landsdowne 383[1] ; la deuxième à Londres, British Library, ms. Cotton Domitian A IV, aux ff. 257a-267b[2] ; la troisième, toujours à Londres, B.L. Harley 273, ff. 191c-197d, et Paris B.N. fr. 2198, ff. 30a-34d[3] ; et la dernière à Paris, B.N. fr. 25545, ff. 97a-104b[4].

Comme nous venons de le remarquer, on a découvert sur la garde de la fin du XIIe siècle, à l'intérieur de la couverture de parchemin du XIIIe siècle du ms Landsdowne 383 (ms daté de 1130-1140), 83 vers de la version anglo-normande (une traduction en octosyllabes de la version *brevior* du *Tractatus*) entièrement transmise par le ms Cambridge E.e. 6.11 (qui remonte à la première moitié du XIIIe siècle), qui contient aussi les *Fables* de Marie.

Il est intéressant de remarquer que le ms Landsdowne est connu aussi sous le nom de *Psautier de Shaftesbury*. Ce détail me semble exclure l'éventualité de la présence physique du poète dans ce monastère du Dorset. La datation approximative du fragment (1175-1185) témoigne simplement de l'intérêt dont le traité latin jouit dès sa première rédaction.

Le style de l'auteur anonyme est très différent de celui de Marie, et il est impossible que la version transmise par le ms. Cambridge E.e. 6.11 représente un canevas de la rédaction du poète qui nous est connu par le seul ms B.N. fr. 25407 :

> «En honourance Ihesu Crist,
> Ke tut le mund furma e fist,

1 Édité par Cornelis Mattheus van der Zanden, «Un chapitre intéressant de la *Topographie Hibernica* et le *Tractatus de Purgatorio sancti Patricii*», in *Neophilologus*, 12 (1927), p. 132-137.

2 Encore inédite, mais dont Peter De Wilde annonce une édition dans *Mémoire en temps advenir : hommage à Théo Venckeleer*, Louvain 2005, p. 221. Cf. De Wilde, *Le Purgatoire de saint Patrice. Origines et naissance d'un genre littéraire au XIIe siècle. Avec une édition de la version en vers anglo-normande du manuscrit British Library Cotton Domitianus IV*, Diss., Université d'Anvers, 2000. Th. Wright, *St. Patrick's Purgatory*, Londres 1844, p. 60-78 ; Thomas D. Hardy, *Descriptive Catalogue*, I, p. 77, n. 231 ; Eugen Kölbing, «Zwei mittelenglische Berabeitungen der Sage von St. Patricks Purgatorium», in *Englische Studien*, I (1877), p. 62-88 ; Harry Leigh Douglas Ward, *Catalogue of Romances*, II, p. 468-471.

3 Publiée par Johan Vising, *Le Purgatoire de saint Patrice des mss Harléien 273 et fond fr. 2198*, Göteborg 1906.

4 Publiée par Marianne Mörner qui l'attribua à Bérol : *Le purgatoire de saint Patrice par Bérol*, Lund 1920.

Un aventure voil cunter
Dunt plusurs se porrunt amender,
Ki cest escrist voudrunt oïr
E en lur quers bien retenir,
Le oïr ne vaut une chastanie,
Ki del retenir ne se penie ;
Eynz vaut meuz de tut lesser,
Ke oïr e tost ublier,
Seignurs, pur ceo le vus ay dist
Ke vus ky orez cest escrist,
Si bien i ad, cil retenez,
E si n'i ad, si l'amendez.
Ceo voil a tuz iceus requerre
Ki meuz de moy le saverunt faire.
De ceo ne voil jo plus parler,
A mun purpos voil repeirer,
Deus vus doint bon achevement,
Ore oyez le comencement,
Si cum jo l'ay escrit truvé
Vus voil dire la verité».
(v. 1-24)[1]

## CONCLUSION

Si, après les incursions dans les immenses archives britanniques et françaises à la recherche d'une dame du nom de Marie, qui écrit dans l'Angleterre des Plantagenêt mais qui est liée d'une certain façon au pays de Louis VII, cette poétesse reste encore sans visage et sans histoire, il se peut que le portrait robot de la première poétesse de la littérature d'oïl tracé par les humanistes du XVI^e^ siècle et reproduit exactement par la critique du XIX^e^ siècle soit trompeur. Il faut nous demander, peut-être, si sa déclaration d'appartenir à la France ne serait pas autre chose qu'une sorte de

1 Cf. Cornelis Mattheus van der Zanden, *Étude sur le Purgatoire de saint Patrice accompagnée du texte latin d'utrecht et du texte anglo-normand de Cambridge*, Amsterdam (Paris), 1927, p. 89-147.

*posture d'auteur* : Marie pourrait avoir eu des motifs pour se définir, de manière évocatrice, « de France », dans un siècle où la « dulcis Francia » était devenue une terre d'élection pour de nombreux philosophes et théologiens. « Marie de France ne porte ce surnom pour ce qu'elle fust du sang des Rois : mais pour ce qu'elle estoit natifve de France », selon Claude Fauchet en 1581[1].

Les manuels consacrés à la littérature d'oïl insistent sur le fait que le terme « France », au XIIe siècle, désigne exclusivement l'Ile-de-France. Et pourtant, l'examen linguistique des œuvres du poète nous porte à exclure la possibilité que l'auteur soit natif de Paris ou des alentours : la langue de ses écrits est le bon français littéraire des auteurs de la cour Plantagenêt, et si l'on voulait la situer dans une aire géographique « on pourrait croire qu'elle était plutôt originaire de Normandie ; mais il faut se garder de confondre une langue natale et une langue littéraire délibérément choisie[2] ».

Une normande du XIIe siècle, cependant, n'aurait aucun motif de se dire « de France » sinon dans une intention ouvertement polémique contre le roi Plantagenêt, « *Rex Angliæ & dux Normanorum et Aquitaniæ & comes Andegaviæ* ». Ce n'est qu'à partir de 1204 seulement, avec la reconquête de la Normandie par Philippe Auguste, qu'une semblable déclaration d'appartenance de la part d'un sujet né en Normandie aurait un sens.

Si l'on interroge les textes contemporains de Marie par rapport à la valeur du terme « France », nous nous apercevons qu'il n'indique pas toujours exclusivement l'Ile-de-France. Guernes de Pont-Saint-Maxence, dans son récit de la tentative d'Henri II de chasser Becket de Pontigny (en Bourgogne), écrit :

> « Quant l'archevesque oï que chacier le voldra
> Li reis Henris, *de France*, e que tant s'en pena,
> Ses briés ad fait escrire, e puis si li manda ». (v. 3836-3838)

Il faut remarquer, en outre, que Marie, dans l'épilogue des *Fables*, ne déclare pas explicitement être née en France, comme

---

1 *Recueil de l'origine de la langue et poésie françoise*, cit., p. 113.

2 Jean Rychner, *Les Lais de Marie de France*, Paris 1983, p. VIII.

le fait par exemple Guernes (« Mis languages est bons, car en France fui nez[1] ») ou comme l'auteur anonyme du *Voyage de Charlemagne* fera dire à l'empereur franc quand celui-ci devra se présenter au patriarche de Jérusalem : « jo ai num Karle, si fui de France neez[2] ».

L'allusion est plus proche de ce que les sociologues appellent *idéologème identitaire* que d'une terre bien définie ; une allusion extrêmement délicate si nous tenons compte aussi de la variante du v. 4 transmise par les mss. BL Harley 4333 et BNF fr. 25406 : « Marie ai num, *si fui* de France ».

Donc aucune référence à la naissance en terre française, mais plutôt une revendication d'appartenance culturelle et sentimentale à cette « terra franca » à laquelle l'auteur appartenait à un certain moment de sa vie (« *si fui* ») et qui, comme nous le rappelle toujours Guernes de Pont-Saint-Maxence à propos de l'exile de saint Thomas Becket, offrait un asile à tous ceux qui s'y réfugiaient :

> « L'arcevesque Thomas, certes, bien le conui,
> Pur ço est France franche, par les sainz u je fui,
> Que cil ki mestier unt i viengent a refui.
> Mult seit il bien venu : ci puet aver repui ». (*Becket*, v. 2206-2210)

En dernière analyse, Marie pourrait nourrir pour la France un sentiment semblable à celui de Jean de Salisbury[3] et de Herbert de Bosham :

> « *Dulcis itaque Francia, et vere dulcis ; dulcis inquam, ut iam diximus, et adhuc iterare urget amor, dulcis. Dulcis revera propter fructum gratiam, propter acris clementiam : sed vere dulcis et adhuc dulcior propter eximiam gentis humanitatem*[4] ».

Dans *The discovery of the individual*, Colin Morris a remarqué que Jean de Salisbury, le futur évêque de Chartres, mais aussi

1 *La Vie de saint Thomas*, cit., v. 6165.

2 *Le Voyage de Charlemagne*, éd. Carla Rossi, Edizioni dell'Orso, Alessandria 2006, v. 151.

3 Cf. *The Letters of John of Salisbury*, éd. par Harold Edgeworth Butler, Christopher Nugent, Lawrence Brooke, 2 voll., Oxford 1979-1986 ; *PL 15*, lettres 149, 230 et 238.

4 Herbert de Bosham, *Vita s. Thomae*, MHTB, IV, p. 408.

Anselme de Cantorbéry et Pierre Lombard « *and many of the ablest thinkers had originally came from further afield [...] but all had been drawn to France and came to think of it as their home*[1] ».

Jean de Salisbury constatait, en effet, empli d'admiration pour la France et pour les Français : « *Felix exsilium, cui locus iste datur !*[2] ». Sans compter que le roi Plantagenêt lui-même aurait pu se dire de France en tant que vassal de Louis VII, car en 1151 Henri avait prêté hommage au roi de France et, devenu roi d'Angleterre, avait renouvelé l'hommage pour toutes les possessions continentales afin d'exclure ses propres frères de toute prétention à l'héritage. En 1169 Louis VII reconnut l'autorité du Plantagenêt sur les domaines les plus importants du royaume et reçut en échange l'hommage féodal d'Henri et de ses fils concernant la Normandie, le Maine, l'Anjou, la Bretagne et même l'Aquitaine. C'est pour cette raison qu'en 1173 Henri put demander à Louis VII une aide militaire contre ses propres fils révoltés, en vertu du devoir du roi de secourir un vassal attaqué dans ses fiefs.

Dans le *Cligès* aussi, au moment où est spécifiée l'arrivée de la « clergie » et de la « chevalerie », le terme *France* est utilisé non dans un sens régional, mais dans celui plus général qui inclut tout le pays :

> « Grece ot de chevalerie
> Le prmier los et de clergie
> Puis vint chevalerie a Rome
> Et de la clergie la some
> Qui ore est *en France* venue ». (v. 28-33)

1 Colin Morris, *The discovery of the Individual, 1050-1200*, Toronto 1987, p. 47.
2 Jean de Salisbury, MHTB, V, 98, lettre 55.

# RÉFÉRENCES LITTÉRAIRES À MARIE DE FRANCE DANS DES TEXTES MÉDIÉVAUX

## LA *VIE SEINT EDMUND LE REI* DE DENIS PYRAMUS

Les allusions à Marie dans les textes médiévaux sont au nombre de trois. Denis Pyramus est le premier auteur, dans l'ordre du temps, à avoir nommé explicitement la poétesse. Dans le prologue de la *Vie seint Edmund le rei*, Denis blâme « Cil, ki Partonopé trova / E ki les vers fist e rima » (v. 25-26) et la facilité avec laquelle « Dame Marie » s'éloigne de la vérité (v. 35 *sq.*). Relisons attentivement les vers en question :

« Cil ki *Partonopé* trova
E ki les vers fist e rima,
Mult se pena de bien dire,
Si dist il bien de cele matire ;
Cum de fable e de menceonge
La matire resemble sounge,
Kar iceo ne put unkes estre.
Si est il tenu pur bon mestre
E les vers sunt mult amez
E en ces riches curz lœz.
E Dame Marie autresi,
Ki en rime fist e basti
E compassa les vers de lais,
Ki ne sunt pas del tut verais ;
E si en est ele mult lœe
E la rime par tut amee,
Kar mult l'aiment, si l'unt mult cher
Cunte, barun e chivaler ;
E si en aiment mult l'escrit
E lire le funt, si unt delit

E si les funt sovent retreire.
Les lais solent as dames pleire ;
De joie les oient e de gré,
Qu'il sunt sulum lur volenté.
Li rei, li prince e li curtur
Cunte, barun e vavassur
Aiment cuntes, chanceuns e fables,
E bons diz qui sunt delitables
Kar il hostent e getent puer
Dœl, enui e travail de quer
E si funt ires ublier
E del quer ostent le penser.
Kant cil e vus, segnur trestuit,
Amez tel ovre e tel deduit,
Si vus volez entendre a mei,
Jeo vus darrai par dreite fei
Un deduit, qui mielz valt asez
Ke ces autres ke tant amez[1] ».

Ces vers introductifs s'insèrent dans la réflexion sur les « *veraces historiæ*[2] » qui s'opposent aux «*fallaces fabulæ*» ou «*nugæ*», réflexion très actuelle au moment où Denis rédige le prologue (dans lequel on peut remarquer que les v. 29-30 rappellent les v. 9793-9794 du *Brut*)[3]. À la cour des comtes d'Anjou, cette réflexion partait de la littérature arthurienne en latin (abordée ensuite par des auteurs romans) et faisait surtout mention de ces philosophes et théologiens engagés qui avaient achevé leur formation en France, à

1 *La Vie seint Edmund le rei, poème anglo-normand du XIIe siècle par Denis Pyramus*, ed. H. Kjellman, Göteborg 1935 (réimpression Genève 1974), v. 25-62.

2 Discussion qui était née de la fameuse affirmation de Guillaume de Malmesbury concernant Artus ; cf. Guillaume de Malmesbury, *Gesta Regum Anglorum*, éd. par W. Stubbs, *RS* 90 (1887), i.II ; I.8 : « *Hic est Arthur de quo Britorum nugae hodieque delirant ; dignus plane quem non fallaces somniarent fabulae, sed veraces praedicarent historiae, quippe qui labantem patriam diu sustinuerit, infractasque civium mentes ad bellum acuerit» ; cf. B. N. Sargent-Baur, « Veraces historiae aut fallaces fabulae ?»*, in *Text and Intertext in medieval arthurian literature*, éd. par J. L. Norris, New York, Garland, 1996.

3 Cf. *Le Roman de Brut de Wace*, par Ivor Arnold, Paris, Société des Anciens Textes Français, 1938-1940 : «Fist Artur la Roünde Table / dunt Bretun dient mainte fable / [...] / Tant unt li cunteur cunté / E li fableur tant fablé / Pur lur cuntes enbeleter / Que tut unt fait fable sembler».

Chartres, et qui, une fois rentrés dans leur patrie, avaient gravité autour de la cour archiépiscopale de saint Thomas Becket.

Dans ce contexte, le témoignage du manuscrit *L* du *Partonopeus de Blois*, datant de la moitié du XIII^e^ siècle, me semble digne d'attention. Le manuscrit, qui a appartenu aux Gonzague, est aujourd'hui conservé à Paris, à la Bibliothèque Nationale de France sous la cote nouv. acq. Fr. 7516.

Dans le *colophon* (f. 145^r^, v. 10975-10979), le manuscrit *L* attribue la paternité du *Partonopeus* à Gautier Map :

> « L'istoire ici finirai
> Qar ge plus n'en trovai
> Et s'uns autres vos dit avant
> Ne l'en creez ne tant ne quant,
> Qar Gauter Mape plus n'en dist ».

Il faut probablement imputer le silence des éditeurs à propos de cette attribution au fait que celle-ci ait dû être considérée apocryphe *a priori* et qu'elle corresponde à un cliché, celui de Map auteur de romans arthuriens en prose. À partir du XIII^e^ siècle, période à laquelle remonte le manuscrit *L*, « Mestre Gautier Map » devient une *auctoritas* à laquelle plusieurs manuscrits attribuent le grand cycle du Graal en prose, plus connu comme *Lancelot-Graal* ou *Cycle Pseudo-Gautier Map*. Le nom de Map apparaît, en effet, tant dans l'épilogue du *Lancelot* en prose que dans l'épilogue de la *Queste* et dans le prologue de *La Mort Artu*. Quoiqu'il soit impensable, pour des raisons concernant la biographie de Map (il mourut en avril de 1209), que l'auteur gallois en ait été matériellement le remanieur, il n'est pas invraisemblable, comme le suggère Fortunata Latella[1], qu'il en ait inspiré quelques noyaux narratifs.

Map est un personnage controversé : que l'on pense à sa variation moqueuse et macabre sur le *topos* de l'*humilitas* à la fin de la *Dissuasio Valerii* avec un remaniement du thème du « *non*

1 Fortunata Latella, « Gualtiero Map e i primi sviluppi del romanzo arturiano », in *Le forme e la storia*, 5-8 (1984-1987), p. 45-59.

*omnis moriar*» : en exprimant sa propre opinion sur la situation culturelle de son temps, Map prédit pour lui-même l'immortalité, justifiée par sa propre incompétence et par celle de ses lecteurs (*De Nugis* IV, 5, 312-313) :

> « *Scio quid fiet post me. Cum enim putuerim, tum primo sal accipiet, totusque sibi supplebitur decessu meo defectus, et in remotissima posteritate michi faciet auctoritatem antiquitas, quia tunc ut nunc vetustum cuprum preferetur auro novello. Simiarum tempus erit, ut nunc, non hominum quia presencia sibi deridebunt, non habentes ad bonos pacienciam. Hoc solo glorior, quia ab invidia tutus sum ; nichil in me reperiet quod mordere dignetur. Non enim canis os rodit siccum, nec vene vacue adheret hirudo. Karacter hic siccus et exsanguis sola fiet liber inepcia* ».

Map se cachait volontiers derrière cet anonymat rituel des auteurs médiévaux, mais aussi derrière des pseudonymes et des noms empruntés, choisis à dessein comme des *senhals* allusifs : ainsi, dans la *Dissuasio*, il voulut pour lui-même le nom de Valère et pour Jean de Salisbury celui de Ruffin ; dans la *Distinctio V* du *De Nugis*, c'est un certain Waleran (abbrégé de façon indicative *Wal.* dans le manuscrit Bodley) qui incarne un «*illitteratus*» singulier, capable de composer des vers sarcastiques en français[1], personnage tellement dérangeant qu'il est chassé de la cour de France, pour apparaître ensuite à celle d'Henri II, avant de retourner chez Louis VII où il insulte ouvertement les courtisans en présence du roi (*De Nugis* V 5, 446-447), mais qui finit par être estimé par les deux souverains[2].

La célébrité de Map est liée à une œuvre, *De Nugis Curialium*, à laquelle l'auteur, tout comme l'auteur de *Partonopeus*, ne donna jamais une forme définitive : les différents récits autonomes, définis

---

1 Waleran est présenté, dans *De Nugis*, comme auteur de ces vers médisants envers certains courtisans de Louis VII : «Gautier vendenge et Buchard grape / Et Willelmus de Gournay hape / Lowis prent que ke lur escape».

2 Quand Louis VII lui reproche en ces termes d'avoir insulté sa propre cousine : «Galeranne, mea fero pacienter obprobria, sed huius consanguinee mee dissimulare non decet, cum ipsa sanguis meus sit et unum membrorum meorum», il reçoit pour toute réponse : «*Respondit Gallerannus : 'Hoc herniosus es membro' quod facetius Gallice dicitur 'De ce membre es tu magrinez'*».

«*scedulæ*» par Map, sont regroupés dans cinque «*distinctiones*» dont l'unité est visiblement précaire, du moins dans l'unique manuscrit qui les a transmis, le manuscrit Bodley 851 de la Bodleian Library d'Oxford, témoin d'une œuvre *in fieri*. Il faut remarquer que quelques *excerpta* du *De Nugis* circulaient dans des cercles limités et, par la volonté de l'auteur, de manière anonyme.

On ne peut nier que l'*ordo caoticus* qui prévaut dans *De nugis* ressemble à celui de *Partonopeus*, qui nous est parvenu remanié plusieurs fois, dans trois versions distinctes, tandis que l'alternance du mètre (plutôt qu'indiquer l'intervention de plusieurs auteurs) me semble témoigner d'une claire volonté de l'auteur d'adapter avec brio la forme métrique correcte à la matière racontée, selon la mode et le goût du moment. Une veine fortement satirique, à la limite du cynisme, traverse les deux œuvres, mais au-delà des ressemblances formelles, quels moyens d'analyse possédons-nous pour pouvoir examiner avec plus d'attention l'attribution proposée par le manuscrit L ?

Map, ancien chantre de Lincoln, prébendier à Londres et juge itinérant, chantre et archidiacre à Oxford, eut un curieux destin. Relisons le témoignage de Giraud de Barri dans son *Expugnatio Hibernica*[1] : Giraud raconte comment Gautier, sur son habituel ton de plaisanterie, s'était prédit une plus grande célébrité que celle qu'aurait atteinte un jour son ami, et ceci grâce à son choix linguistique, celui de la langue française. Prévision trompeuse, car aujourd'hui Map est connu seulement grâce à ses écrits latins. À quels «*dicta nostra*» «Mestre Gautier Map» se réfère-t-il au moment où il se vante devant son ami Giraud de posséder l'art du *bien dire*, c'est-à-dire cette «*scientia bene dicendi*» (il faut se rappeler ici le reproche que Denis Pyramus adresse à l'auteur de *Partonopeus* qui «*Mult se pena de bien dire, / Si dist il bien de cele matire*») qui permettait de maîtriser un style rhétorique conforme au sujet raconté ?

1 *Opera*, t. V, p. 410.

## *Si dist il bien de cele matire* : la matière du *Partonopeus*

Résumant à grands traits, on peut dire que *Partonopeus*, surtout dans sa forme originale qui nous est parvenue – cas plutôt rare – à travers un manuscrit dont l'analyse paléographique a révélé qu'il remonte à la fin du XII^e^ siècle, le ms Arsenal 2986 (qui contient le seul *Partonopeus* en 12086 v. dans un état de conservation déplorable et mutilé, malheureusement, des vers conclusifs[1]), est un poème composé à la gloire des comtes de Blois qui tourne en dérision les tentatives d'Henri II d'Angleterre - qui, en tant que comte d'Anjou, était sénéchal de France par voie héréditaire – de légitimer ses prétentions au trône français.

Dans le texte (un vrai *best-seller* médiéval, traduit et adapté dans les principales langues de l'Europe peu de temps après sa rédaction[2]), une réorganisation ponctuelle de la matière troyenne constitue le fond d'une transposition dans le milieu courtois du récit ovidien d'Amour et Psyché, avec la déconstruction en fonction satirique du personnage d'Énée (qui, en effet, nous est présenté comme un bâtard « fils a vilain ») à travers laquelle se profile un antagonisme généalogique net et risible entre le royaume de France et celui d'Angleterre : car la vérité révélée de *Partonopeus* est en contraste avec ce qui est transmis à travers le *Brut* de Wace (1155), le *Roman de Troie* de Benoît de Sainte-Maure (1160-1170) et ces *romans d'antiquité* (1160-1165) qui, comme on vient de le voir, avaient reconstruit des généalogies troyennes idéales des Plantagenêt. L'ironie de l'auteur est complète et elle ne ménage pas non plus le roi de France, Lohier (dont le nom rappelle de

1 En ce qui concerne la tradition manuscrite du poème et l'ancienneté du manuscrit, cf. Penny Simons, « A Romance Revisited : Reopening the Question of the Manuscript Tradition of Partonopeus de Blois », in *Romania*, 115 (1997), p. 368-405 ; en outre Penny Eley et Penny Simons, « The Prologue to *Partonopeus de Blois* : Text, Context and Subtext », in *French Studies* 49 (1995), p. 1-16 ; Idem, « A Subtext and its Subversion : the Variant Endings to *Partonopeus de Blois* », in *Neophilologus* 82 (1998), p. 181-197. Cf. en outre Keith Busby, *Codex and Context. Reading Old French Verse Narrative in Manuscript*, Faux Titre 221, 2 vol., Amsterdam & New York, Rodopi, 2002.

2 Pour une bibliographie, aujourd'hui vieillie, cf. Albert Moret, *L'originalité de Conrad de Würzburg dans son poème Partonopier und Meliur*, Lille 1933, p. 22-26.

trop près celui de Louis VII), présenté, en fin de compte, dans les trois versions, comme n'ayant pas le courage d'un lion. Le personnage de Marcomiris, aïeul de Partonopeus et civilisateur de la France, est mis en relief : « Alors qu'il court-circuite l'œuvre civilisatrice d'Énéas, *Partonopeu* contrecarre aussi celle de Brut [...]. La rivalité qu'instaure *Partonopeu* entre Énéas et Marcomiris, le silence qu'il fait peser sur Brut sont autant d'indices qui témoignent de la dynamique inventive et critique du dialogue qu'il entretient avec la matière antique médiévale dont les Plantagenêts faisaient un élément central de leur stratégie de légitimation[1] ». Pour citer encore Collet et Joris, « réunir dans la fable les deux comtés de Blois et d'Anjou sous l'autorité de Partonopeu, un lointain ancêtre fictif, permettait de soutenir la priorité du comte de Blois contre les prétentions du roi Plantagenêt[2] ».

Les échos du récit de ce poème sont évidents dans *Guingamor*, *Graëlent*, *Lanval* et *Ipomedon*[3]. La datation du manuscrit de l'Arsenal a cependant récemment rouvert le débat autour des rapports entre le poème et les romans courtois et a fini par diviser les critiques : d'une part, certains érudits, comme Anne Reynders, n'acceptent pas l'idée qu'un Chrétien de Troyes soit débiteur à l'auteur de *Partonopeus*[4], de l'autre, des philologues, comme Simons et Eley et Collet et Joris croient, au contraire, qu'il n'est pas invraisemblable que la version primitive de *Partonopeu* ait pu influencer les romans de Chrétien de Troyes, et non l'inverse, comme on l'a toujours cru.

Ce qui frappe certainement le lecteur moderne, c'est la technique utilisée par l'auteur de *Partonopeus* dans sa composition, une technique particulière (surtout si l'on considère que nous sommes peut-être en présence de l'un des plus anciens romans courtois du XII^e siècle), celle des niveaux narratifs superposés, où une fiction

1 Introduction à l'édition du poème *Le roman de Partonopeu de Blois*, éd. Olivier Collet et Pierre Joris, Lettres Gothiques, Paris 2005, p. 34.

2 *Le roman de Partonopeu de Blois*, cit., p. 7.

3 Cf. *Ipomedon, poème de Hue de Rotelande*, éd. Anthony J. Holden, Paris, Klincksieck, 1979.

4 Anne Reynders, « Le Roman de Partonopeu de Blois est-il l'oeuvre d'un précurseur de Chrétien de Troyes ? », in *Le Moyen Âge*, 111, 3-4 (2005), p. 479-502.

en appelle une autre. Au premier niveau, nous suivons les aventures amoureuses captivantes de Partonopeus et Mélior qui se situent entre la fable et la magie, de sorte que l'auteur, dans le prologue, met l'accent sur l'adjectif «*mervellouse*» (v. 71) comme référence à l'aventure qu'il va raconter, tandis que la «matere» de la narration, le vrai sujet contenant le message intrinsèque de l'histoire (ce que l'on pourrait définir le «subtexte narratif») est repoussé à l'arrière-plan. C'est à la finesse d'esprit du public d'en comprendre le message. Derrière le voile des aventures amoureuses fascinantes des protagonistes se cache le but ultime du poème, comme l'avait déjà constaté Fourrier : «Le poète de *Partonopeus* nous montre l'endroit de la tapisserie, mais il nous entraîne ensuite derrière le décor[1]».

Ce voile, ou enveloppe, n'est rien d'autre que l'*integumentum*, que les maîtres chartrains considéraient comme une écorce dont il fallait libérer le noyau de vérité caché dans les réalités qui, bien que visibles, ne sont pourtant pas reconnaissables.

C'est justement dans la construction de *Partonpeus* qu'il semble que l'on puisse reconnaître l'influence de la pensée chartraine. On doit surtout au *Commentarium super sex libros Aeneidos Vergilii* de Bernard Silvestre[2] la thèse selon laquelle l'œuvre de Virgile contient un double savoir («*gemina doctrina*») : l'un philosophique et l'autre poétique. Ce double savoir devient visible à travers ses *figmenta* grâce auxquels Virgile se libère de la matérialité des données historiques pour atteindre un niveau supérieur de vérité, voilé, cependant, par les images. Selon le *Commentarium*, Virgile montre les créations de l'esprit humain sous l'enveloppe (*integumentum*) de la *fabula* ; l'enveloppe, constituée d'images, est utilisée par Virgile comme *genus demonstrativum* : le «vrai» est présenté «*sub fabulosa narratione veritatis involvens intellectum*».

1 Alain Fourrier, *Le courant réaliste dans le roman courtois en France au moyen âge*, Paris, Nizet, 1960, p. 389.

2 Cf. *Commentarium quod dicitur Bernardi Silvestris super sex libros Eneidos Vergilii*, éd. par Julian Ward Jones & Elisabeth Frances Jones. *The Commentary on the First Six Books of the Aeneid of Vergil Commonly Attributed to Bernardus Silvestris*, Lincoln, University of Nebraska Press, 1977. Tr. Earl George Schreiber & Thomas E. Maresca. *Commentary on the First Six Books of Vergil's Aeneid by Bernardus Silvestris*, Lincoln, University of Nebraska Press, 1979.

Or, il faut remarquer comment Gautier Map s'exprime à la conclusion de son roman sur Sadio et Galon[1] :

> « *Fatua, forsitan, hec videbitur et frivola narracio, sed fatuis et frivolis, quibus nichil proponimus ; de talibus forte nobis erit sermo cum inciderit, at non talibus. Quod possumus et scimus benignis <et> argutis inpendimus, scientes quod abscinthium et thimum argumentosa degustet apis, ut electos ex amaris et dulcibus conferat in thesaurum sapiencie favos, ex frivolis his, et a Deo sibi data gracia colligens quatinus eligat et diligat amaras iusticie vias, ut Galo, eritque carmen cordi contatum optimo*[2] ».

Seul le public averti, doué de « *subtilitas* », sera en état de lire entre les lignes et de comprendre le message réel qui se cache derrière ces histoires en apparence frivoles : en dernière analyse, on délègue au « *lector* », comme au sage comparé à l'abeille, la responsabilité de comprendre correctement le texte et d'en profiter :

> « *Silvam vobis et materiam, non dicam fabularum, sed faminum, appono ; cultui etenim sermonum non intendo, nec si studeam consequar. Singuli lectores appositam ruditatem exculpant, ut eorum industria bona facie prodeat in publicum. Venator vester sum : feras vobis affero, fercula faciatis*[3] ».

La véracité des faits racontés compte peu, comme le souligne Jean de Salisbury : « *[...] quia non omnia, quæ scribuntur, vera esse promitto ; sed sive vera, seu salsa sunt, legentium usibus inservire* »[4] puisqu'il arrive qu'en littérature ce qui est frivole soit combiné avec ce qui est sérieux, et la fausseté avec la sincérité, de sorte que tout peut être au service de la Vérité ultime[5].

Le caractère particulier de la technique utilisée par l'auteur du poème a déjà été souligné par Anthime Fourrier, qui avait considéré *Partonopeus* comme un *roman-miroir*[6] qui se distingue par

---

1 Récit, soit dit en passant, auquel je dédierai une étude qui éclairera les éléments communs avec le *Lai de Lanval* et aussi l'agencement du temps dans *Partonopeus*.

2 Gautier Map, *De nugis curialium*, III.ii, 246.

3 *Ibid.*, II, xxxii, 208.

4 Jean de Salisbury, *Polycraticus*, prologue.

5 *Polycraticus*, VII, prol. : « *Sic enim nugis seria immiscentur, et falsa veris, ut ad summae veritatis cultum omnia ex proposito referantur* ».

6 Cf. Fourrier, *Le courant*, cit., p.386.

une « forte résonance de l'actualité[1] », et qui avait noté comment les convictions politiques de l'auteur « imprègnent le roman et forment une sorte de *leitmotiv* repris avec insistance[2] ». Un roman structuré de la sorte contient évidemment différents niveaux de lecture (et de lecteurs) : on peut être fasciné par le merveilleux de la narration, par les aventures amoureuses, par les événements dramatiques que vit le protagoniste après la perte de sa bien-aimée, ou bien on peut être frappé par le remaniement particulier de la matière troyenne.

Quelle est cette « *matire* » de laquelle, selon Denis, l'auteur anonyme du poème s'efforça de « bien dire » (v. 27), expression rappelant évidemment le v. 12 d'*Erec et Eneide* ? Qu'est-ce qui, selon Denis, « ne put unkes estre » (v. 31) ? Pour le comprendre, nous devons relire le prologue de *Partonopeus*[3].

Après un *début printannier* de saveur provençale ironique et probablement polémique[4], l'auteur, qui s'attribue les dons du loriot et qui se définit « jovenes » et « engignos », se défend contre ces clercs fainéants qui vont certainement le blâmer pour son choix de composer en langue vulgaire. Il appelle ensuite à la rescousse l'*auctoritas* de saint Paul (v. 95) selon lequel tout ce qui se trouve dans les livres est pour le bien des hommes puisqu'il n'existe livre aussi mauvais, fût-ce une histoire païenne, dont on ne puisse tirer un bon *exemplum*. Il faut remarquer que les v. 117-128 (au-delà de la métaphore de l'abeille qui est un lieu commun dans les textes latins) semblent être une vulgarisation des paroles de Gautier Map[5], déjà citées à propos de la capacité du lecteur de comprendre pleinement les textes :

---

1 *Ibid.*, p.428.

2 *Ibid.*, p. 411.

3 Dont je reproduis ici de manière semi-diplomatique la leçon du manuscrit A, que j'ai consulté en photographie.

4 Cf. Lucilla Spetia, « Echi trobadorici nel *Partonopeus de Blois* », in *Actes du XX^e^ Congrès International de Linguistique et Philologie Romanes*, éd. par Gerold Hilty, Tubingue, Francke, 1993, p. 383-398. Spetia suggère de lire la mention des trois oiseaux comme une allusion à autant de poètes.

5 Lequel, dit en passant, a fait se dérouler à Constantinople une aventure des plus merveilleuses et des plus exemplaires du *De nugis*, IV, xii.

«Por la saison q(ui tant es)t bele
Joie et jovente renovele;
Et je sui jovenes et engign(os)
Sains et delivres et (joios),
Si me semont joie et jovens
Que je n(e soie oiseus ne lens).
Por (ço vœl) par envoiseüre
E(n escr)it metre une aventure
Et bone et bele et mer(vellouse)
(Quanque) ce soit chose (grevouse).
Bel loisir ai et bon sejor
(La merci Deu) et mon segnor
Se je me geu sains (vilonie)
Nel (m'at)ornes pas a folie *$1^{v}$ a*
Cil clerc dient que n'est pas sens
Qu'eskrive estoire d'antif (t)ens
Quant jo nes escris en latin,
Et que je perc mon tans en fin;
Cil le perdent qui ne font rien,
Molt plus que jo ne fac le mien :
As tables et as eschiés juent
Et en ço lor entente aliuent
Et ne font rien a remanant;
Cil m'est vis que tans vont perdant.
Si tost con li giu sont jué
S'en sont tot li profit alé
Et cil i partent seulement
Qui od els sont al giu present;
Mais al mien deduit partiront
Tuit cil qui l'oront et veront
S'en pora lon traire tos tens
Et grant exemple et grant sens.
Sains Pols li maistres de la gent,
Nos dist en son enseignement
Que quanquest es li(vres) escrit
Tot i est por nostre (prof)it
Et por nos (e)n bien d(oc)triner
Quen sa(çon)s (visces) eschiver
Il dist raison et bien et voir
Et parf(ont) et repost savoir
Car nu(l) escris n'est tant frarins
Nis de(e) fables as sarasins

Dont on ne puisse exemple traire
Del mal lai(ssi)er et del bien faire
En nul escrit na nule rien
Ne senefit u mal u bien
Li maus i est que l'on l'eschiu(nt)
Li biens que on en bien l'aliut
Mal et bien i doit l'on trover
Por connoistre et por deviser
Nus hom n'eschive mal de soi
Se nel connoist por garder soi,
Ne ne fait bien dont il ait gré $1^{v}$ *b*
S'eins nel connoist en son pensé
Fols hom ne seit nul sens trover
Fors le gros sens con puet taster
Li sages de quanquest sos ciel
Trait sens con es trait de flor miel
Li es sasiet desor l'ortie
Tant le porgarde et tant l'espie
Quel trait le miel del amertume
C'est del sage home la costume
Qu'il porgart cascune parole
Et de la sage et de la fole
Eslise le sens par voisdie
S'il traie hors de la folie
Por ce vos di quen cest escrit
Avra maint bien et maint mal dit
L'un et l'autre metrons en letre
Por faire bien de mal demetre
Ce puet de cest escrit aprendre
Qui l'ot et seit et violt entendre
Li livre griu et li latin
Nos devisent de fin en fin
Trestot le mont en ·iii· parties
Sis ont par nom bien escharies
Europe ont lun quartier nome
Aufrique l'ont l'autre apele
C'est la moitie et autretant
Tient toute seule Aise la grant [...]

Jeune, plein d'esprit et de talents, l'auteur anonyme de *Partonopeus* souligne qu'il veut écrire une histoire «*par envoiseüre*» (v. 69) et il insiste, exactement comme Gautier Map, sur la capacité de l'homme sage d'extraire de tout genre de narration un enseignement, où il y a «*maint bien et maint mal dit*» (v. 130).

Il faut remarquer que le terme «*envoiseüre*» est lié à un concept typiquement médiéval. Les principaux dictionnaires d'ancien français[1] donnent pour ce mot et ses dérivés diverses acceptions, selon deux axes principaux : le premier, avec peu d'occurrences, est nettement négatif puisque le mot, utilisé dans les milieux ecclésiastiques dans le sens étymologique de «invitiare», désigne l'abandon excessif aux plaisirs mondains ; le second, relatif au milieu profane et courtois est, par contre, positif ; entre le vice et le plaisir, le milieu profane donne plus de poids au plaisir : «l'*envoiseüre* sert alors l'apologie des valeurs courtoises, où le plaisir est légitime sinon nécessaire à l'harmonie [...]. Dans la caractérisation psychologique, elle est une disposition à l'enjouement. Le terme peut aussi s'appliquer à toutes sortes d'objets, de dispositifs ou d'activités visant au divertissement (jeux de société, chansons d'amour) [...]. L'*envoiseüre* est donc liée à une pratique sociale distinctive[2]». Au v. 69 du prologue du poème, le mot est utilisé avec la même ironie que celle des auteurs latins définissant leurs compositions «nugæ pœticæ».

Le sous-titre, ou titre alternatif, choisi par Jean pour son *Polycraticus*, était justement *De nugis curialium et vestigiis philosophorum*, titre adopté par la suite de manière ironique par Gautier Map pour l'unique œuvre parvenue jusqu'à nous qu'on puisse lui attribuer avec certitude.

L'étroite relation entre ce qui est exprimé dans le prologue de *Partonopeus* (et répété aux v. 133-134 : «Ce puet de cest escrit aprendre / Qui l'ot et seit et violt entendre») et l'idée de Map

---

1 Nous avons consulté l'*Altfranzösisches Wörterbuch* de Tobler et Lommatsch, Wiesbaden, Steiner, 1925 - ; le *Dictionnaire de l'ancienne langue française* de Godefroy, Paris, Vieweg, 1880, réimpression New York 1961 ; Greimas, *Dictionnaire de l'ancien français. Le Moyen Age*, Paris 1992, p. 219, traduit le mot par «gaieté», «ravissement», «plaisanterie». Voir aussi l'*incipit* du fabliau *De la pucele qui abevra le polain* : «Raconter vueil une aventure / Par joie et pr envoiseüre.

2 Olivier Linder, «Par soulas et par envoiseüre», in «*De Sens Rassis*». *Essays in Honor of Rupert T. Pickens*, éd. Keith Busby, Bernard Guidot, Logan Whalen, Amsterdam 2005, p. 375-389.

sur la fonction de «grant exemple» d'un texte écrit «par envoiseüre» est rendue explicite dans le prologue du troisième chapitre (210) du *De nugis* :

> « *Scribere iubes posteris exempla quibus vel iocunditas excitetur vel edificetur ethica. Licet inpossibile michi sit hoc mandatum quia* pauper pœta nescit antra Musarum *non difficile legere, vel scribere quod bonis sua faciat utile bonitas (cum omnia bonis cooperentur in bonum) nec terre bone mandare semina que proficiant. Sed quis animum nequam et discolum excolat, cum dicat scriptura* Acetum in nitro qui cantat carmina cordi pessimo ? ».

Lucilla Spetia, dans sa communication sur les échos des troubadours dans le prologue du poème[1], remarquait avec justesse que le roman est une œuvre ouverte : « *due elementi compositivi, l'idea espressa dall'autore di aggiungere un lungo seguito al proprio romanzo e soprattutto i suoi interventi nel testo per interrompere la narrazione con confidenze e riflessioni personali, utilizzati dagli epigoni, consentono di rilevare l'importanza del Partonopeus e le novità che esso introduce nella struttura del romanzo cortese*[2] ». Une des nouveauté de la composition introduite par l'auteur du poème est justement celle de la conception du texte comme œuvre *in fieri*, une œuvre qui se forme dans le temps, ce qui en autorise le réécriture et le remaniement et qui permet aussi de trouver la meilleure conclusion possible ; une œuvre bien loin de s'épuiser et de s'achever par la première rédaction et à laquelle l'auteur se réserve la possibilité de revenir (ce qui, évidemment, n'exclut pas les interventions de tiers).

Le même auteur s'empresse d'indiquer plusieurs fois (comme aux v. 5759-5762) les épisodes qu'il se promet de développer par la suite si tel est le désir de la dame :

«Tot ce dirai se cele vuet
10644 Por cui li cuers del piz me duet
Si non si plorrai mon dehait
Ne puis faire el si mal m'estait
Se me tenrai en sa merci

---

1 Spetia, «Echi trobadorici», op. cit., p. 385.

2 *Ibid.*.

Ne puis garir se n'est par li
De tot me fait entendre a soi
A Deu le commant et otroi
Et totes les dames de mont
Qui sunt o furent o seront
Qu'il lor doinst la grant joie estable
La planiere er la pardurable
Et il m'otroit qual derrain jor
Soit m'arme mise entre les lor.

Il est donc assez probable que le poème ait circulé dans une rédaction toute autre que définitive (surtout pour son auteur) bien avant d'être achevé ; ce fut dans une rédaction intermédiaire que Denis Pyramus devait le connaître et le citer autour de 1173. Si cela est vrai, on comprendrait encore mieux le témoignage du *colophon* du manuscrit L, où on lit : « Et s'uns autres vos dit avant / Ne l'en creez ne tant ne quant, / Qar Gauter Mape plus n'en dist », ce qui indiquerait que l'œuvre, dans la rédaction transmise par L (et donc remaniée) pourrait être considérée définitivement achevée par la volonté de son auteur.

## L'*Ipomedon* d'Hue de Rotelande et *Partonopeus*

Vu l'incontestable ancienneté du texte de A, on peut affirmer que c'est dans *Partonopeus* qu'apparaît pour la première fois dans la littérature d'oïl le motif du tournoi des trois jours auquel le protagoniste participe *incognito*.

Les critiques[1] (peut-être trop attentifs à analyser le motif dans *Cligès* et dans la *Charrette*) ont négligé de relever que *Partonopeus* et *Ipomedon* sont les seuls deux poèmes en ancien français où le tournoi des trois jours auquel le protagoniste participe *incognito* a pour but le mariage avec une jeune et belle héritière.

1 Particulièrement Jessie Laidlay Weston, *The Three Days' Tournament*, Londres, Nutt, 1902 ; Janine Delcourt-Angélique, « Le motif du tournoi de trois jours avec changement de couleur destiné à préserver l'incognito », in *An Arthurian Tapestry. Essays in memory of Lewis Thorpe*, éd. par K. varty, Glasgow, University of Glasgow, 1981, p. 160-186 ; Mary Arlene Santina, *The Tournament and Literature, Literary representations of the Medieval Tournament in old french works*, New York, Peter Lang, 1999.

Nous avons des informations assez détaillées sur l'auteur d'*Ipomedon*. Comme Gautier Map, qui avait déclaré « *marchio sum Walensibus*[1] », Hue de Rotelande (Ruthland) était originaire de l'Herefordshire, ce qui faisait de lui un gallois de la zone de frontière au service de Gilbert Fitzbaderon, quatrième seigneur de Monmouth. Les critiques s'accordent pour dater *Ipomedon* entre 1174 (année du siège de Rouen décrit aux v. 5531-5531 du poème) et 1190 (date de la mort du mécène d' Hue). Si l'on avance l'hypothèse que le siège de Rouen avait dû être encore présent dans l'esprit du lecteur pour que la référence soit comprise, on peut situer l'*Ipomedon* vers les années 1175-1176.

Il faut signaler qu'au moment de participer au tournoi, Ipomedon, tout comme Partonopeus, a déjà conquis le cœur de la dame, dans ce cas la princesse de Calabre surnommée La Fière, qui, cependant, ne veut pas s'avouer qu'elle brûle d'amour pour le couard qu'Ipomedon feint d'être. Comme Partonopeus, Ipomedon revêt une armure blanche pendant la première journée du tournoi (ce qui lui vaudra l'épithète de chevalier blanc, tout comme à Partonopeus) ; le deuxième et le troisième jour, Ipomedon revêt des armures de couleur différente, une de couleur vermeille et une de couleur noire. Vu la perte irréparable de quelques feuillets du manuscrit A du *Partonopeus*, nous ne savons pas si le même *escamotage* est déjà apparu dans ce poème, mais nous savons qu'à la fin de la description des trois jours du tournoi, Hue de Rotelande écrit :

« Ore entendez, seignurs, mut ben ;
Hue dit ke il ne ment de ren,
fors aukune feiz, neent mut,
nuls ne se pot garder par tut.
En mendre afere mut suvent
Un ben renable hom mesprent.
El mund n'en ad un sul si sage
Ki tuz jurs seit en un curage,
kar cist secles l'ad ore en sei.
Ne metez mie tut sur mei !

1 Cf. *De Nugis*, II, 20, 23.

Sul ne sei pas de mentir l'art,
Walter Map reset ben sa part.
Nepurquant, a la meie entente,
ne quit pas ke nul de vus mente.
Seignurs ke de rime entendez,
si jo mesprenc, ne me blamez,
a escïent pas nel ferai.
Al plus brefment que jo purrai
Vus irrai ultre od resun bele,
kar ren ne valt lunge favele.
Ne favele ne lung sermun,
Kar ki ist hors de sa resun,
jo'l sai mut ben, si savez vus,
le livre en est meins delitus.
Pur ço n'i voil cunter ne dire
Fors tut dreit avant la matire ;
Se vus vers mei ben escutez,
de plus sages en partirez.

La longue et ironique digression sur la véridicité des narrations insérée tout de suite après le récit du tournoi semble peu justifiée à l'intérieur du poème ; il est pourtant évident qu'il importe à Hue de lancer à Gautier Map, à cet endroit précis du texte, un blâme assez semblable à celui lancé par Denis à Marie et à l'auteur anonyme de *Partonopeus* (« *Kar iceo ne put unkes estre* ! ») : Gautier Map sait bien l'art de mentir ! Il ne me semble pas qu'il s'agisse ici d'un blâme général et que le nom de Gautier Map soit prononcé par hasard. L'allusion au fait que celui qui apprend la « *matire* » du poème sera plus sage à la fin du récit qu'il ne l'était avant de l'entendre semble reprendre justement la question soulevée tant par Map que par l'auteur anonyme de *Partonopeus* sur l'utilité des lectures « légères ». Howard Bloch l'avait déjà remarqué :

> « *Hue de Roteland's attack upon Walter Map resembles Denis Pyramus's attack upon Marie [...] What I am suggesting is not only that the dates of Hue de Rotelande's 'iterary activity (1174-1191), like those of John of Salisbury and Walter Map, coincide with those of Marie, but that the coincidence of interest in the question of envy sets a context for our unterstanding of Marie's yoking of the theme of envy*[1] ».

1 Howard Bloch, *The anonymous Marie de France*, Chicago 2003, p. 158.

Il me semble évident que nous sommes en présence d'auteurs qui s'adonnent entre eux à une « discussion poétique », de manière qu'au grief de Denis (un grief contre l'influence de la pensée chartraine sur la littérature de cour en langue vulgaire), Marie semble répondre (entre autres avec une reprise explicite de rimes et d'assonances, en particulier « lais » / « verais ») dans le prologue de *Guigemar* (v. 3-18). Il faut donc se demander quel sens il y aurait, pour un auteur de langue vulgaire comme Hue, de citer l'autorité de Map en tant que menteur habile (qui, comme Ipomedon, aux v. 5467-5470, sait bien interpréter sa partie), si Map n'avait pas écrit à son tour un texte en langue vulgaire ; un texte auquel Hue me semble implicitement faire allusion quand il écrit que « Walter Map reset ben sa part ». Car à un deuxième niveau d'interpretation, il me semble que l'on peut comprendre l'énoncé comme une sorte de remaniement du « *Reddite Cæsari quæ Cæsaris et Deo quæ Dei sunt* » de l'Evangile (*Mt* 22, 21). La « part » (comme portion du texte) à rendre à Map semble être celle relative au tournoi de trois jours auquel le protagoniste participe *incognito* et que Hue a exploité habilement dans son poème. Le renvoi à Gautier Map dans *Ipomedon* ne peut être compris pleinement, à notre avis, que si l'on admet que celui-ci n'est personne d'autre que « Cil ki Partonopé trova ».

S'il en était ainsi, certaines questions non encore résolues deviendraient peut-être plus claires. Admettons que parmi les différents auteurs cités jusqu'ici il existe, entre 1170 et 1176, une sorte de joute littéraire concernant la fonction ultime de la littérature courtoise en langue vulgaire, « Ne tut mençunge, ne tut veir / Ne tut folie, ne tut saveir », selon le schéma suivant :

| **APRÈS 1164** | **~ 1173** | **~ 1173** | **~ 1175-76** |
|---|---|---|---|
| *Partonopeus* | *Vie seint Edmund le rei* (v. 25-31) | *Guigemar* (v. 5-14) | *Ipomedon* (v. 7185-86) |
| (v. 77-79)<br>Cil clerc dient que n'est pas sens<br>Qu'eskrive estoire d'antif [t]ens<br>Quant jo nes escris en latin<br><br>v. 81<br>Cil le perdent qui ne font rien | Cil ki *Partonopé* trova<br>E ki les vers fist e rima,<br>Mult se pena de bien dire,<br>Si dist il bien de cele matire.<br>Cum de fable e de menceonge<br>La matire resemble sounge,<br>Kar iceo ne put unkes estre […] | Celui deivent la gent loër<br>ki en bien fait de sei parler.<br>Mas quant il ad en un païs<br>humme u femme de grant pris,<br>Cil ki de sun bien unt envie<br>sovent en dïent vileinie :<br>sun pris li volent abeisser,<br>pur ceo comencent le mestier<br>del malveis chien coart, felun,<br>ki mort la gent par traïsun. | Sul ne sai pas de mentir l'art,<br>Walter Map reset ben sa part ! |

Or il faut signaler l'usage insistant des pronoms démonstratifs par l'auteur de *Partonopeus*, par Denis Pyramus et surtout par Marie. Dans le premier cas, le pronom se réfère à une catégorie de personnes, les clercs fainéants qui perdent leur temps aux jeux d'échecs et de dames et qui ne savent que critiquer. Dans le deuxième cas, le clerc Denis, autrefois écrivain courtois, se sent appelé en cause et croit devoir répliquer que l'on peut tirer le « deduit » uniquement d'une lecture édifiante ; le pronom démonstratif du v. 25 de la *Vie seint Edmund* a presque la fonction d'un *senhal.* Dans le texte de Marie, l'usage allusif des pronoms semble se référer à différentes personnes : « celui » du v. 5 vaut tant pour l'homme que pour la femme de grand prestige qui font parler d'eux (la poétesse précise en outre que l'homme et la femme auxquels on fait allusion dans le *débat* se trouvent « en un païs », c'est-à-dire dans le même pays) tandis que « cil ki » (v. 9) ne vaut plus pour les auteurs mais, de nouveau, comme dans le cas de *Partonopeus*, pour leurs détracteurs. C'est finalement Hue de Rotelande qui s'engage dans la controverse et qui semble révéler le mystère autour de « cil ki Partonopé trova » : le plus habile des menteurs, qui feint même de ne pas connaître Virgile, *Brut* et les *romans d'antiquité* et prétend faire passer pour vrai le plus grand mensonge concernant Énée, n'est autre que Gautier Map.

## Passe-Rose, Melior, Alicia : Gautier Map et la cour de Thibaud V de Blois, dit le Bon

Laurence Harf-Lancner[1] a décelé dans un groupe de récits du *De nugis*, en grande partie déjà signalé par Le Goff, l'anticipation de la figure de Mélusine. L'articulation typologique du récit de Mélusine semble être déjà présente dans l'œuvre de Map où apparaissent les thèmes de l'épouse et du chevalier surnaturels chers surtout à la littérature anglo-normande. On ne peut donc éviter de remarquer que l'épouse surnaturelle, qui, au début, a tous les traits de la fée dans *Mélusine*, est l'un des motifs portants de *Partonopeus*. La critique a remarqué que dans le jeu de reflets continu, ironique et complexe à l'intérieur du roman, le protagoniste féminin reflète la personne dédicataire du poème, à savoir cette dame à laquelle l'auteur fait plusieurs fois allusion dans le texte, et pour l'amour de qui il écrit ; la dame, finalement, sera nommée, dans l'épilogue, avec un *senhal* : Passe Rose.

« Ele s'apele Passe Rose *145*$^{r}$ *b*
Icele ai je en mon cuer enclose
Et la bonte ne puis escrivre
Faire en porroie ·i· autre livre
Ele est de si grant bonte plaine
Que de tous biens est la fontaine
Si prions a dieu bonement
Celui qui ne faut ne ne ment
Que s'amour puissons deservir

1 Laurence Harf-Lancner, *Les fées au Moyen Age : Morgane et Mélusine, la naissance des fées*, Paris : Slatkine, 1984, p. 47-49. Cf. ègalement Claude Lecouteux, *Mélusine et le Chevalier au cygne*, Paris, Imago, 1997.

Quen sa gloire puissons venir
~AMEN~
Ci fenist li rommans de Partonopeu».

Il faut noter comment le poète insiste dans ces vers conclusifs sur la «grant bonté» de la dédicataire de l'œuvre (v. 14492, 14495, 14496, avec une reprise du concept de bonté au v. 14497. Cet élément semblerait imposer une interprétation mariale d'un texte en soi ambivalent. Je crois qu'il est possible d'enlever l'aspect ambigu du *senhal* si l'on tient compte des références théoriques de l'*interpretatio nominis* médiévale pour laquelle le *Liber interpretationis Hebraicorum nominum* de Jérôme et le *Liber etymologiarum* d'Isidore sont fondamentaux. La signification étymologique du nom de la dame est «(Celle qui) dépasse (la) rose», mais Passe-Rose est aussi le mot en langue vulgaire pour le bâton de saint Jacques qui dans les traités latins (je pense en particulier à la *Naturalis historia* de Pline) est appelée «alcea rosea», plante médicinale connue que l'on utilisait aussi pour la teinture.

Qui est la «Rose» que l'on dépasse ici en vertu? En l'absence d'une datation certaine des vers conclusifs de *Partonopeus*, nous devons nous contenter de la réponse selon laquelle la rose, dans l'iconographie médiévale, est surtout l'emblème de la pureté de Marie, le centre mystique du labyrinthe de Chartres. La Rose est Marie. La personne dédicataire de *Partonopeus*, dans la rédaction définitive du poème, fut donc, au dire de l'auteur, une dame qui dépassait même la Rose. Souvenons-nous d'autres vers dédicacés à une dame, qui portait le nom de la Vierge :

«Que ce est la dame qui passe
Totes celes qui sont vivanz,
Tant con les funs passe li vanz
Qui vant en mai ou en avril».
(Chrétien de Troyes, *incipit* de la *Charrette*)

Il me semble permis d'avancer l'hypothèse que l'auteur de la conclusion de *Partonopeus*, au moment où il fait allusion à «Passe Rose», à «celle qui dépasse même Marie», avait présent à l'esprit ces vers de la dédicace à Marie de Champagne, qui, au dire de Chrétien, dépassait en vertu toutes les dames de son époque. Or selon le principe de l'*adnominatio* en usage chez les auteurs de langue vulgaire, il me semble possible de rapprocher le nom latin de la passe-rose, « alcea », à celui de Alicia de France (1151-1195), comtesse de Blois, deuxième fille (la première-née étant Marie de Champagne) de Louis VII et d'Aliénor d'Aquitaine, et épouse, à partir de 1164, de Thibaud V de Blois, dit le Bon.

Fourrier avait avancé l'hypothèse que derrière le *senhal* floral se cache la première fille du comte Thibaud et d'Alice, Marguerite, troisième femme du trouvère Hugues d'Oisy (seigneur de Montmirail, ensuite comte de Bourgogne), auteur du *Tournoi des Dames* dans lequel Marguerite elle-même fait son apparition[1]. La marguerite n'a cependant rien de commun avec l'« alcea rose » ou la passe-rose. À mon sens l'insistance de l'auteur sur la bonté de la dame célébrée ici est à prendre – comme chez les provençaux – comme signe distinctif du concept androgyne de « midons » : entre le service amoureux et le service féodal, le poète rend hommage à Alice de France et à son mari Thibaud le Bon après avoir célébré l'origine troyenne de la maison de Blois. En outre, il ne faut pas oublier que l'épigraphe sur les sceaux des deux frères héritiers de la maison de Blois, Thibaud de Bon et Henri le Libéral, était « *Passe avant li melhior* ».[2] C'est ce qui justifie, peut-être, le choix des noms féminins les plus significatifs du roman.

> « *Questo poeta ha preferito tacere su di sé nel prologo, in un'epoca in cui gli scrittori [...] proprio nelle righe introduttive amavano citare il proprio nome e indicare le opere precedentemente composte. Non solo, ma l'autore del Partonopeus non ha fornito un titolo alla sua opera ed ha evitato accuratamente di menzionare il suo protettore, ricordato con l'appellativo generico di seignor* (v. 10 e 74)[3] ».

---

1 Cf. Fourrier, *Le courant*, cit., p. 439.

2 La devise dérive du cri de guerre des comtes de Blois. Pour l'histoire des sceaux et de la devise, cf. H. Ehret, « Passe avant le meilleur », *ou l'histoire de ces comtes qui ont fait la Champagne*, Troyes, La Renaissance, 1989.

3 Spetia, « Echi trobadorici », op. cit., p. 388. L'auteur de *Partonopeus* blâme le « grant marchié », c'est-à-dire l'excessive prodigalité de l'alouette quand elle chante l'amour (attitude qui semble le rapprocher de la position de Chrétien par rapport à la « carestia » même s'il ne partage pas son intransigeance). C'est pourquoi, selon Lucilla

J'ajouterais qu'un «seignor» dont la désignation générale rime dès le début avec «bon sejor» (v. 73) signifie que tout ce qui se rapporte à la dédicataire de l'œuvre du poète est imprégné de bonté.

Il faut remarquer, finalement, que le poème dans sa rédaction primitive transmise par le manuscrit A, s'achève par un triple mariage : ce ne sont pas seulement les deux amants Partonopeus et Mélior qui verront leurs amours couronnées par le mariage, mais aussi le roi de France, Lohier, cousin de Partonopeus, qui épousera Urraque, la sœur de Mélior, et Gaudin, compagnon d'armes du héros, qui conduira à l'autel la cousine de Mélior, Persewis. Du point de vue historique, on ne peut manquer de rappeler la célébration de trois mariages à travers lesquels fut scellée l'apothéose de la maison de Blois : celui de Louis VII avec Adélaïde de Blois (en 1160), sœur de Thibaud V le Bon et d'Henri le Libéral[1], et ceux de ces derniers qui en 1164 épousèrent les deux filles de Louis VII, Alice et Marie.

Si cette interprétation est exacte, il faudra non seulement noter que Map, en rapportant des épisodes vécus en personne auprès du comte autour de 1170, montre dans *De Nugis curialium* qu'il connaît personnellement le comte Thibaud V[2], mais il sera utile aussi de reprendre attentivement la proposition faite par Lucilla Spetia et de lire dans l'allusion aux trois oiseaux, dans le prologue du poème, une allusion à trois poètes, à la lumière de ce que Map écrit dans le prologue de la *Dissuasio Valerii* (avec la référence à Philomène et à d'autres volatiles). Ainsi pourrons-nous tenter de comprendre le poids à donner au témoignage du manuscrit L

Spetia, «l'allodola è stata utilizzata in modo topico per individuare un trovatore e al tempo stesso ad una polemica letteraria di cui quello è stato protagonista» et désapprouve le chant tourmenté du rossignol. Il semble que derrière cet oiseau se cache Gautier d'Arras, qui dédia à Thibaud le Bon et à sa belle-soeur, Marie de Champagne, *Eracle*, qui, dit en passant, débute avec la même rime du premier vers de *Partonopeus* (détail qui n'a pas été remarqué jusqu'ici, il nous semble).

1 En mars 1179, à l'occasion de son voyage vers Rome, où il devait participer au troisième concile du Latran (pendant lequel, entre autres, furent condamnés les tournois), Map décida de séjouner en Champagne, à la cour d'Henri le Libéral (*De Nugis*, dist. V, c. 5), qui ne le reçut certainement pas comme un inconnu.

2 Cf. *De Nugis*, V, 5, f. 65.

de *Partonopeus* et d'éclaircir les rapports éventuels, dans le temps, entre l'auteur de *Partonopeus* et Chrétien de Troyes.

Pour revenir à Denis Pyramus, il vaut la peine de signaler combien la référence particulière à la colère (v. 55), dans le prologue de la *Vie seint Edmund le rei*, peut être utile à la datation du texte. Il est évident, comme Henry Haxo l'avait déjà remarqué en 1915[1], que la cour à laquelle Denis se réfère est celle d'Henri II qui, en l'espace de quelques années, fut plusieurs fois en proie à une grande colère, d'abord contre l'archevêque de Cantorbéry (1165-1170), ensuite contre ses propres fils (1173) : « *sicut rugitus leonis, sic ira regis*[2] ». En tant qu'ancien écrivain de cour, Denis ne veut évidemment pas que la colère soit oubliée.

Dans le prologue de la *Vie*, il déclare que pendant sa jeunesse, à l'instigation du Malin (« Ceo me fit fere l'enemy », v. 13), il avait été poète d'amour et avait composé « *[...]*serventeis, / chanceunetes, rimes, saluz / Entre les drudes e les druz » (v. 6-8), mais que, puisque « mes jurs jolifs de la jœfnesce / s'en vunt ; si trey jeo a veilesce. / Si est bien dreit ke me repente : / En autre oure metterai m'entente » (v. 17-20).

Quels textes composés « kant courte hantey of les curteis » (v. 5) peut-on attribuer à Denis ? Nous ne le savons pas. Ce qui est certain, c'est que dans ces vers cités du prologue de la *Vie seint Edmund le rei*, on semble pouvoir lire un contre-chant du prologue de *Partonopeus*, où l'auteur anonyme (v. 65 *sq.*) écrivait : « Et je sui jovenes, / Sains et delivres et joios / Si me semont joie et jovens / Que je ne soie oiseus ne lens / Por ço vœl par envoiseure / En escrit metre une aventure / Et bone et bele et mervellouse. / Quanque ce soit chose grevouse, / Bel loisir ai et bon sejor, / La merci Deu et mon segnor. / Si je ne geu sains vilonie, / Nel m'atornes pas a folie ».

Arrêtons-nous brièvement au nom de Denis Pyramus. Comme on le sait, il existe un poème anonyme qui eut un grand succès

1 « Denis Piramus, *La vie seint Edmunt* », in *Modern Philology*, XII (1914-1915), p. 345-366 ; 559-583.

2 *MHTB* III, p.355, cap. 11.

à la cour Plantagenêt (dont la version la plus ancienne est transmise par le ms Hamilton 257, qui contient aussi *Narcisus et Dané*) semblable à celui des *Lais* de Marie et de *Partonopeu* : *Pyramus et Tisbé*, daté entre 1155 et 1170. Le nom avec lequel l'auteur de la *Vie seint Edmund* se présente au début du texte hagiographique (v. 16) semble être une sorte de *senhal*, dans lequel le nom du premier évêque de Paris (confondu avec Denis l'Aréopagite) est associé à celui de l'amant malheureux de Tisbé, de mémoire ovidienne, rappelée à la vie justement à travers *Pyramus et Tisbé* :

> «Ceo me fit fere l'enemy,
> Si me tync ore a mal baily.
> Jamés ne me burderay[1] plus
> Jeo ay noun Denis Piramus.

Le choix du nom de plume de *Denis Pyramus* semble dû à l'expérience courtoise de l'écrivain qui, tout comme l'amant ovidien, a *usé cum pechere / Ma vie en trop fole manere / E trop ay usé ma vie / En peché e en folie* (v. 1-4). Il est évident que la question de la datation du texte de Denis est d'une importance capitale pour pouvoir dater approximativement les deux œuvres qu'il mentionne : le *Partonopeu* et les *Lais*. Hilding Kjellman, éditeur de l'œuvre de Denis, écrit «tout bien considéré, il me semble donc vraisemblable que Denis Pyramus écrivait son poème aux environs de 1170[2]».

1 Le verbe «burder», réfl., signifie «plaisanter» : «De leur tormentz s'esbanoient / Et neis de la mort se bordoient» (Jean de Howden, *Le Rossignol*, Corpus Christi College, Cambridge, ms 471, v. 2030. Le vers peut être compris comme «jamais, je ne prendrai plus plaisir», mais que l'on note l'affinité de «burder» avec le verbe «bourder», «bohorder», «bohurder», «behorder» ; «buhurder» qui signifie «jouter» et «faire une joute de dits». Raimbaut d'Aurenga, *Ben s'eschai qu'en bona cort*, dit qu'au lendemain de la joute de jongleurs, ou «beort», ce sera lui qui aura la couronne du roi des ménestrels. En provençal, «beort» est proprement la noce (dans le sens de «Ritterspiel» ; cf. *FEW*, *bihurdan, frk. «einzäunen», «clôturer», «recingere», jouter dans un espace clos). En francien les *Trois bordeors ribaus* étaient des jongleurs. Le terme s'étend aussi à la joute poétique ou de jongleurs. Je n'exclurais pas que Denis Piramus veuille faire allusion ici au fait qu'il n'écrira plus de choses amusantes, comme le confirment les vers suivants.

2 *La Vie seint Edmund*, cit., p. CXXV-CXXIX.

Nous savons que Denis, pour la rédaction son texte, se servit de sources et anglaises et latines (v. 3265-68) :

> Traslaté l'ai desque a la fin,
> E del Engleis e del Latin,
> Que en Franceis le poent entendre
> E li grant [li meien] e li mendre.

Il s'agit donc d'un Anglo-Normand qui connaissait la langue anglo-saxonne. « Vu le caractère nettement anglo-normand de la langue de Denis, je crois plutôt qu'il faut voir en lui un Anglais, originaire de la partie de l'Angleterre où *u* a une tendance à évoluer vers *o*[1] ».

Admettons, donc, que *Denis* soit le nom de baptême de l'écrivain. Il sera intéressant de découvrir que dans la *Chronique du couvent de Bury St. Edmund's* Jocelyn de Brakeland enregistre la présence d'un *Magister Dionisius*. Les informations fournies sur ce personnage sont plutôt détaillées. Nous apprenons, ainsi, qu'en 1170, suite au meurtre de Becket, trois moines du couvent de St. Edmundsbury, à savoir Roger (Rogerus) de Hingham, son frère Hue (Hugo) et Denis (Dionisius), furent éloignés de la communauté et exilés à Castle Acre. De Roger et de Denis on sait qu'ils avaient étés élèves de Gilbert de Sempringham et n'est pas exclu qu'ils aient été éloignés comme partisans de Becket, tout comme le même Gilbert.

> « *Dionisius et Hugo et R. de Hingham de exilio nuper domum redierunt. Ego similiter incarceratus fui, et postea apud Acram missus, qui locuti sumus pro communi bono ecclesie nostre (). Hec est hora tenebrarum ; hec est hora qua adulatores dominantur et eis creditur : confortata est potentia eorum, nec possumus ad eam. Dissimulanda sunt ista pro tempore ; videat Dominus et iudicet* ».[2]

Les trois firent retour à Bury en 1173. En 1176 Dionisius, après avoir aidé le couvent à réduire les dettes contractées avec quelques juifs, fut fait *cellerarius*. Il est singulier qu'un moine (qui prononçait vœu de pauvreté) ait de l'argent : ceci laisse supposer que Denis

1 Kjellman, *La Vie*, cit., p. CXXIX.
2 Jocelin de Brakelond, *Chronicle*, cit., p. 4.

provenait d'une famille noble et confirme qu'il ait bien été l'auteur de la *Vie seint Edmund*, lequel déclare explicitement son passé à la cour. En 1182 Denis fut choisi comme porte-parole, en français (la langue du roi), à Waltham, en occasion de la nomination du nouvel abbé. Les informations sur Denis s'interrompent, dans la *Chronique*, autour de 1200. Comme le souligne Haxo : « *the dates offer non objection. Denis may have left the court and have entered St. Edmund's Abbey when Henry had troubles with the church and Becket, in or about 1170* ». Sur la base de ces donnés, Haxo propose une datation de la *Vie seint Edmund* vers 1175 : hypothèse sans doute intéressante, d'autant plus que le lien entre le *Magister Dionisius* de Bury St. Edmunds et Becket me semble être confirmé par la CTB et par un épisode marginal advenu à l'intérieur de la communauté gilbertine.

En 1164 quelques frères laïques et des *conversi* appartenant à l'ordre, parmi lesquels *frater Dionisius*, s'étaient rebellés contre le sévère régime de Gilbert et, avec l'aide de Becket (déjà en exil) qui avaient intercédé pour eux auprès du pape Alexandre III, ils avaient réussi à obtenir une réforme de l'ordre. Il n'est pas improbable donc, si l'hypothèse d'un lien entre Denis Pyramus et Becket est fondée, que l'écrivain, déjà *frater* gilbertin en 1164, soit ensuite (à cause de la dureté de l'ordre) entré à Bury St. Edmunds. Les historiens qui se sont occupés de l'épisode de la révolte des gilbertins se demandent en effet comment des simples *conversi* et des moines ignorants avaient pu entrer en contact avec l'archevêque en exil et pourquoi, en dépit de ses forts liens avec Gilbert de Sempringham, Becket avait pris la défense des rebelles : « *However, the most remarkable feature of the business is that two or three unlettered and immoral conversi should have been able so completely to gain the ear of a very able pope, assisted by the archbishop of Canterbury, who was a personal friend of Gilbert*[1] ».

La réponse pourrait venir d'une lettre de l'évêque de Norwich au pape Alexandre III, dans lequelle on trouve une référence à un certain Denis, qui ne semble pas être un simple *conversus*

1 Norman Sykes, *The revolt of the lay brothers of Sempringham*, in *English Historical Review* 1935 p. 465-487.

ou un *illiteratus* (ainsi que sont définis quelques autres rebelles de Sempringham), mais plutôt un moine qui veut se transférer (*migrare*) auprès d'un autre ordre religieux :

> « *Preterea magister Gillebertus, commonitus a nobis ut fratrem Oggerum et alios in domibus suis secundum formam mandati vestri reciperet, benigne concessit, quod omnes qui cum debita humilitate vellent redire paterna susciperet affectione et caritas communionem quam ratio ordinis exigit, salua ordinis professione eorum, eis exhiberet, tametsi plerique eorum impetratis litteris dimissoriis et absolutoriis exierant, de quibus frater W. et frater Dionisius coram nobis palam protestabantur se nulla ratione velle reverti, sed ad alium ordinem migrare*[1] ».

Il est vrai que dans la *Chronique* de Bury *Magister Dionisius/Denis* celui-ci n'est jamais appelé d'un deuxième nom, mais il vaut la peine de signaler que dans la même *Chronique*, *Magister Dionisus* est caractérisé, sans raison apparente, par l'épithète *éacide*. Dans la chronique d'un couvent on attendrait des termes de comparaison tirés de la Bible plutôt que des romans d'antiquité qui relatent de la guerre de Troie. Pourquoi définir *Magister Dionisius* un *magnanimus Eacides* ? Question complexe ; il suffit de souligner ici que Jocelin de Brakeland emploie exactement la même épithète, adoptée par Stace dans le premier vers de son *Achilleidos Liber* pour désigner le héros grec Achille : « *Magnanimum Aeaciden formidatamque Tonnants/progeniem et patrio uetitam se passer caelo/diua, refer [...]* ».

## LE *COURONNEMENT DE RENARD* ET L'*ÉVANGILE AUX FEMMES*

Les deux autres allusions à notre poétesse se trouvent dans des œuvres tardives. La première est contenue dans le *Couronnement de Renard* (v. 3358-3361) : « E pour çou dou comte Guillaume / Qui ceste honor eust encharchie, / Pris mon prologue com Marie / Qui pour lui traita Izopet ».

1 Bodleian ms. Digby 36, fol. 97 v a.

L'auteur anonyme, s'adressant à Guy, marquis de Namur, se réfère à la mort du comte Guillaume de Dampierre (frère aîné du marquis) au cours d'un tournoi, à Trazegnies, en 1232, dans des circonstances suspectes (que l'auteur impute à la « renardie » de certaines personnes). Il précise que Marie a écrit pour ce « doux comte Guillaume » son *Isopet*, c'est-à-dire les *Fables*. Quel crédit donner à ce témoignage ? Il faut souligner que l'œuvre se situe dans un contexte historique particulier, celui de la guerre fratricide entre les Dampierre et les Avesnes pour le contrôle des comtés de Flandres et de Hainaut.

Un seul codex, conservé à Paris à la Bibliothèque Nationale, le ms. fr. 1446, a transmis le poème. Il s'agit d'un manuscrit particulier, exécuté vraisemblablement pour Guy de Dampierre ; le *Couronnement* précède les *Fables* de Marie qui portent la rubrique *Les Provierbes Yzopet*. Le copiste, ou celui qui coordonna la composition du manuscrit, joignit au feuillet 88[r] trois vers qui marquent le passage du *Couronnement* aux *Fables* :

> « Et pour çou veil ici en droit
> Raconter pour coi m'entrement
> Des bon proverbes d'Ysopet ».

Il est improbable qu'un auteur déjà célèbre en 1175, selon le témoignage digne de foi de Denis Pyramus, puisse avoir dédié une œuvre à un comte de Flandres qui a vécu environ soixante ans plus tard. Cette citation témoigne uniquement du grand succès dont jouissaient encore les *Fables* de Marie à presque un siècle de leur composition (succès confirmé par la datation de la plus grande partie des manuscrits encore existants). Ludwig August Rothe, éditeur en 1845 des *Romans du Renard*[1], avait déjà affronté la question de l'attribution du poème à Marie de France et interprétait les vers contenant la dédicace au comte Guillaume comme suit : « Le *pour lui* s'explique en lui donnant le sens de un *personnage tel que lui*, ou bien en supposant vraisemblable et

1 Ludvig August Rothe, *Les Romans du Renard examinés, analysés et comparés*, Paris, Techner, 1845.

nullement étonnant pour le XIIIe siècle, que l'auteur, par défaut de renseignements littéraires et historiques exacts, ait pu confondre le comte Guillaume auquel Marie de France a dédié ses fables, avec son propre comte de Flandre dont il a parlé dans son prologue. Par le *com Marie*, il faut entendre que de même que Marie a voulu enseigner au moyen de ses fables et fictions à elle, de même l'auteur du *Couronnement de Renard* prétend instruire par les siens[1] ».

Quant à nous, nous inclinons à croire que l'auteur du *Couronnement* ou plutôt le responsable de la compilation du manuscrit BN fr. 1446 était plus averti que ne le pensait Rothe et que derrière cette manière de remaniement il y avait un dessein « politique » précis en faveur des Dampierre.

Il ne faut pas sous-estimer l'hypothèse d'un lien entre le comte dédicataire des *Fables* et les Flandres : s'il résulte de l'examen de la tradition manuscrite des fables de Marie que les fragments les plus anciens, qui remontent au début du XIIIe siècle, sont tous conservés en Angleterre, il est cependant vrai que la quasi totalité des manuscrits qui ont transmis des recueils plus ou moins complets des fables (manuscrits aujourd'hui conservés à la Bibliothèque Nationale de Paris) furent exécutés dans les Flandres.

Enfin, la dernière allusion à Marie est cryptique. Elle se trouve dans une des plus anciennes versions de l'*Evangile aux femmes*, petit poème satirique de la deuxième moitié du XIIIe siècle composé en quatrains monorimes dans lesquels les premiers trois vers exaltent les qualités féminines et le dernier vers nie ce qui a été dit dans les trois premiers.

Le mérite revient à Constans d'avoir, en 1876, attiré l'attention des philologues sur ce texte, bref mais complexe, qui subit au cours du temps divers remaniements. Le savant français crut (erronément) pouvoir en attribuer la version primitive à la plume de Marie. Constans le publia sur la base de quatre manuscrits alors

1 *Ibid.*, p. 348.

connus[1] (dont trois se trouvent à la Bibliothèque Nationale de Paris : A = fonds fr. 1553, B = fonds fr. 873, C = fonds fr. 1593 ; et le dernier à Dijon : D = ms. 289) ayant choisi comme manuscrit de base C (qui a transmis aussi une version des fables de Marie) où figurent ces vers : I. « L'euvangille des femmes vous weil cy recorder. / Moult grand prouffit y a qui le veult escouter. / Cent jours de hors pardon s'y porroit conquester ; / Marie de Compiegne le conquist outre mer ». II. « L'euvangille des femmes si est e bonne et digne. / Femme ne pense mal, ne nonne, ne beguine : / Ne que fait le renard qui happe la geline. / Si com le recont Marie de Compiegne ». On parle dans le texte d'une certaine Marie de Compiegne qui n'est pas seulement l'auteur d'un récit sur le renard et la poule (dont, pour la précision, on ne trouve pas trace dans les *Fables*) mais qui a aussi fait le pèlerinage « outre mer » où elle aurait acquis cent jours de « hors pardon ». En 1581 déjà, Claude Fauchet[2] identifiait cette Marie, entourée d'une certaine *auctoritas* littéraire, à Marie de France. Après la publication du texte par Constans, les spécialistes de philologie romane prirent part pendant quelques années à la discussion de cette identification :

> « *At first the point under discussion was whether Marie de Compiègne was identifical with Marie de France, the celebrated Anglo-Norman poetess. When this had been decided in the negative, the question of interpolations came into prominence*[3] ».

Mall[4] ne manque pas de mettre en évidence que la version donnée par les manuscrit D, en ce qui concerne les vers de Marie de Compiègne, est la meilleure : « La maniere des femes si est mult sainte et digne / Selonc ce que raconte Marie de Compiegne. / Feme ne pense mal, ne nonnain, ne beguine / Ne que fait le

1 Depuis l'année de sa publication (1876), on découvrit trois autres manuscrits, tous appartenant à des familles différentes.

2 Cf. *Recueil*, cit., réimpression Paris 1938, p. 155.

3 George Keidel, « The *Evangile aux femmes* », in *Modern language notes* VIII, n. 1, january 1893, p. 18-19.

4 Eduard Mall, « Noch einmal : Marie de Compiègne », in *Zeitschrift für romanische Philologie*, 1877, p. 337-356, spécialement p. 341.

renard, quand hape la geline», tandis que au lieu de cent jours de «hors (<horridus) pardon», cette Marie aurait conquis outre mer[1] le «vray pardon».

On exclut l'éventualité que l'auteur de cet *Evangile* piquant, ait pu, en citant Marie de Compiègne, faire une allusion à une «nonnain» locale. L'unique abbaye de Compiègne, très ancienne et vénérable, était celle de Saint-Corneille, monastère où Thomas Becket passa une brève période de son exil français.

Il n'est pas exclu, par contre, que l'auteur ou mieux le remanieur de l'*Evangile aux femmes* qui écrivit un siècle au moins après Marie de France fût originaire de Compiègne et qu'il eût interprété la déclaration d'appartenance à la France du poète avec un certain esprit de clocher : aucune des Maries proposées jusqu'à ce jour par la critique n'est en effet née dans cette petite ville de l'Oise qui se trouvait sous le contrôle direct du roi de France, et de plus la langue des œuvres attribuées à Marie exclut qu'elle ait pu être originaire de l'Ile-de-France.

Deux manuscrits conservés en France ont transmis les *Fables* de Marie et l'*Evangile* (Paris, BNF fr. 1593 et fr. 25545). Je n'exclus donc pas que dans le remaniement du l'*incipit* de l'*Evangile* – comme cela s'est passé pour le *Couronnement de Renard* – le copiste ou le chef de l'atelier où fut exécuté le manuscrit ait voulu établir une *liaison* entre les deux textes[2].

Il convient de revenir brièvement sur les motifs des réserves exprimées par Baum quant à l'existence même de Marie. Concluant son étude, le philologue allemand écrivait : «Les lais sont généralement datés du troisième quart du XIIe siècle ; les derniers éditeurs pensent qu'il s'agit de la première œuvre de Marie de France. Le purgatoire, assez généralement considéré comme la dernière de ses œuvres, serait postérieur à 1189. Or, selon toute vraisemblance, le Tractatus dont s'inspire la traduction française est une œuvre du XIIIe siècle ; elle aurait été composée aux envi-

1 Constans interprétait cet «outre mer» non comme la Terre Sainte, mais comme Outre-Manche, donc comme l'Angleterre.

2 De semblables interventions de la part des copistes ne sont pas rares ; cf. spécialement Gabriella Parussa, «Les livres de fables», in *Reinardus* 13 (2000), p. 158-167.

rons de 1210. En attribuant cette traduction à Marie de France, il faudrait admettre que l'activité de cet auteur s'étend sur une période particulièrement longue[1] ».

Il faut prendre en compte le fait que Baum, en émettant cette remarque sur le *Tractatus de Purgatorio* se fondait encore, en 1968, sur les recherches complètement fourvoyantes, on l'a dit, de F. W. Locke[2]. Toute l'étude de Baum est malheureusement construite sur des fondements extrêmement instables. Surtout, parmi les éléments qui, selon le savant, mineraient l'idée même de l'existence de Marie, il y a une attribution erronée des *Fables*, proposée par La Serna Santander, à l'auteur du *Traité des monstres*, texte inspiré du *Liber de natura rerum* de Thomas de Cantimpré et composé entre 1228 et 1244. Il faudrait admettre alors que l'activité littéraire de notre auteur ait dépassé les limites d'une existence humaine.

1 Baum, *Recherches*, cit., p. 217.
2 Locke, *A new date for the composition of the Tractatus*, cit.

# LA *VIE SEINTE AUDREE* : UNE NOUVELLE PIÈCE DU PUZZLE POUR RECONSTRUIRE L'IDENTITÉ DE « MARIE DE FRANCE » ?

La *Vie seinte Audree* s'insère bien dans le programme d'instruction du laïcat ou de laïcisation de la culture ecclésiastique. L'*audience* à laquelle l'œuvre est destinée est surtout celle des dames artistocratiques, veuves, auxquelles on suggère de manière à peine voilée qu'il vaut mieux choisir « l'espous ky ne puest morir » (v. 1166) plutôt que de contracter de nouveaux mariages non désirés. Ce qui sort de la plume de Marie n'est pas un traité sur la virginité, comme celui composé par Aldelm. Aethelthryd est une véritable protagoniste féminine plutôt qu'un prototype de sainte vierge : elle n'est pas persécutée par des empereurs romains païens qui veulent lui faire subir le martyre, mais elle l'est par son propre mari qui veut à tout prix consommer le mariage.

Grâce à l'étude linguistique et stylistique de l'œuvre effectué par June Hall McCash et à sa proposition d'en attribuer la rédaction à Marie de France, nous possédons peut-être une nouvelle pierre, utile à notre tentative de reconstruire l'identité historique de la poétesse. Le texte a plutôt été examiné jusqu'à ce jour pour son intérêt socio-culturel, comme en témoignent les études de Virginia Blanton-Whetsell[1] et de Rupert Pickens[2].

Le poème (mutilé des vers finaux) s'achève par l'*autonominatio* de la poétesse : « Ici escris mon non Marie, / Pur ce ke soie remembree »

---

1 Cf. Virginia Blanton-Whetsell, *A Widow's Chaste Vow : Mapping the Influence of Marie's La Vie seinte Audrée on Isabella, Countess of Suffolk* et *Virginal Desire in « La Vie Seinte Audree »*, décembre 2001, congrès de la Modern Language Association.

2 Rupert Pickens, « Translation and Translatio in the 'Vie seinte Audree' », présentée à l'occasion du 40ème International Congress on Medieval Studies, The Medieval Institute, Western Michigan University, vol. XV, n° 1, 2005.

(v. 4619-4620). L'attribution à Marie de France proposée par McCash confirmerait d'abord la présence physique de la femme écrivain en Angleterre au moment de la rédaction du petit poème. Bien que la poétesse nomme à plusieurs reprises Bède le Vénérable[1] qui écrit, lui aussi, sur saint Aethelthryd, la source à laquelle Marie puise est, selon ses propres dires, la *Vita Sanctæ Ethelredæ*[2]. Ce texte latin nous est parvenu à travers le manuscrit de Dublin, Trinity College 172 (B.2.7)[3] qu'on peut dater de la moitié du XIIIe siècle, manuscrit composite qui s'ouvre sur la *Vita sancti Thomæ Cantuarensis* de Jean de Salisbury et qui contient, entre autres, aux ff. 289-398, quelques textes de Pierre de Blois. Comme le notait déjà Dominica Legge, « Marie's language is remarkably free from provincialism and her versification comparatively correct by continental standards. The form employed is the octosyllabic couplet, as so often in Norman and Anglo-Norman texts, the same rhyme is sometimes repeated. Feminine rhymes are not rare[4] ».

La poétesse montre sa maîtrise de la langue latine et son aptitute à donner du brillant à une narration qui, dans sa source latine, est souvent plate et ennuyeuse. L'*incipit* du poème rappelle d'autres débuts d'œuvres de Marie de France :

*Vie seinte Audree*

En[5] bon hovre e en bon porpens
Deveroit chascun user son tens.
Pur sage deveroit hon tenir
Celui ke porroit sovenir
Dont il est fait e qui le cria
Et quel part il revertira.

---

1 44, 588, 701 : « Si come saint Bede est disanz » ; 181-182 : « [...] si com nos dit / Saint Bedes ki le levere fist » ; « Issy ay ceo livere finé / En romanz dit et translaté / De la vie seinte Audree / Si com en latin l'ay trovee / Et les miracles ay oy / Ne voil nul mettre en obli ».

2 Texte rédigé autour de 1174 par Thomas d'Ely, moine du monastère dont la première abbesse fut justement la sainte saxonne.

3 Cf. Thomas Kingsmill Abbott, *Catalogue of the manuscripts in the library of Trinity College Dublin*, Dublin & Londres 1900, n° 72.

4 Dominica Legge, *Anglo-Norman Literature and its background*, Oxford 1963, p. 265.

5 Ms. « An », simple variante de graphie de « en ».

Cil qui bien font sunt honuré
E de Dieu e del siecle amé.

*Fables*

Cil ki seivent de lettr(e)ure
Devreient bien mettre lur kure
Es bons livres e (es) escriz

*Lais*

Ki Deus ad duné escïence
E de parler bon eloquence
Ne s'en deit taisir ne celer,
Ainz se deit voluntiers muster.

Comme l'a souligné l'éditeur de la *Vie seinte Audree*, Östen Södergård, « on remarque une grande différence de style entre le texte latin d'un côté et le poème anglo-normand de l'autre. *[...]* Thomas d'Ely écrivait une langue lourde, diffuse et prolixe. Marie, par contre, utilisa le texte latin avec une grande liberté et en retint les éléments qui étaient concrets, narratifs et parfois dramatiques[1] ».

La poétesse de la *Vie* anglo-normande n'est pas une traductrice servile mais elle se révèle, surtout dans la dernière partie de cette œuvre, comme un écrivain original accomplissant une opération qui ne ne manque pas de rappeler celle que Marie de France a mise en scène dans les *Lais* (v. 36-40). Dans la *Vie*, la poétesse semble se préoccuper de conserver la mémoire de certains événements : « Pur mestre la Vie en memoire » (*Vie*, v. 400) ; « En kel livre mis en memoire » (*Vie*, v. 658) ; « En l'onor Deu par remebrance » (*Vie*, v. 1103). Elle montre aussi un intérêt pour les noms originaux des lieux et des choses semblable à celui de l'auteur des *Lais*[2] : « Elge si fu primes nomez, / Et ores est Ely apellez » (*Vie*, v. 1617-1618), vers qui rappellent de près « Elidus fu primes nomez, / Mes ore est li nuns remuez » (*Eliduc*, v. 23-24) ; et encore : « En engleis est cist mont nomé / Godelborch et

1 *La Vie seinte Audree*, cit., p. 36.

2 Que l'on pense aux fameux vers 115-116 du *Lai du chèvrefeuille* : « Gotelef l'apelent en engleis, / Chevrefoil le nument Franceis ».

apellé / Et en latin ravons oy / C'om l'apelle Goldeburch cy» (*Vie*, v. 1331-1334). Il faut dire que déjà Richard Baum, en 1968, avait proposé, en partie de façon provocatrice, d'examiner l'hypothèse d'une attribution de la *Vie seinte Audree* à Marie de France : «il existe d'ailleurs une œuvre dont on devrait tenir compte[1] », et Emanuel Mickel, en 1974, avait considéré le texte hagiographique sur la vie de la sainte saxonne «*as one that perhaps has much right to be placed among Marie's works as any of the other three*[2] ». Plus récemment, Michael J. Curley, dans l'introduction de son édition anglaise de l'*Espurgatoire*, a attiré l'attention sur quelques vers de l'épilogue de la *Vie* et a noté que :

> «*both the sentiments and the language expressed here closely parallel passages in Marie's* Fables *and* Espurgatoire, *which raises the possibility that Marie de France was the author of four works rather than three*[3] ».

Certes, la discussion à propos de la nouveauté de l'attribution est moins intéressante que celle qui concerne sa crédibilité : bien que la proposition de McCash n'ait pas valeur de démonstration, elle est pourtant plus qu'une simple présomption. Pour citer June Hall McCash :

> «*This exploration of some of the linguistic and stylistique similarities between the works attributed to Marie de France and the Vie seinte Audree brings us back to the essential questions : Who was the Marie who composed the vernacular life of St. Audrey ? What else can we know about her ? [...] Was she, as Legge and Wogan-Browne have ventured, a nun of Chatteris [...] Was she a nun of Barking, as others have suggested ?*[4] ».

Faute d'un examen linguistique et stylistique de l'œuvre, Dominica Legge formulait dans les années cinquante une hypothèse très fragile concernant la poétesse de *la Vie seinte Audree :* «there is the possibility that she too came from Barking[5] ». McCash

1 Baum, *Recherches*, cit., p. 196.

2 Mickel, *Marie de France*, cit., p. 144, n. 5.

3 Michael Curley, «Saint Patrick's Purgatory : a poem by Marie de France», in *Medieval and Renaissance Texts and Studies* 94 (1993), p. 7.

4 McCash, *La vie seinte Audree*, cit., p. 772.

5 Dominica Legge, *Anglo-Norman in the Cloisters*, Edinburgh University Press 1950, p. 54.

a rappelé que l'on pourrait avancer l'hypothèse que la poétesse de la *Vie seinte Audree* ait été une moniale cultivée, liée de quelque manière au monastère des religieuses de Chatteris (monastère mentionné deux fois dans le texte, aux v. 317 et 3168). S'il en était ainsi, je dirais qu'il s'agissait d'une moniale cultivée qui imita délibérément certaines habitudes stylistiques de Marie de France. On a publié récemment le cartulaire du monastère de Chatteris[1] qui mentionne une seule moniale du nom Marie, au XIII^e^ siècle, une certaine « Maria de Sancto Claro » (ou Marie de St. Clair), abbesse à partir de 1265[2], qui appartenait à une famille de la noblesse anglo-normande établie en Écosse. C'est l'hypothèse avancée par D. Legge qui me semble la plus intéressante par les conséquences qu'elle implique : si le texte de la *Vie* anglo-normande était vraiment, comme il semble, de peu postérieur à la rédaction de la *Vita sanctæ Etheldredæ* de Thomas d'Ely (1174), il n'est pas improbable que la poétesse ait été liée au monastère de Barking. Osbert de Clare déjà, dans une lettre adressée è Adelidis, abbesse du monastère, dédiait quelques pages à l'exemple de sainte Aethelthryd parlant de

> « *incorruptæ virginitatis gloria per beatam Etheldredam sacris virginibus exemplificata* » et rappelant comment la sainte « *primo enim desponsata viro innuba permansit virgo [...] intactam et immaculatam dereliquit quam sibi castus amor Christi impolluto matrimonio copulavit. Regi deinde præpotenti sacramento coniungitur, sed nuptiarum usus carnaliter non expletur. Per annos duodecim ei ministravit, sed virginitatis fructum non perdidit*[3] ».

Thème repris par la suite dans la *Recordatio beneficiorum sanctæ virginis Etheldredæ et quod ad regem profectuus Henricum debebat transfretare*[4].

Virginia Blanton-Whetsell notait à propos d'un lien possible entre la poétesse de la *Vie seinte Audree* et Barking : « there is a strong possibility that Barking is the home of the mysterious

1 *The Cartulary of Chatteris Abbey*, éd. Claire Breay, Woodbridge 1999.
2 *Ibid.*, p. 394.
3 Cf. *Epistolæ Osberti de Clara*, éd. par Eduard W. Williamson, Londres 1926, p. 156.
4 *Ibid.*, p. 157.

Marie, or that the text was copied there[1] », tandis que Brigitte Cazelles désigne la poétesse de la *Vie* anglo-normande simplement comme « Mary of Barking » sans fournir d'explications particulières concernant l'identification[2].

## LES VERS MANQUANTS DANS LE MANUSCRIT DE CAMPSEY

Contrairement à ce que l'on a cru jusqu'à ce jour, l'histoire de l'unique manuscrit qui ait transmis la *Vie seinte Audree*, l'Additional 70513, peut aider à reconstruire la provenance du texte original rédigé par Marie. Le manuscrit connu aussi sous le nom de *Campsey Collection*, actuellement conservé à Londres à la British Library, « à l'origine à la Welbeck Abbey, fut déposé au Musée Britannique entre 1947 et 1967 par sa Grâce, le septième duc de Portland, avec la désignation de *prêt Portland*[3] ».

L'additional 70513 est un manuscrit en parchemin du XIII^e^ siècle que l'on peut dater, en ce qui concerne certains cahiers, *post* juin 1276. Le manuscrit contient en tout treize textes hagiographiques (cfr. Table 1). La British Library conserve d'autres manuscrits ayant appartenu autrefois au même prieuré dont l'Additional 40675 (qui, au f. 34^r^ contient la note : « Cest liure est a couent de Campisse »), qui est le résultat d'un assemblage tardif de deux manuscrits du XII^e^ siècle dont le premier, qui contient la prière « Suscipere dignare domine », fut exécuté sans doute pour une dame (car la prière est modifiée là où l'on récite « Suscipere dignare domine deus omnipotens istos psalmos consecratos quos ego indignus decanta(re) cupio in honore nominis tui domine et beate Marie

1 Cf. *St. Aethelthryth's Cult : Literary, Historical, and Pictorial Constructions of Gendered Sanctity*, Diss. State Univ. Of New York at Binghamton, 1998, p. 312, n. 16.

2 Cf. *The Lady as Saint : A Collection of French Hagiographic Romances of the Thirteenth Century*, Philadelphie 1991, p. 5.

3 *Catalogue of Additions*, British Library, on-line catalogue : « Originally housed at Welbeck Abbey and deposited in the British Museum between 1947 and 1967 by His Grace, the seventh Duke of Portland as 'The Portland Loan' (Loan 29) ».

virginis» en «ego indigna et peccatrix decantare desidero», etc...)[1]. Il faut noter que les notes de propriété dans les manuscrits ayant appartenu à des communautés de religieuses sur le sol anglais sont plutôt rares, comme le révèle une étude intéressante de Mary C. Erler, *Women, reading and Piety in Late Medieval England*[2].

Table 1 : Les textes contenus dans le ms. BL Additional 70513, «Campsey Collection»

| SAINT | AUTEUR | DATE | PARTICULARITÉS | AUTRES COPIES CONNUES |
|---|---|---|---|---|
| 1. Élisabeth de Hongrie (1207 1231) *La Vie de seynte Elizabeth* | Nicolas Bozon | Début du XIV^e^ siècle | | 1 |
| 2. Paphnuce (mort en 350) *La Vie de seynt Panuce* | Nicolas Bozon | Début du XIV^e^ siècle | | aucune |
| 3. Paul l'Ermite (mort en 345) *La Vie de seint Paule le heremite* | Nicolas Bozon | Début du XIV^e^ siècle | | aucune |
| 4. Thomas Becket (1118 1170) *La Vie seint Thomas le martir* | Guernes de Pont-Sainte-Maxence | 1172-1175 | Manque remerciement à l'abbesse de Barking et à Odon de Cantorbéry | 5 + 2 fragments |
| 5. Marie Madeleine (I^er^ siècle) *Le Romanz de seinte Marie Magdalene* | Guillaume le Clerc | Après 1210? | | 1 |

1 Ce manuscrit a servi très probablement de modèle au manuscrit HM 1344 de la Huntington Library, où le texte apparaît également modifié, et au ms. 68 (St. Bertin-Wherwell) du St.John's College de Cambridge. Ce dernier manuscrit est lié historiquement à l'abbaye de Saint-Bertin (Saint-Omer), où il fut confectionné, et à la famille de Walliers et par conséquent au monastère des religieuses de Wherwell, dans le Hampshire, Marguerite de Walliers, en effet, l'offrit à sa fille Euphémie, abbesse de Wherwell en 1226.

2 Cambridge University Press 2002.

| | | | | |
|---|---|---|---|---|
| 6. Édouard le Confesseur (1033-1066)<br>*Le Romanz de saint Edward rei* | Moniale anonyme de Barking | 1170-1175 | Manquent les vers contenant la déclaration d'appartenance à Barking | 2 + 1 fragment |
| 7. Archevêque Edmond (1175-1240)<br>*La Vie seint Eadmund arceves-que de Canterbire* | Matthieu Paris | 1255 env. | | aucune |
| 8. Aethelthryth (morte en 679)<br>*La Vie seinte Audree noneyne de Ely* | Marie | 1173-1175 | Manque le vers final | aucune |
| 9. Ositha d'Essex (morte aux env. de 700)<br>*La Vie seinte Osith, virge e martire* | Anonyme | 1190 ? | | aucune |
| 10. Foi (IIIe siècle)<br>*La Vie sainte Fey, virgine e martire* | Simon de Walsingham | 1216 env. | | 1 |
| 11. Modwenne (VIIe siècle)<br>*Le romanz de la Vie seinte Modwenne noneyne* | Anonyme | 1230 env. | | aucune |
| 12. Richard de Chichester (1197-1253)<br>*La Vie seint Richard evesque de Cycestre* | Pierre d'Abernon | 1276-1277 | | aucune |
| 13. Catherine d'Alexandrie (IVe siècle)<br>*Vie de sainte Catherine* | Clémence de Barking | 1173-1180 | Manquent les vers avec l'*autonominatio* de l'auteur et la déclaration d'appartenance à Barking | 2 |

Quatre des textes les plus anciens de la *Campsey Collection* proviennent matériellement et historiquement de l'abbaye de Barking, dans l'Essex ; sept des treize poèmes présents dans le volume sont connus uniquement grâce à ce codex.

Comme nous l'avons déjà dit, au f. 1r du manuscrit se trouve un *ex libris* en anglo-normand du Campsey Ash Priory (Campseyash), dans le Suffolk, une communauté de religieuses augustines fondée en 1195 par Thibaud de Valoines pour y accueillir ses sœurs Jeanne et Agnès[1]. À la fin du manuscrit, au f. 265v, on trouve une note particulière qui a posé problème à plus d'un philologue : « ce liuere, deviseie a la priorie de Kanpseie, de lire a mengier ». Le verbe « deviser » pourrait indiquer que le livre ou a été composé à Campsey ou a été laissé en héritage à ce prieuré. Paul Meyer, en 1911, fut le premier à tenter d'en expliquer le sens : « Une note écrite à la fin nous apprend que le manuscrit a été présenté (*devisé*) au prieuré de Campsey (Suffolk), et peut-être a-t-il été écrit dans cet établissement[2] ». Comme Delbert Russell a tenté de le démontrer, le manuscrit est à mettre en relation avec la comtesse Isabelle d'Arundel de Warenne dont l'intérêt pour l'hagiographie est connu[3] (grâce aussi à une note manuscrite attribuée à Matthieu Paris, qui ne manque pas d'insérer un éloge de la comtesse dans son poème sur saint Edmond, archevêque de Cantorbéry, pour lequel la comtesse avait une dévotion particulière).

> « *The countesse Isabel, as a supporter of Edmund, no doubt shared his veneration for St. Thomas, but she herself had very strong family connections with Becket through both her paternal and maternal grandfathers, Hamelin de Warenne and William Marshal*[4] ».

Isabelle (1226-1282)[5] était la fille de Maud Marshal (fille de Guillaume Marshal) et de Guillaume de Warenne de Surrey. Elle

1 Cf. « Houses of Austin nuns : Priory of Campsey », in *A History of the County of Suffolk*, volume II (1975), p. 112-115.

2 Cf. Paul Meyer, « Notice du ms. Egerton 745 », in *Romania* 40 (1911), p. 43.

3 Russell, *The Campsey Collection*, cit., p. 64.

4 *Ibid.*, p. 66.

5 Cf. *Peerage*, vol. I, p. 238-239.

épousa en 1234 Hugues d'Albini, comte d'Arundel, dont elle resta veuve en 1242. M. T. Clanchy, dans *From Memory to Written Record*[1], rappelle le rôle de la comtesse de Warenne dans le rassemblement des textes relatifs à Thomas Becket qui servira ensuite à la rédaction par Matthieu Paris de la *Vie* du saint de Cantorbéry. Il est donc assez probable qu'une partie au moins du manuscrit de la *Collection de Campsey* soit arrivée au prieuré par un legs de la comtesse. D'ailleurs, l'*AND* donne pour le verbe « deviser » la signification de « attribuer par testament » et cite *The register of Henry Chichele, Archbishop of Canterbury*[2] : « je devise a dame A. C. une mantelle de perce ». Russell n'a pas manqué de souligner[3] que du point de vue codicologique, la main qui a transcrit la *Vie de sainte Catherine* de Clémence de Barking « resembles that used for item 8, *Seinte Audree*, and 9, *Seinte Osith*, in the use of colour and scalopped lines rather than circles within the outline of the letter ». En outre, le scribe a volontairement omis les vers conclusifs d'au moins quatre poèmes. Il ne s'agit pas d'un détail de peu d'importance. Pour étrange que cela puisse paraître de prime abord, ce sont en effet ces omissions qui nous donnent certaines indications importantes.

Dans la *Vie de sainte Catherine* sont omis les vers où la poétesse donne son propre nom et déclare être moniale du monastère de Barking, vers qui se trouvent par contre dans le manuscrit conservé aujourd'hui à Paris, le BNF fr. 4503 (« Jo, ki sa vie ai translatee / Par nun sui Clemence numee, / De Berkinge sui nunain / Pur s'amur prist cest œvre en mein »). Dans le texte de Guernes de Pont-Sainte-Maxence, la *Vie de Saint Thomas le Martyr*, sont omis les vers conclusifs où l'auteur remercie ses mécènes, c'est-à-dire la sœur de Thomas Becket, abbesse de Barking au moment de la rédaction du poème, pour les informations fournies sur le saint martyr, pour l'hospitalité et pour ses riches dons, et Odon de Cantorbéry pour le soutien prêté au cours des deux années que Guernes a passées dans son monastère.

1 Oxford, 1993, p. 189.
2 Éd. par Ernest F. Jacob, Canterbury & York Soc., 4 vol, Londres 1917-1947, cit., ii 8.
3 Russell, *The Campsey Collection*, cit., p. 58.

Le poème relatif à la vie de saint Édouard le Confesseur, rédigé par une moniale anonyme de Barking, finit, lui aussi, brusquement au v. 4240, sans épilogue et sans l'habituel « amen ». Grâce à un autre témoin du poème, conservé à la Bibliothèque Vaticane (le Reg. 489), nous savons que le copiste de la *Campsey Collection* a omis la partie où la poétesse déclare être moniale du monastère de Barking ainsi que toute la section relative aux miracles du saint dans laquelle se trouve une autre allusion au monastère de Barking (« Cest merveille ad puis oïe / Une dame en nostre abeïe, / Ki Berkinges est apelee, / Ilœc esteit nunein velee / E unkore est tresqu'a cest jur / En sancté e en grant valur, / Certes, e de li oï ai / Cest miracle que vus dirai, / E nepurquant anceis l'escrist / Cil ki la vie en latin fist », v. 6442-6451). De la même façon, la *Vie seinte Audree* (transmise malheureusement par ce seul témoin) est privée de son dernier vers. Le poème termine *ex abrupto* : « Mut par est fol ki se oblie. / Ici escris mon nom Marie / Pur ce ke soie remembree » (v. 4618-4620). Il est évident qu'il manque une rime (« remembree » reste comme suspendue et ne rime avec rien) et le traditionnel « amen ».

À quoi sont dues ces omissions volontaires ? Faut-il penser à une sorte de censure délibérée à l'encontre du monastère de Barking ? Ou, plus vraisemblablement, les références au fameux monastère de l'Essex, au moment de la transcription des textes mentionnés ici dans le manuscrit de Campsey, n'avaient-elles aucune valeur, pour de simples raisons chronologiques ? On peut avancer l'hypothèse que les textes hagiographiques provenant de Barking soient arrivés à Campsey à travers des liens familiaux entre les branches féminines des Valoines (à travers les contacts entre Christine de Valoines, abbesse de Barking morte en 1213, et Jeanne et surtout Agnès, abbesse de Campsey, à laquelle nous avons fait allusion précédemment). Ou bien dans une époque tardive, à travers les abbesses de Felton : Sybille, abbesse de Barking, et Marie, abbesse de Campsey, les deux filles du chevalier Thomas de Felton, toutes les deux s'étant faites religieuses après être devenues veuves[1]. Dans les deux cas, les raisons des omissions seraient dues simplement à des motifs matériels.

## L'ABBAYE DE BARKING

L'abbaye bénédictine de Barking, dans l'Essex, jouissait, dès l'époque du roi Étienne, des faveurs royales. Les dames de la haute aristocratie, reines, veuves de barons, comtesses, filles de rois s'y faisaient moniales.

> « *The leading position held by Barking among English nunneries, especially in literacy [...] has been remarked more than once*[2] ».

De nombreux manuscrits provenant de la bibliothèque du monastère de Barking sont conservés aujourd'hui ou à la British Library ou au Trinity College de Cambridge. Ils contiennent des textes de dévotion en latin et en français[3]. Emily Mitchell écrit : « *Barking Abbey was an impressively literate community of women, and at the end of the twelfth century two well-known anglo-norman hagiographies were written there*[4] ».

---

1 Sybille (abbesse de 1394 à 1419) avait épousé sir Thomas de Morley, et sa soeur Marie sir Edmond de Hemgrave. L'intérêt de Sybille pour les manuscrits est connu : par exemple, dans le manuscrit parisien B.N. fr. 1038, f. 3r, on lit « achata Sibilla de Felton » ; il s'agit d'une version française de la *Vita Patrum* (*Vie des Pères*). Cf. en outre *Le roman de Barlaam et Josaphat*, 3 vol., Namur, Paris 1949-1952, vol. 1, p. 143 ; C. M. Meale, *Women and Literature in Britain, 1150-1500*, cit., p. 108 ; *The Heads of Religious Houses : England and Wales, 1216-1377*, cit., p. 549 pour Marie, abbesse de Campsey à partir de 1365.

2 A. I. Doyle, « Books connected with the Vere family and Barking Abbey », in *Transactions of the Essex Archaeological Society*, Essex Archaeological Society (Colchester, England : Published by the Society at the Museum in the Castle, 1852-1971) 25 (1958), p. 239.

3 *Ibid.*, p. 243. Il faut mentionner particulièrement le ms 0.2.29 du Trinity College et le ms. Lansdowne 381(2) de la British Library (ff. 63v-67v).

4 « Patrons and politics at twelfth-century Barking Abbey », in *Revue Bénédictine* 113 (2003), p. 356.

Issues de l'aristocratie, les moniales de Barking étaient instruites, accoutumées à la vie de la cour angevine et puissantes aussi : qu'il suffise de rappeler que seule l'abbesse de Barking jouissait dans tout le royaume des mêmes droits qu'un baron et qu'elle contrôlait de vastes terrains dans l'Essex[1].

Les abbesses de cette abbaye furent dédicataires de plusieurs œuvres littéraires et théologiques : le plus important des poètes saxons, Aldelm (env. 639-709), abbé de Malmesbury et évêque de Sherborne, inaugura cette tradition avec son *De virginitate*[2] ; son exemple fut suivi par Goscelin de Cantorbéry (mort en 1099) avec la *Vita sanctæ Wulfhildæ*[3], par Osbert de Clare qui, après 1156, dédia à Adelidis (peut-être ironiquement, vu la conduite scandaleuse de l'abbesse[4]) son *De armatura castitatis*[5], et par Adgar[6] qui dédia a « Dame Mahaut » (abbesse de Barking, fille illégitime

1 C'est-à-dire de Barnstable e de Becontree.

2 Dans *Aldhelmi opera*, éd. par Rudolfus Ehwald, *MGH Auctores antiquissimi*, XV, Berlin 1919.

3 Mario Esposito, « La Vie de sainte Vulfhilde par Goscelin de Cantorbéry », in *Analecta Bollandiana* 32 (1913), p. 10-26. Nous savons que Goscelin de Cantorbéry fut aussi l'auteur d'une *Vita sanctae Etheldredae* composée à Ely en 1088 dont il ne nous est parvenu aucun témoin.

4 Adelidis, nommée abbesse par le roi Étienne, fut la maîtresse d'Hugues de Barking, l'un des administrateur du monastère. L'archevêque de Cantorbéry, Thibaud, lui adressa une lettre dans laquelle il lui reprochait durement sa conduite scandaleuse ; voir à ce propos W. J. Millor, H. E. Butler, *The Letters of John of Salisbury*, vol. 1, Londres 1955, p. 69 : « Te quidem saepe monuimus ut a famosa familiaritate et cohabitatione Hugonis officialis tui, qui toti religioni est in offensionem et scandalum ».

5 *The Letters of Osbert de Clare*, éd. par E. W. Williamson, Oxford 1929, p. 153 *sq.*

6 Nous ne savons rien de la vie de ce clerc, nommé aussi Williame. On a avancé l'hypothèse qu'il s'agirait du vicaire de Sainte-Marie-Madeleine de Bread à Londres de 1162 à 1200. Au cours de mes recherches dans les archives publiques et privées anglaises, j'ai trouvé un intéressant document inédit qui pourrait se référer à cet auteur. Les archives du Surrey Family History Centre conservent une collection de documents, enregistrés sous le nom générique de *Bray Family of Shere [Manorial and Estate Records and Family Papers, including of William Bray (1736-1832) ; Records of the Godschall family of Albury, Surrey, and Papers of the Nicholas familiy of West Horsley, Surrey* : référence du catalogue G85, *'Horton and other land in Shere and Ockley']* : « Feoffment (later copy) ; William Croos (sic) of Horton to Alwin son of Adgar 'Clerkes' of Horton ; Tenement called Harmes Hatche in Horton and various scattered parcels of ground in Horton, Shere, (boundaries given) ; Consideration : 20s to William Croos and 10s to Albina his wife, and 4s pa. Also in consideration :

peut-être d'Henri II, ou peut-être de Jean Sans Terre) son *Gracial*[1]. Nous l'avons déjà dit, c'est dans cette abbaye que furent composés à la même époque, c'est-à-dire vers la fin du XIIe siècle, deux textes hagiographiques : la *Vie de sainte Catherine*, signée par une moniale du nom de Clémence, et l'anonyme *Vie Saint Eduard le Confesseur*[2] (quoiqu'il s'agisse, selon William McBain, d'œuvres de la même poétesse[3]). Il est probable, en outre, que la *Vie seinte Audree* ait été rédigée par une moniale du monastère de Barking nommée Marie, que plus d'un philologue a proposée d'identifier avec l'auteur des *Lais*, des *Fables* et de l'*Espurgatoire*. La présence de la poétesse dans cette abbaye de grande renommée pourrait définitivement éclairer la raison pour laquelle deux textes hagiographiques anglo-normands proviennent précisément de Barking.

---

six rods of hedge to be cut annually on 'le done contra manerium meum de Gumshulve' if demanded – ref. G85/13/15 – date : no date [ ? 13th cent] ».

1 Deux manuscrits de la British Library de Londres, l'Add. 38664 et l'Add. 40142, les deux provenant de la collection Edwardes et exécutés sans doute à l'abbaye de Peterborough, contiennent ce texte d'Adgar. Le ms Add. 40142 contenait à l'origine aussi une version française de 869 vers de la *Vie de sainte Catherine*, aujourd'hui Add. 40143.

2 Il s'agit d'un poème de 7000 vers en anglo-normand, inférieur du point de vue stylistique au texte de Clémence.

3 Malgré l'évidente différence stylistique et le contraste de qualité entre les deux textes, l'éditeur de la *princeps* du poème de Clémence, Urban Jarnik croit que les deux œuvres sont à attribuer à la même poétesse puisque, selon lui, il est impensable que dans le même monastère et à la même époque, il y ait eu deux moniales capables d'écrire des textes hagiographiques en vers. La *Vie Saint Eduard le Confesseur* serait une œuvre de jeunesse dans laquelle Clémence montrerait de ne pas maîtriser pleinement l'octosyllabe tandis que la *Sainte Catherine* serait nettement postérieure. Avis partagé par le deuxième éditeur du poème de Clémence, William McBain (cf. « The Literary Apprenticeship of Clémence of Barking », in *Journal of the Australian Universities Language and Literature Association*, t. 9, p. 3-22). Bien qu'incomplètement convaincue des raisons de McBain, Dominica Legge (*Anglo-Norman Literature and its Background*, Oxford 1963, p. 63-72) croit que l'attribution à Clémence est possible. Le *terminus post quem* pour la *Vie Saint Eduard* est sans doute 1163, date de la rédaction de la *Vita Edwardi* d'Aelred de Rievaulx qui, avec la *Genealogia regum Anglorum* du même auteur, sont les textes de base utilisés par la moniale de Barking.

## LES MONIALES DE BARKING, AUTEURS D'ŒUVRES HAGIOGRAPHIQUES ANGLO-NORMANDES

### « Par nun sui Clemence numee » : Clémence de Barking

Comme pour la majorité des auteurs médiévaux, on ne sait rien de la vie de Clémence, auteur de l'une des neuf versions rimées en ancien français de la vie de sainte Catherine et moniale de l'abbaye de Barking. Jusqu'à la fin du XIXe siècle on ignorait même son nom et son origine. Arthur Dinaux, dans son volume intitulé *Les trouvères brabançons, hainuyers, liégeois et namurois*[1] parlait d'elle comme « Suer Dimence nonain de Berchinge[2] », la croyant flamande et exerçant son activité littéraire au XIVe siècle : « c'est probablement à nos provinces du Nord ou de la Belgique que cette femme inspirée appartenait[3] ». Dinaux avait été trompé par l'indication de la localité de Berchinge, qu'il croyait pouvoir identifier avec Berghem ou Berchem dans les Flandres, même s'il ne trouvait en ces lieux aucune trace d'un monastère de religieuses : « mais qui nous dit que le temps n'a pu changer et détruire une maison religieuse de peu d'importance dans nos contrées qui en furent si surchargées à certaines époques ?[4] ».

Par un pur hasard, Gaston Paris, ayant pu consulter pendant l'été 1883 le ms 112 du fonds de Lord Ashburnham - codex alors temporairement prêté au Musée Britannique[5] (et jusqu'à cette année-là inconnu de la critique), datable des premières années du XIIe siècle, qui contient aussi un fragment de *Saint Alexis* -, remarqua qu'il contenait un témoin anglo-normand de la *Vie de sainte Catherine* où le nom de la poétesse était Clémence et non

1 Paris 1863 ; réimpression Genève 1969, t. XXVIII, p. 253-261.
2 Nom qui apparaît dans le témoin picard de la *Vie*, le BN fr. 23112, de la deuxième moitié du XIIIe siècle.
3 Voir n. 1, p. 253.
4 *Ibid.*, p. 260.
5 Aujourd'hui à Paris, B.N. nfr. 4503.

Dimence, « et ce nom me paraît le meilleur. L'original portait sans doute Climence, qui est la forme plus usitée au Moyen Âge, et on sait combien il est fréquent que *cl* ait été lu *d*[1] ».

Après une brève analyse linguistique, Paris soutint alors qu'il était plus raisonnable de dater le poème de la fin du XII^e^ siècle ou du début du siècle suivant, et il ajouta : « J'ai remis à M. U. Jarnik, professeur à l'Université tchèque de Prague, l'excellente copie du manuscrit *[...]* et il prépare de la *Vie de sainte Catherine* de sœur Clémence de Barking une édition critique que ce poème mérite à tous égards[2] ». Ce fut ainsi que dix ans plus tard le professeur Jarnik publia la *princeps* de l'œuvre de Clémence[3], édition malheureusement peu utile à qui n'est pas familier de la langue tchèque. De plus, le texte était établi, selon l'habitude de beaucoup de philologues du XIX^e^ siècle, d'après une copie diplomatique qui contenait de nombreuses erreurs de transcription, copie exécutée sur l'original par un collaborateur de Jarnik et non pas par l'éditeur en personne[4]. C'est seulement en 1964 que l'édition souhaitée par Paris vit le jour grâce au travail de William McBain sur la base des trois témoins connus du poème de Clémence. Même si la mention de l'auteur n'est pas une pratique courante au Moyen Âge, Clémence tient à signer son œuvre :

> « Jo, ki sa vie ai translatee
> Par nun sui Clemence numee,
> De Berkinge sui nunain »
> (*Vie de sainte Catherine*, v. 2677-2679).

Clémence écrit un anglo-normand élégant et montre sa connaissance de la littérature et de la terminologie courtoises de son temps[5].

1 Gaston Paris, « La Vie de sainte Catherine de soeur Clémence de Barking », in *Romania* (1884), p. 401.

2 *Ibid.*, p. 403.

3 Urban Jarnik, *Dve verse starofrancouzké legendy o Sv. Katerine Alexandinské*, Prague 1894.

4 On ne sait pas avec certitude si la copie en question était celle fournie à Jarnik par Gaston Paris.

5 Une analyse du rapport entre Clémence et la cour anglaise a été réalisée par D. Peters Auslander, *Clemence and the Angevins : The Political Contract of Clemence of Barking's Vie de sainte Catherine*, Kalamazoo 2003.

Les vers qui décrivent la cité céleste semblent dériver de l'épilogue de *Tristan* de Thomas :

> «Cuntre dulur i ad cunfort
> Encuntre enui joius deport»
> (*Vie de sainte Catherine*, v. 1720-1721)

tandis que le dialogue entre l'empereur et son épouse parait reprendre les fameux vers 77-78 de *Chèvrefeuille* de Marie de France, «Bele amie, si est de nus : / Ne vus sanz mei, ne jeo sanz vus» :

> «Laissier ne puis que ne t'ochie,
> Asses m'iert puis por mort ma vie.
> Comment morroies tu sans moi?
> Ne jou puis vivre sans toi»
> (*Vie de sainte Catherine*, v. 2163-2166).

> «En tristur demenrai ma vie
> Quant jo vus perdrai, bele amie»
> (*Vie de sainte Catherine*, v. 2175-2176).

L'identification d'une simple «nunain» (comme Clémence se définit elle-même) serait certes impossible si la poétesse de la *Vie de sainte Catherine* était entrée en religion très jeune et si par conséquent son nom ne figurait ni, par exemple, dans un acte notarié de mariage ni dans un *maritagium*, ni dans un testament, ni dans un acte notarié concernant la cession de terres.

Bien qu'il n'y ait pas de documents de première main relatifs à l'éducation littéraire des moniales de Barking, nous pouvons quand même faire quelques considérations sur la base de données objectives. Une de ces données, confirmée par des documents encore existants, en particulier par le ms. 169 de l'University College d'Oxford, est que dans le monastère, les novices étaient instruites par une *magistra scholarium* (f. 212$^{v}$) : «the mention of magistra scolarium in this connection proves that the scholars of whom she had charge were novices, not merely school girls[1] ».

---

1 Cf. John Basil Lowder Tolhurst, *The Ordinale and Costumary of the Benedictine nuns of Barking Abbey*, 2 vol., Londres 1927, p. 15.

Aussi les moniales étaient-elles pratiquement obligées à lire au moins un livre par an : « the books were evidently given for a whole year *[…]*. At Barking the distribution was made after Terce and the procedure is described in detail[1] ».

La datation du texte de Clémence proposée par l'éditeur de la *princeps* de la *Vie de sainte Catherine*, Vydal Jan Urban Jarnik, et ensuite reprise par William MacBain[2] est de 1153-1180, en raison du fait que le manuscrit le plus ancien contenant le poème et actuellement conservé à Paris, à la Bibliothèque Nationale remonte aux toutes premières années du XIII^e^ siècle.

Pour dater le poème il est important aussi de prendre en considération ce que sainte Catherine d'Alexandrie a pu représenter comme symbole et comme modèle – entre culte et mythe – pour le public de Clémence. La confrontation avec l'héritage intellectuel masculin est sous-jacente dans l'œuvre de Clémence, qui ne peut faire rien d'autre qu'établir l'*auctoritas* féminine à travers la réécriture de la tradition. L'histoire de sainte Catherine (tout comme celle de sainte Aethelthryd) se prête bien à cette réécriture parce que le protagoniste est déjà, selon la tradition, une figure féminine très forte, maîtresse de sa vie, responsable de ses choix religieux, sexuels et intellectuels. Clémence, de son côté, actualise l'histoire et joint aux qualités de Catherine celle de la parfaite courtoisie ; sa Catherine affranchit d'un préjugé millénaire les femmes, considérées incapables de travail intellectuel, de culture, voire moins douées des qualités de l'esprit que les hommes. Courageuse et intrépide, capable de s'opposer à la violence avec la détermination de sa foi et de son savoir, Catherine offre le modèle de la femme autonome qui dispose de sa vie et emploie ses qualités à la recherche de la vérité, de Dieu, de la

1 *Ibid.*, p. 373. En outre, « after terce on the first Monday in Lent the librarian shall spread a carpet in the middle of the chapter house […]. When anyone shall hear her name called out she shall rise at once and bring her book to the carpet […]. Those who have not read through their book shall prostrate themselves before the abbesse and ask her perdon » (*Ibid.*, p. 100).

2 William MacBain, *The life of St. Catherine, by Clémence of Barking*, Oxford 1964 (Anglo-Norman Texts, 18).

liberté et du salut des autres. Si l'on y ajoute la beauté et la force de volonté, on a l'image de l'héroïne de la légende.

Ainsi la sainte née de la plume de Clémence pourrait représenter le *pendant* édifiant – dans la littérature hagiographique de l'époque – des héroïnes de la littérature courtoise.

C'est pourquoi un personnage comme sainte Catherine de Clémence, dont l'histoire est toute « antiphallocratique » et presqu'à contre-courant dans un christianisme férocement misogyne, serait impensable à une époque où, du point de vue littéraire, des modèles féminins forts ne se sont pas encore affirmés. Jocelyn Wogan-Browne, dans *Clerc u lai, muone u dame : Woman and Anglo-Norman Hagiography in the Twelfth and Thirteenth Centuries*[1], exalte le grand intérêt que les abbayes de moniales, et spécialement celles des dames de la haute aristocratie, manifestent pour l'écriture, et note que non seulement « *was the medieval noble household itself a kind of religious community, maintaining its own chapels and chaplains, festivals and commemorations*[2] », mais que « *even the greatest nunneries fulfilled the function of upper-class gynecea, providing places for widows and other women unaccommodated within their parental or marital households' dynastic arrangements*[3] ».

En examinant les trois uniques œuvres écrites derrière les murs d'un monastère de religieuses qui nous sont aujourd'hui connues (et provenant probablement – nous y reviendrons – d'un seul monastère, celui de Barking), c'est-à-dire la *Vie seinte Audree* attribuée à Marie de France, la *Vie de sainte Catherine* de Clémence et la *Vie d'Édouard le Confesseur* d'une moniale anonyme, Wogan-Browne remarque que les trois femmes auteurs ne se limitent pas à un simple travail de traduction, mais mettent en œuvre un véritable remaniement et une véritable adaptation des textes latins apte à satisfaire le goût du public féminin anglo-normand de l'époque. Selon Wogan-Browne, l'œuvre de Clémence serait à voir « alongside such contemporary and comparable works as

1 In *Woman and Literature in Britain, 1150-1500*, éd. par Carol M. Meale, Cambridge 1993, p. 61-85.
2 *Ibid.*, p. 62.
3 *Ibid.*, p. 63.

the *Lais* de Marie de France, because of its courtly and doctrinal sophistication[1] ».

Dans l'*incipit* du poème hagiographique, la religieuse tient à préciser :

«Ele fud jadis translaté
Sulunc le tens bien ordené;
Mais ne furent dunc si veisdus
Les humes, ne si envius
Cum il sunt al tens ki est ore
E aprés nus serrunt uncore.
Pur ço que li tens est mué
E des humes la qualité
Est la rime vil tenue
Car ele est asquans corrumpue.
Pur ço si l'estuet amender
E le tens selunc la gent user.
Ne l'aiment pas pur mun orgoil,
Kar preisie estre n'en voil;
Il sul en deit lœnge aveir
De qui sai mun povre saveir».

Clémence adresse à ses contemporains des reproches semblables à ceux de Marie et de Jean de Salisbury. Dans le monde, la poétesse devait être une dame aristocratique ou appartenir à une famille influente de la cour Plantagenêt, sans quoi l'accès au monastère de Barking lui eût été impossible. On déduit de son style et de sa langue qu'elle a reçu une bonne instruction car, mis à part l'usage de formules typiques de la littérature courtoise, elle montre une excellente maîtrise du latin et une familiarité particulière avec la métrique (ce qui est indiscutablement insolite pour une simple «nunain»).

> «St. Catherine *is an adaptation of an earlier French translation of standard Latin Life. The additions, far from being pious, are courtly and suggest that this modernized version was written after* Piramus *and Thomas's Tristan. Nowhere else save in this text do such courtly passages occur in a saint's Life [...]. Unfortunately, neither Piramus nor Tristan can be dated with certainty*», ainsi Dominica Legge[2].

---

1 Wogan-Browne, «Clerc u lai», cit., p. 68.
2 Legge, *Anglo-Norman Literature*, cit., p. 67.

Si l'on pouvait indubitablement attribuer *Piramus*, comme je le crois personnellement, à l'homonyme auteur de la *Vie de saint Edmund*, le poème devrait avoir été composé avant l'entrée au monastère de Denis, donc autour de 1160.

Enfin – le détail n'est pas sans importance – le nom de baptême de Clémence est plutôt rare chez les familles aristocratiques anglo-normandes. Une seule dame de haut rang du nom de Clémence est connue avant 1200 : il s'agit de Clémence de Fougères, fille d'Henri Filgeriis[1] et d'Olivia de Bretagne[2]. Épouse de Robert de Montfort et nièce, par sa mère, de Richard d'Orbec, Clémence[3], en 1173, au moment où son mari perdit toutes ses possessions en Angleterre et en France, fut contrainte à entrer au monastère avec sa fille Adeline[4]. Même s'il réussit, en 1153, à récupérer le fief de Montfort, qui lui appartenait par droit héréditaire et à emprisonner dans la forteresse d'Orbec son rival et oncle maternel Waleran IV de Meulan[5], qui lui avait soustrait le fief, Robert de Montfort[6] se rangea ouvertement aux côtés d'Henri le Jeune pendant la révolte contre Henri II. Il perdit en peu de temps tous ses avoirs et mourut dans la pauvreté, en 1178[7].

---

1 Celui-ci fut parmi les seigneurs bretons qui aidèrent Geoffroi Plantagenêt dans la conquête de la Bretagne contre Conan IV (cf. N. Vincent, « Twyford under the Bretons 1066-1250 », in *Nottingham Medieval Studies* 41 (1997), p. 80-99. Pour Raoul de Fougères, premier-né d'Henri et d'Olivia, sénéchal de Bretagne, ennemi d'Henri II pendant la révolte des barons bretons de 1167 à 1173, voir p. 80-83).

2 « Olivia, amita Conani Comitis Richemond », cf. *Domesday Descendants*, II, K.S.B. Keats-Rohan, New York 2002, p. 244. Olivia, veuve d'Henri en 1154, contracta un nouveau mariage avec Willelm de Sancto Johanne (*Domesday Desc.*, p. 691), qui mourut avant 1196 et qui fut l'un des tuteurs d'Henri de Jeune après la mort de Becket. Le même *Domesday Desc.* signale que Clémence et Robert eurent cinq fils (Hugues, Robert, Raoul, Guillaume et Henri) et une fille, Adeline, par la suite moniale.

3 Née en 1134, sœur de Ralph, premier-né, à qui revenait les possessions paternels par droit héréditaire et sénéchal de Bretagne ; d'Adelaïde, née en 1137 ; de Raoul ; d'Anne (épouse d'Olivier I^er^ de Montfort) et de Guillaume, né autour de 1140. Cette Clémence ne doit pas être confondue avec sa nièce, fille homonyme de Guillaume de Fougères et d'Agathe de Hommet, née en 1170 et épouse de Randolphe de Blundeville.

4 En ce qui concerne Adeline, Keats-Rohan signale qu'elle entra à l'Abbaye Blanche à Mortain, *cf.* K.S.B. Keats-Rohan, *Doomsday Descendants : A Prosopography of Persons Occurring in English Documents 1066-1166*, p. 597.

5 Dont nous avons amplement traité dans le premier chapitre de ce travail.

6 Fils d'Hugues de Monfort et d'Adeline de Meulan.

7 Cf. Louis de Rioult de Neuville, « Les Barons d'Orbec », in *Mémoires de la Société*

En l'absence de renseignements sur le monastère où Clémence fut obligée de prendre le voile, nous pouvons légitimement supposer que ce monastère, en raison du rang de la dame, fût celui de Barking. Clémence était parente, de par son père, de l'évêque de Rennes Étienne de Fougères[1], aumônier d'Henri II et auteur de plusieurs œuvres latines dont la *Vita Vitalis*[2], mais surtout d'un poème en langue romane, le *Livre des manières*[3] (env. 1170) en quatrains d'octosyllabes monorimes, œuvre dédiée à la comtesse d'Hereford, Cécile Fitzjohn, fille de Payn Fitzjohn et nièce de l'abbesse de Barking, Adelize, morte en 1166.

### Le *Romanz de saint Edward rei* de la moniale anonyme de Barking

«Se nul de vus est desiranz,
Ki avez oï cest rumanz,
De saveir en quel liu fust fait
E ki de latin l'ait estrait,
En Berkinges en l'abeïe
Fu translatee cest vie,
Pur amur Saint Edward la fist
Une ancele al duz Jhesu Crist.
Mais sun num n'i vult dire a ore,
Kar bien set n'est pas digne unkore
Qu'en livre seit oï ne lit
U si tres saint num ad escrit».

---

*des Antiquaires de Normandie* XXX Caen 1880, p. 712-769.

1 Qui, dans les chartes qui les concernent, apparaît comme «episcopus Redonensis et capellanus regis Anglie»; cf. *Bishop and Chapter in Twelfth-Century England : A Study of the 'Mensa Episcopalis'*, éd. par Everett Crosby, Cambridge 1994, p. 187; T. A. M. Bishop, «A Chancery Scribe : Stephen of Fougères», in *Cambridge Historical Journal* 10 (1950/52), p. 106-107.

2 *Vita beati Vitalis primi abbatis Saviniacensis*. Robert de Torigni, abbé du Mont-Saint-Michel de 1154 à 1186, raconte dans sa chronique comment Étienne eut une vision et fut exhorté à ne plus écrire de vers profanes et à s'engager dans des œuvres édifiantes. Ce fut ainsi qu'il composa en latin des textes hagiographiques sur Firmat et Vital et un poème sur la vieillesse (cf. *Chronique*, II, éd. par L. Delisle, Rouen 1872-1873, p. 73-74).

3 Dont il existe une édition italienne; cf. Étienne de Fougères, *Il libro degli stati del mondo (I modi di essere dei tipi sociali)*, éd. par G. C. Belletti, Milan, Trente 1998, et compte-rendu de M. C. Battelli dans *Critica del Testo* II/3 (1999), p. 1156-1157.

Le *terminus a quo* de l'œuvre de la moniale anonyme de Barking est 1163[1], date de la composition du texte latin traduit par elle. Aelred de Hexham (1110-1169), abbé du monastère cistercien de Rievaulx, l'avait rédigé pour commémorer le transfert des reliques de saint Édouard à l'abbaye de Westminster. Le texte d'Aelred est à son tour une sorte de réécriture de la vie du saint, sortie de la plume d'Osbert de Clare en 1138. Dans les deux textes la chasteté du mariage d'Édouard et d'Édith est mise en relief. Le *terminus ad quem* est donné par la mort d'Henri II, en 1189, le roi étant encore en vie au moment de la composition du poème.

Vu la présence de deux interpolations par rapport au texte latin que l'on peut attribuer à l'anonyme moniale de Barking et qui se réfèrent au «glorius rei Henri» (v. 109-110), Henri II, et au souhait (v. 118-120) que le souverain puisse vivre en paix avec ses fils et son épouse, la critique croit que le texte doit avoir été composé avant l'assassinat de Becket et avant la révolte de 1173 ; par conséquent, il est généralement daté de 1170 environ. Le souhait énoncé par la moniale de Barking (à moins qu'elle ne fût prophétesse) n'a cependant de sens que si la paix familiale d'Henri a déjà été compromise une fois au moins. Comme écrit Emily Mitchell, «we should consider, however, that the period from approximately 1175-1182 was one of relative peace and familiar concord[2]».

«Iceo set uncore Engletere
Ki par le sens fine sa guerre
Par le glorius rei Henri
Ki de ceo saint lignage eissi
Et ore Engletere a franchie
Et religiun enrichie.
Mut m'estuvreit ci demorer,
Se tuz ses biens deusse anumbrer
Mes Deu, par ki ad la bunté,
Lui doint lunge vie et santé
E si sun pople guverner
K'en ciel ou Deu puisse regner
En tere ait pais, plenté, salu

1 Legge, *Anglo-Norman Literature and it's background*, cit., p. 60.

2 *Patrons and Politics at Twelfth-Century Barking Abbey*, cit., p. 360.

E a ses heirs doinst Deu vertu
Ke si terre puissent tenir
Ke il a Deu seit a pleisir».

5001 «Deu nus gard nostre rei, lur pere,
E nostre reine, lur mere.
Sis maintenge en veire sancté,
5004 En pais, en joie, en plenté
E force lur duinst de plaissier
Toz ceos kis pensent guerreier».

Le v. 110 («Et religiun enrichie») en particulier, dans le contexte spécifique où il figure, loue de manière évidemment démesurée le roi Plantagenêt et pourrait être entendu de façon sarcastique, car Henri donna en 1170 un nouveau saint à l'Angleterre : Thomas Becket.

«Plus d'une fois, allusion est faite au roi Henri d'un ton manifestement bienveillant qui serait impossible après l'année 1170», notait l'éditeur de la *Vie d'Édouard le Confesseur*, Östen Södergård. «D'ailleurs la sœur de Thomas Becket *[...]* qui se trouvait être l'abbesse du même couvent que notre religieuse-auteur, n'aurait évidemment pas permis à l'une de ses religieuses de s'exprimer d'une pareille manière à l'égard du meurtre de son frère[1] ».

C'est un fait : le poème de la moniale anonyme de Barking provient du monastère dont l'abbesse fut justement la sœur de saint Thomas Becket, nommée par Henri II en réparation du meurtre de l'archevêque. Le souverain, pourtant, ne fut jamais formellement accusé d'avoir commandé la mise à mort du gênant archevêque de Cantorbéry, mais en 1173 il se soumit à une pénitence publique sur la tombe du saint. Nombreux sont les textes qui parlent de la souffrance du roi à la nouvelle de la mort de l'archevêque : dans la *Confessio regis Henrici secundi*, contenue dans le ms. Harley 978, le roi s'exclame : « *O si scissem, quod verba regia / forent tanti mali materia, / mea prorsus claudissem labia, / nichil auris audisset impia* » (v. 31-34).

1 *La Vie d'Édouard le Confesseur, poème anglo-normand du XII<sup>e</sup> siècle*, éd. par Östen Södergard, Uppsale 1948, p. 26.

Dans le texte anglo-normand, la vie de saint Édouard est introduite par une brève généalogie des souverains anglais à partir du roi Alfred. Dominica Legge écrivait à ce propos :

> «*It should be recalled here that Marie de France, who probably wrote later on for the court of Henry II, attributed to king Alfred the english Fables which she professed to be translating. There may have been a revival of interest on the hero during this reign, for political reasons*[1] ».

Baker, qui comptait donner une édition du poème, avait signalé la découverte d'un fragment contenant 3879 vers, qui ne se trouvaient dans aucun autre manuscrit ; la mort le surprit malheureusement avant qu'il ait pu publier quelque chose et le fragment disparut avec lui. «Most unfortunately this fragment has never been seen since Professor Baker's death. Some lines of it are often quoted without their being fully understood[2] ».

Relisons les v. 1-10 de ce fragment perdu, reproduits par Legge[3] et par Södergård :

> «Si joe l'ordre des cases ne gart
> Ne ne juigne part a sa part,
> Certes n'en dei estre reprise,
> Ke nel puis faire en nule guise.
> Qu'en latin est nominatif,
> ço frai romanz acusatif.
> Un faus franceis sai d'Angletere,
> Ke ne l'alai ailurs quere.
> Mais vus ki ailurs apris l'avez,
> La u mester iert, l'amendez».

À qui la poétesse s'adresse-t-elle ? Évidemment à quelqu'un qui a appris le français «ailurs», sur le continent, quelqu'un capable de corriger son incorrect français d'Angleterre, cette langue que Gautier Map définit dans *De nugis curialium* «Gallice barbarizat[4] ». À quelqu'un se trouvant dans le monastère de Barking ? C'est pro-

1 Legge, *Anglo-Norman Literature*, cit., p. 63.
2 *Ibid.*.
3 *Ibid.*.
4 Ibid., p. 496.

bable, comme le suggère par exemple J. M. Ferrante qui propose une dédicace à l'abbesse du monastère[1]. Cette dernière hypothèse nous semble intéressante puisque l'on peut dater avec certitude le poème d'après 1173. Il nous semble, notamment, que les vers 4925-4928 témoignent explicitement du fait que la traductrice anonyme puisse avoir été obligée d'accomplir cette tâche :

> « Mais en romanz l'ai translaté,
> Certes cuntre ma volenté,
> Kar ne sent en mei sens ne grace
> Que jo sulung dreit le parface ».

En résumant, nous avons recueilli ces données relatives à Barking :

- rédaction d'œuvres hagiographiques en anglo-normand dans cette abbaye à partir de la seconde moitié du XII^e^ siècle (de manière indicative entre 1174 et 1180) ;
- dédicace possible de la *Vie de saint Édouard le Confesseur* anglo-normande à l'abbesse ; contrainte probable de la religieuse-auteur, exercée peut-être de la part de la supérieure du monastère, pour qu'elle rédige le poème ;
- respects adressés par un écrivain de la valeur de Guernes de Pont-Sainte-Maxence à l'abbesse de Barking et à ses religieuses en 1175 ;
- présence au monastère d'une sorte de *schola* et d'une personne capable d' « amender » le « faus franceis d'Angleterre » des moniales ;
- provenance probable du même monastère de la *Vie seinte Audree*, signée par une moniale qui s'appelle Marie ;
- proposition d'attribuer ce poème hagiographique à Marie de France.

On peut se demander alors s'il est imprudent de la part de celle qui écrit ces lignes de fouiller ce monastère à la recherche d'une « nunnain » ou, mieux encore, d'une abbesse du nom de Marie.

1 *To the Glory of her Sex*, cit., p. 231.

# « MARIA, ABBATISSA BERCHINGENSIS »

Au printemps 1173, deux ans après le meurtre de l'archevêque Thomas Becket dans la cathédrale de Cantorbéry[1], Henri II (dans un climat de contrition et de pénitence visant à éviter que le pape ne lance l'interdit ou, pire encore, l'excommunication contre l'Angleterre), cédant aux instances d'Odon, prieur de Cantorbéry[2], homme lettré et ami de Becket, nomma abbesse du monastère de Barking la sœur cadette de Thomas. La dame s'appelait Marie.

L'événement que constitue sa nomination comme abbesse du plus influent monastère de religieuses du royaume est remarqué par plusieurs auteurs. Gervais de Cantobéry le rapporte en ces termes : « *rex instinctu Odonis prioris dedit abbatiam Berkingensis Mariæ, sorori sancti Thomæ Cantuarensis martyris*[3] ». De son côté Raoul de Dicet, toujours pour la même année, note : « *Maria soror sancti Thomæ martyris, mandato regis patris et contemplatione fratris, facta est Berchingensis*[4] » ; de même Matthieu Paris dans sa *Chronica Majora* (II, 28) : « *Eodem anno (1173), Maria soror ejusdem*

1 Gervasus Dorobornensis, auteur de quatre œuvres : une *Chronique* couvrant les années 1100 à 1199, éditée pour la première fois par sir Roger Twysden dans *Historiae Anglicanae Scriptores Decem*, Londres 1652 ; les *Gesta Regum* qui enregistrent les événements à partir de 1199 et qui se révèlent être une source de grand intérêt pour la période du règne de Jean Sans Terre ; *Actus Pontificum Cantuarensis Ecclesiae*, une histoire des archevêques jusqu'à la mort de Hubert Walter, neveu de Thomas Becket, en 1205 (éditée par Twysden en appendice de la *Chronique*) et finalement une *Mappa Mundi*. Les œuvres de Gervais ont aussi été publiées dans les *Rolls Series* par W. Stubbs que je cite.

2 Connu aussi comme Odon le Vénérable ou Odo Cantianus, évêque de Battle (St. Martin de Bello, Hastings) à partir du 8 juillet 1175. Il fut l'auteur de diverses œuvres théologiques tant en latin qu'en anglo-normand et en anglais. Jean de Salisbury le décrit comme amateur de manuscrits.

3 Cf. Gervase of Canterbury, *The Historical works of Gervase*, 2 vol., éd. par W. Stubbs, *Rolls Series* 1879-1880, ici I, p. 242.

4 Ralph de Diceto, *Radulfi de Diceto decani Lundoniensis opera historica*, 2 vol, éd. par W. Stubbs, *Rolls Series* 1876, *Ymagines Historiarum*, I, p. 371.

*sancti martyris, rege jubente, facta est abbatissa Berkingensis*». Florent de Worcester et les *Charter Rolls*[1] en font également mention.

Qui était Marie Becket quand elle fut nommée abbesse ? Née autour de 1125-1130, veuve et mère d'au moins deux fils, elle était, selon les critères de l'époque, une dame mûre. Le fait qu'un homme de la qualité intellectuelle du prieur Odon de Cantorbéry ait favorisé auprès du roi (avec lequel, il faut le noter, il avait toujours des rapports très tendus) la nomination de la sœur de Becket comme abbesse de Barking est un indice de la considération qu'il portait à Marie. Jean de Salisbury, dans l'*Entheticus* (v. 1651-1681) parlait d'Odon en ces termes : « *Odo libris totus incumbit [...] Odo ex aurea lingua*».

Tandis que le chroniqueur de Battle Abbey nous informe qu'Odon parlait aussi aux fidèles en français :

> « *in expositionibus scripturarum divinarum, et in tractatibus, quos undecumque sumens materiam vel in scriptum redigebat vel ad edificationem audientium nunc Latine, nunc Gallico sermone, frequenter vero ad edificationem rudis vulgi lingua materna publice pronuntiabat tam evidens tam facundus*[2] »

Fille cadette d'un riche marchand de Rouen, Gilbert (qui revêtit aussi la charge de *shérif* sous le roi Étienne) et de Mathilde, une bourgeoise de Caen, Marie avait grandi en même temps que son frère Thomas et ses sœurs Agnès et Roesia dans une sorte de Babel linguistique : le quartier très animé de Cheapside à Londres. Avant même d'être la sœur d'un martyr canonisé, mieux encore du saint martyr anglais par excellence, elle avait été celle de l'élégant, ambitieux et cultivé chancelier du royaume d'Henri II et de l'ami intime du souverain Plantagenêt. Sa condition la mettait donc en contact avec ce milieu de *litterati*, qui gravitaient autour du futur primat d'Angleterre.

Si les historiens ont réussi, grâce aussi aux lettres de l'archevêque, à trouver des informations sur les neveux de ce dernier, il n'existe, en revanche, que peu d'informations sûres concernant ses beaux-frères.

---

1 Cf. *Ch. Rol.* 7, 8, King Louis VII.

2 *Chronicon Monasterii de Bello*, éd John Brewer, Rolls Series, London 1846, p. 163.

La sœur aînée, Agnès (morte le 10 février 1191) épousa probablement Thomas Fitzthebald : il semble que le couple n'eut qu'un seul fils, mentionné comme «John de London» qui, dans les documents encore existants, figure après 1179 comme premier vicaire de l'église de Sainte-Marguerite d'Antioche (Lower Halstow, Kent)[1]. Il résulte des chartes, qui remontent toutes à une époque postérieure à la mort du frère, qu'Agnès ait été l'unique héritière des riches propriétés paternelles à Londres, à Cheapside, où la dame fonda l'hôpital de Saint-Thomas-d'Acre, lié à l'ordre chevaleresque du même nom, fondé en mémoire du saint de Cantorbéry. Les liens familiaux d'Agnès ont été reconstruits sur la base du cartulaire de la Bermondsey Abbey. Dans son testament, elle désigne comme héritier «*dominus Theobaldus miles nepos beati Thome martyris*». Ce même Thibaud (mentionné toujours comme le neveu de saint Thomas le martyr) apparaît comme principal témoin d'un legs d'Agnès à l'abbaye de Bermondsey, et comme «Theobald de Hulles[2]» il confirme par la suite ce legs[3]. Thibaud possédait des propriétés à Londres, dans le Middlesex, dans l'Essex et dans le Kent. Le blason de famille se voit encore dans le cloître de la cathédrale de Cantobéry[4]. Thibaud avait un frère, «Robert Agodeshalf» (évidemment un surnom qui apparaît aussi sous la forme de «Godeshalf» ou «ex parte Dei[5]»).

Par erreur, une tradition tardive a fait de Thibaud le mari d'Agnès. Cette erreur a été corrigée, en 1977, à l'aide d'arguments et de preuves documentés par Alan Forey[6].

1 Pour la généalogie donnée ici, voir «St. Mary Colechurch 105/18», in *Historical gazetteer of London before the Great Fire : Cheapside; parishes of All Hallows Honey Lane, St. Martin Pomary, St. Mary le Bow, St. Mary Colechurch and St. Pancras Soper Lane*, (1987), p. 490-517; et W. Urry, «Some people and places in Canterbury connected with the story of Thomas Becket», in *Canterbury Cathedral Chronicle* 65 (1970), p. 84-95.

2 «atte Helle», «Hellis», «Helle», «Hellys» en sont des variantes de graphie et dérivent non d'un toponyme mais d'un patronyme : Ellis.

3 BL, ms. Cotton Claud. A. viii, ff. 118, 122$^v$; ms. Harl. 4757, ff. 5$^v$, 6.

4 Cf. Johannes Knut Wallenburg, *The Place Names of Kent*, Uppsale 1934, p. 530; E. Hasted, *The History and Topographical Survey of the County of Kent*, ix, Cantorbéry 1800, p. 203.

5 Barlow, *Thomas Becket*, cit., p. 13.

6 Cf. Alan J. Forey, «The military order of St. Thomas of Acre», in *English Historical*

Ni Thibaud ni Robert ne résultent être les fils de l'autre sœur de l'archevêque, Roesia. Dans les chartes conservées à Cantorbéry[1] celle-ci apparaît comme la mère de Randulphe (Randulphus, Raoul) – qui, à la mort de l'oncle, devient le premier gardien de l'Eastbridge Hospital et qui figure comme témoin dans un document du même hôpital conservé dans les archives de Cantorbéry[2]- et de Jean (Johannes), vicaire de St. Mary Botaw à Londres. Nous savons que la future abbesse de Barking eut certainement deux fils : Geoffroi et Gilbert, les seuls neveux dont on trouve une trace dans la correspondance de Becket[3]. Dans les premiers mois de 1164, Jean de Salisbury, écrivant à l'archevêque de Cantorbéry depuis son exil en France, le prie de se réconcilier avec son neveu Geoffroi :

> « *Preterea, si placet, cum Gaufrido nepote vestro, misericordiam faciatis ; tempus est enim. Nam ex quo hospitium meum ingressus est, quantum perpendere potui, honeste se habet et litteris operam dat et diligentiam. Exhibuit eum dominus Pictavensis antequam venirem, et primo dedit ei quinque marcas, deinde centum solidos Andegavensium*[4] ».

On semble pouvoir déduire des paroles de Jean que Geoffroi était encore très jeune. Il avait probablement été envoyé en France pour accomplir ses études et avait cherché des protections auprès d'éminents personnages anglo-normands dans le Poitou, tel Jean de Cantorbéry dit Bellesmains, évêque de Poitiers[5]. Sous la garde

---

*Review* 92 (1977), p. 481-503, spécialement p. 484.

1 Je me réfère au document U24/5/J/22 conservé dans les archives de la cathédrale de Cantorbéry. Je remercie l'archiviste Lynne Bowdon de son aimable disponibilité. Cf. aussi « Rohesia, Sister of Archbishop Becket », in *Notes and Queries* (1858), serie 2-VI, p. 218-219.

2 Canterbury Cathedral Archives : Eastbridge Hospital, ref. U24/Box5/J/33, que l'on peut consulter sur place. Sur ce neveu de Becket, voir aussi *Epistolae Cantuarenses, Rerum Britannicarum Medii Aevi Scriptores*, éd. par W. Stubbs, Londres 1865, vol. 2, introduction p. L, LXIV, LXV, LXX, et les textes p. 28, 60, 64, 70, 75, 201, 209, 211.

3 Pour Geoffroi, cf. *CTB* 24 n. 34, 163 n. 6, 221 n. 2 ; pour Gilbert, 24 n. 34, 158 n. 4, 159 n. 11, 221 n. 2.

4 Cf. *CTB*, lettre 24 (*CTB*, vol. 1, p. 76).

5 Trésorier du roi Henri à York, de 1153/54 à 1162, ensuite évêque de Poitiers de 1162 à 1182 et archevêque de Lyon de 1181 à 1193. Cf. p. Pouzet, *L'anglais Jean*

de ce dernier et de Jean de Salisbury, le jeune homme continua ses études sous le patronnage de Guillaume Blanchesmains, évêque de Chartres et archevêque de Sens, et de Foulque de Reims. Le jeune neveu de Becket fut recommandé directement par l'oncle archevêque à Étienne de Perche, chancelier de Sicile, et à Richard Palmer, archevêque de Syracuse, en décembre 1167. Il résulte en outre qu'il fut transféré à Bologne vers la moitié de 1168. En 1164, s'il venait de commencer le *cursus studiorum*, il devait avoir environ quatorze ans. Marie devait déjà être veuve avant 1168[1]. Dans une lettre envoyée par le pape Alexandre III à l'abbé du monastère de Clairmarais qui avait accueilli les exilés de la suite de l'archevêque de Cantorbéry à leur arrivée en France, on mentionne une sœur de l'archevêque avec ses fils («liberis suis») et une suite («his qui cum eis sunt»), mais pas le mari de la dame. Voici le texte de la lettre :

> «*Alexander papa abbati de Claro-Marisco.*
> *Super beneficiis quæ liberalitas vestra sorori venerabilis fratris nostri Cantuarensis archiepiscopi, et liberis suis, et his qui cum eis sunt, multipliciter erogavit, caritati vestræ immensas referimus gratiarum actiones, et religionem vestram super hoc digne, sicut convenit in Domino laudibus commendamus ; desiderium siquidem et voluntatem habemus commodis et incrementis vestris, quantum cum Deo possumus, libenter intendere et preces ac petitiones vestras, quantum honestas permiserit, efficaciter promovere. Memoratus quoque archiepiscopus vobis, opportunitate suscepta, pro tot et tantis vestræ liberalitatis obsequis secundum merita respondere curabit, et monasterio vestro magis obnoxius omni tempore permanebit. Nos etiam postulationibus vestris libentius intendemus et eas efficacius curabimus exaudire*[2]».

Si, comme il nous semble vraisemblable, la sœur en question était Marie, on pourrait en déduire qu'outre Geoffroi et Gilbert la dame avait aussi d'autres enfants. Malheureusement, faute des noms exacts des beaux-frères de l'archevêque, les arbres généalo-

---

*dit Bellesmains (1122-1204)*, Lyon 1927 et M. p. Boissonnade, «Administrateurs laïques et ecclésiastiques anglo-normands en Poitou à l'époque d'Henri II», in *Bulletin de la Société des Antiquaires de l'Ouest* V (1922), p. 170-184.

1 La lettre 163 (*CTB*, vol. 1, p. 759) permet de le supposer.

2 *MHTB*, V, 242 A.D. 1165.

giques des familles apparentées aux Becket sont très incertains. Ajoutons à cela qu'avec le temps quelques généalogies ont été manipulées afin de célébrer d'improbables liens de parenté avec le saint martyr de Cantorbéry. Elles ne méritent donc aucune confiance[1]. Les comtes irlandais d'Ormond se vantent de leur descendance de Thomas Becket par la sœur du saint, descendance qui a fait couler beaucoup d'encre[2] parmi de nombreux généalogistes. L'aïeul des Ormond est, en fait, Thibaud Walter, fils d'Hervé (Herveus) Walter et de Mathilde de Valoines, premier «butler» (échanson) d'Irlande et frère de l'archevêque Hubert Walter (1193-1205).

L'homonymie entre Thibaud Walter, seigneur de Hely (aujourd'hui Elyocaroll)[3], en Irlande, et «Theobald de Helles» a engendré une grande confusion généalogique. Celle-ci a été en partie corrigée en faisant remonter le lignage des Butler-Ormond non pas à une fille de Gilbert Becket, mais à une des sœurs de celui-ci, Mathilde, qui avait épousé Hervé Walter I^er^, grand-père de Thibaud Walter[4].

Ce qui est certain, c'est que, de 1165 à 1170/73, Marie partagea le sort de tous les parents et *familiares* de l'archevêque exilés en France.

> «*Mary Becket the Abbess has not been traced in Canterbury, though attention should be drawn to the curious fact that a rent of 5s 2d. [...] was paid annually to Barking Abbey by the monks in respect of their property [...] standing on the corner of Butchery Lane. [...] Could Prior Odo have felt that some monetary token might be made in the circumstances*[5] ?»

1 On conserve une intéressante pétition de Margery et de Florence Becket contre Alice Radley pendant le règne d'Henri VII qui contient quelques détails généalogiques sur la famille Becket, laquelle possédait diverses propriétés à Woolwich et Plumstead, dans le Kent; cf. *Rotuli Parliamentorum*, Londres 1783, vol. VI, p. 324.

2 Cf. T. Carte, *The Life of James Duke of Ormond*, Oxford 1851 ; i, p. xxxiv-xxxvi, *Complete Peerage*, cit., p. 125.

3 *Calendar of Ormond Deeds, 1172-1350 A.D.*, éd. par E. A. Curtis, Irish MSS Commission, 1932.

4 Eric Brooks, «Irish possessions of St. Thomas of Acre», in *Proc. of the Royal Irish Academy* (1956-1957), p. 21-44.

5 Urry, «Some people and places in Canterbury», cit., p. 86.

Le seul document signé par Marie que j'ai été capable de localiser est un acte de Froger, évêque de Séez, conservé à Westminster[1] : *Froger, Dei gratia Sagiensis episcopus, omnibus Sancte Matris Ecclesie filiis ad quos littere iste pervenerint, salutem. Noverit universitas vestra me concessisse, cum assensu conventus monachorum Sancti Petri de Westmonasterio, Johanni, nepoti beate memorie Thome Cantuariensis archiepiscopi, ecclesiam Sancti Jacobi super Tamisiam, cum pertinenciis suis, in perpetuam elemosinam. Ita quod idem Johannes solvet annuatim de eadem ecclesia xx solidos camerario de Westmonasterio ad Festum Sancti Michaelis. Ne quis autem hanc concessionem meam in irritum revocare presumat, presentis scripti attestatione et sigilli mei auctoritate eam corroborare dignam duxi. Testibus : Johanne archidiacono Sag[iensis] ; Maria abbatissa de Berking' ; Theb[aldo] nepote archiepiscopi ; Magistro Gregorio ; Magistro Henrico de London' ; Thoma capellano ; Stephano cognato archiepiscopi ; Rogero cancellario.*

La date extrême de l'abbatiat de Marie est à situer aux alentours de 1180, quand Henri II nomma abbesse de Barking l'une de ses filles illégitimes, la très jeune Mathilde[2]. Cela, cependant, ne signifie pas que Marie était morte à cette date ; au contraire, vu l'âge de la nouvelle abbesse, il est probable que la nomination de la fille du roi ne fût qu'un acte formel et que Marie dût assister Mathilde dans le contrôle de l'abbaye.

Contrairement à ce qui s'est passé pour les documents d'autres abbayes de religieuses sur le sol anglais (il suffit de penser au cas de Chatteris), il ne nous est parvenu aucun cartulaire de Barking, mais seulement un texte de la fin du XVIe siècle dit *Cartulary of Ilford Hospital*[3], copie partielle d'un texte du XIIe siècle détruit pendant

---

1 Charters of donors : Property in London (nos. 350-85)', Westminster Abbey Charters, 1066 - c.1214 : London Record Society 25 (1988), p. 197-228. MSS : (1) WAD, f. 476. Rubrique : *Scriptum Frogeri Sagiensis episcopi de concessione ecclesie Sancti Jacobi super Tamisiam solvendo xx solidos per annum.*

2 *CCR*, 16, p. 286. Quelques textes font débuter l'abbatiat de Mathilde en 1175. C'est une erreur. Un document conservé dans le dit *Ilford Cartulary*, au f. 15v, datable entre 1184 et 1199, mentionne les noms tant du père de l'abbesse (le souverain) que de la mère, Jeanne (probablement Jeanne Clifford, mère aussi de Guillaume Lonjespée, né en 1176). Mathilde devrait donc être née vers 1170/1173.

3 Hatfield House, ms Ilford Hospital 1/6.

l'un des nombreux incendies qui ont frappé le monastère. Dans ce texte, on rapporte divers événements et chartes relatifs à l'histoire de Barking aux époques saxonne et normande[1]. D'autres chartes, de moindre importance, relatives à l'abbaye sont conservées dans le ms. Cotton Julius D.viii de la British Library aux ff. 40r-47v, avec la rubrique « *This ys the Charche longynge to the office off the Celeresse of ye Monestarii of Barkynge as her' effter folowthe* » ; ce manuscrit a été édité en 1655-1656[2] à l'intérieur du *Monasticon Anglicanum : a History of the Abbeys and other Monasteries, Hospitals, Frieries, and Cathedral and Collegiate Churches, with their dependencies in England and Wales* par Sir William Dugdale et Roger Dodsworth.

Les sources encore existantes ne permettent pas de dire si Marie fut destituée de la charge d'abbesse par Henri II lui-même : « *Neither we know if she died in active service, or was removed from her position* », souligne Emily Mitchell[3] dans son article déjà mentionné, entièrement dédié au rôle important de l'abbaye de Barking en tant que productrice et promotrice d'œuvres littéraires. Rôle auquel Marie Becket ne fut certainement pas étrangère, comme l'a noté Jocelyn Wogan-Browne dans *Clerc u lai, muïne u dame*[4] qui, se rapportant aux deux œuvres hagiographiques anglo-normandes composées dans cette abbaye, écrit : « *The two Barking Lives must have been produced under the abbacy either of Mary Becket, or her immediate predecessor, Adeliza*[5] ».

L'abbesse Adeliza Fitzjohn, cependant, mourut en 1166, et pendant sept ans le monastère fut administré par la prieure Ida (ou Idonea[6]). Des raisons chronologiques auxquelles nous avons

1 Les textes concernant l'abbaye pendant le règne d'Étienne (1135-1154) ont été publiés par Nicholas Vincent, « New Charters of King Stephen with Some Reflections upom the Royal Forests During the Anarchy », in *English Historical Review*, septembre 1999, p. 5-6.

2 P. 80-83. Cf. aussi D. Lysons, *The environs of London*, 4 vol. (Londres 1792-1796), vol. 1, p. 69-70 ; H. Hope Lockwood, « One thing leads to another : the discovery of additional charters of Barking Abbey », in *Essex Journal* 25 (1990), 1, p. 11-13.

3 Mitchell, « Patrons and Politics », cit., p. 353.

4 Cf. « Clerc u lai, muïne u dame : women and Anglo-Norman Hagiography », in *Women and Literature in Britain, 1150-1500*, Cambridge 1993, p. 61-85.

5 *Ibid.*, p. 83, n. 40.

6 Peut-être la même Idonea chargée par Thomas Becket, en 1170, de remettre les

déjà fait allusion portent donc à exclure que les deux poèmes hagiographiques anglo-normands provenant de Barking puissent avoir été composés avant 1166. D'ailleurs, il nous semble que Wogan-Browne ne se trompe pas quand elle écrit : «Guernes de Pont-Ste-Maxence very possibly has Barking hagiography in mind when he envisages Lives of the martyr as written by clerics or laypeople, monks or a woman[1] ».

Les vers 161-163 auxquels l'érudite fait allusion, sont ceux du prologue de la *Vie de saint Thomas*, rédigés selon toute probabilité après l'achèvement du poème, vers 1176 :

> «Tut cil autre romanz ke unt fait del martyr
> Clerc u lai, muine u dame, mult les oï mentir.
> Ne le veir ne le plain nes i oï furnir».

Que le terme «dame» (le même utilisé par Denis Pyramus pour Marie de France) ne soit pas le pluriel de «abbé[2]» nous semble plus qu'évident, surtout au vu des autres occurrences du mot dans ce poème où il indique toujours ou une dame («Quant la dame conçut primes l'enfant», v. 171) ou – comme dans l'épilogue mentionné où il apparaît au pluriel et se réfère justement aux moniales de Barking – une «nunnain» («E les dames m'unt fet tut gras», v. 7). Mentionnons au passage que William Dugdale, dans le *Monasticon Anglicanum*, publie une charte où sont indiquées les tombes des différentes abbesses à l'intérieur de l'église de Sainte-Marie de l'abbaye de Barking : parmi elles figure aussi le tombeau de l'abbesse Marie, mentionnée comme «Dame Marie, sœr seint Thomas le Martyr[3] » ; elle «gist en l'arche devant l'auter e seint Paul en la Yle[4] ».

---

lettres du pape pour empêcher le couronnement d'Henri le Jeune ; cf. *CTB*, lettre 289.

1 Cf. «Clerc u lai, muïne u dame : women and Anglo-Norman Hagiography», cit., p. 67.

2 Thomas, *Guernes, Vie Seint Thomas*, cit., p. 23 : «Un singulier est exclu [...] *dame* < *dominum* pourrait équivaloir à abbés».

3 *Monasticon Anglicanum*, cit., vol. 1, p. 441.

4 *Ibid.*.

## ÉLÉMENTS EN FAVEUR D'UNE IDENTIFICATION DE LA POÉTESSE AVEC L'ABBESSE DE BARKING

L'unique donnée biographique relative à la poétesse généralement acceptée par la critique est que Marie de France passa une certaine période de sa vie énigmatique en Angleterre. La tradition manuscrite des ses œuvres mais surtout ses connaissances du moyen anglais en témoignent.

On sait qu'à partir de 1066, avec l'avènement des nouvelles classes dirigeantes et ecclésiastiques normandes, l'anglais avait régressé face à la prépondérance du franco-normand. La langue de la cour et de la noblesse était l'anglo-normand, à côté du latin, langue de la culture officielle, tandis que le moyen anglais était devenu la langue de la culture populaire.

Comment une poétesse qui déclare être « de France », était-elle en mesure de traduire la langue de ceux qui étaient nés en Angleterre ? La question reste jusqu'à aujourd'hui sans réponse, à moins que la déclaration d'appartenance à la France (dans les *Fables,* uniquement) ne doive être lue que comme une sorte de *posture d'auteur*, justifiée par des raisons biographiques et idéologiques.

Au cas où l'on pourrait identifier Marie de France à « Dame Marie », sœur de Thomas Becket, ayant grandi dans une famille normande en contact avec l'élite laïque d'origine normande (avant déjà que Thomas n'entrât dans l'entourage de l'archevêque Thibaud)[1] et ayant été exilée en France pendant sept ans, les raisons d'une pareille déclaration d'appartenance seraient alors claires :

> « *Thomas's parents lived at Cheapside in the city of London. After his death, Thomas's sister (Agnes) had a hospital build on the site of the family house [...]. His father was a successful merchant, who mixed in the social circles of the Norman elite in London. Thomas grew up speaking French with the great men of rank and wealth who visited the Becket house at Cheapside*[2] ».

1 Sans oublier la charge de shérif de Londres de Gilbert Becket.

2 Donald Logan, *A History of the Church in the Middle Ages*, Milton Park 2002, p. 163.

S'il est vrai que l'on n'a aucune certitude concernant les dates permettant de situer l'œuvre poétique de Marie – comme nous l'avons mentionné dans le 3e chapitre de cette brève étude – Marie, dans le prologue des *Lais* écrit très probablement quelque temps après ces derniers[1], montre qu'elle connaît aussi bien le *Metalogicon* de Jean de Salisbury que l'*Epistola 101* de Pierre de Blois (1160). De plus il est possible de déceler dans les *Fables* l'influence des érudits de l'entourage de Thomas Becket et particulièrement du *Polycraticus* de Jean de Salibury (1159). Une collaboration fructueuse entre les spécialistes de latin médiéval et des langues romanes pourra peut-être dans le futur éclairer les rapports au niveau du texte entre les différentes œuvres. Aussi le choix de la poétesse d'affronter, avec l'*Espurgatoire*, un texte latin d'une densité conceptuelle considérable – le *Tractatus de purgatorio sancti Patricii* rédigé en Angleterre après la mort de Becket par un H. de Sawtrey non mieux identifié – et de forger une œuvre destinée à l'élite laïque interessée à un problème doctrinal, celui de la répentance, d'autant plus urgent après 1170, s'insère-t-il dans la perspective intellectuelle des auteurs liés à Cantorbéry.

Déjà au cours de son exil français, Becket était entré en liaison avec le milieu culturel de Troyes, avec Pierre le Mangeur et avec Guillaume aux Blanches Mains (qui prendra sous sa garde l'un des neveux de l'archevêque, vraisemblablement le fils de Marie). Le milieu intellectuel qui gravitait autour de l'archevêque avait commencé à s'intéresser et à réfléchir à l'importance de la pénitence et de la confession (c'est dans ce milieu culturel spécial que l'on assiste à la naissance du concept de *purgatoire*, comme le rappelle Le Goff)[2]. Après l'assassinat de l'archevêque, mais plus encore après l'acte pénitentiel du roi Henri, le thème devint d'une actualité brûlante.

On a cherché à la cour Plantagenêt (sans rejoindre l'unanimité) les dédicataires des *Lais* et des *Fables* : il s'agit probablement du roi

1 Sur la base de l'analyse du prologue que nous avons proposée dans le chapitre 3.1.1, nous croyons que les *Lais* peuvent avoir été offerts au roi Henri II en octobre 1170 pendant la fameuse rencontre d'Amboise.

2 Le Goff, *La naissance du Purgatoire*, cit., p. 291.

Henri II lui-même et du comte Guillaume de Mandeville, morts tous les deux en 1189. Lisons maintenant avec attention le texte original de la nomination de Marie Becket comme abbesse de Barking :

> « *Henricus Dei gratia rex Anglorum et dux Normannorum et Aquitanorum et comes Andegavorum, archiepiscopis, episcopis, abbatibus, comitibus, baronibus, justitiis, vicecomitibus et omnibus ministris et fidelibus suis Anglie, salutem. Sciatis me concessisse et dedisse et presenti carta confirmasse Marie sorori beate Thome Martiris abbatiam de Berchingis et quidquid abbathie adjacet. Et ideo volo et firmiter precipio ut ipsa ita bene et in pace et libere et quiete et honorifice teneat terras et homines et omnia sua cum socha et sacha et tol et theam et infangenetheolf cum warpani et quietantiis de schiris et hundredis et aliis placitis et cum omnibus aliis liberis consuetudinibus suis infra burgum et extra terram et aquam in via et extra in festis et extra sicut aliqua alia abatissa unquam melius et liberius et quietius et honorificentius ante eam tenuit. Testibus Gilleberto Lundoniensi episcopo, R. episcopo Wygorniensi, R. electo Wintoniensi, Joanne decano Saresberiensi, Magistro Seifrido archidiacono Cicestrensi, comite Reginaldo Cornubie, comite Willelmo de Mandavilla, comite Hamelino de Warenna, Thoma Basset, Willelmo filio Audelini, Hugone de Creissi, apud Westmonasterium (1173-1174)*[1] ».

Il me semble intéressant de noter que parmi les témoins de ce document apparaît le comte Guillaume de Mandeville (sur les terres duquel, dans l'Essex, se trouvait l'abbaye de Barking), qu'Axel Ahlström le premier, suivi de Sidney Painter[2], propose d'identifier au dédicataire des *Fables*[3]. L'intérêt du comte Guillaume de Mandeville pour la littérature en langue vulgaire serait confirmé par le fait qu'il fût « connu comme mécène », comme le souligne Brucker[4]. Son mécénat et son soutien donnés aux hommes de lettres sont mentionnés par plusieurs auteurs médiévaux[5], et il figure aussi dans la *Bible Guiot*[6].

---

1 Le document est reproduit dans *Calendar of Charter Rolls*, vol. 5, Londres 1920, réimpression Nendeln 1972, p. 285.

2 Sidney Painter, « To whom were dedicated the Fables of Marie de France ? », in *Modern Language Notes* 48 (1933), p. 367-369.

3 Axel Ahlström, *Marie de France et les lais narratifs*, Göteborg 1925, p. 15 ; Idem, *Studier i den fornfranska Lais-litteraturen*, Uppsale 1892, p. 38, n. 1.

4 Charles Brucker, *Les Fables. Édition critique*, cit., p. 3.

5 Parmi lesquels Benoît de Peterborough ; cf. *Gesta regis Henrici Secundi Benedicti abbatis*, 2 vol., *Rolls Series* 1867, I, p. 130.

6 Cf. *La Bible*, in *Les Oeuvres de Guiot de Provins, poëte lyrique er satirique*, éd. John Orr,

Fils cadet de Geoffroi de Mandeville[1], ayant grandi à la cour de Flandres où il fut adoubé par Philippe, il hérita du comté à la mort de son frère, en 1167, et devint ainsi l'homme de confiance aussi bien d'Henri (qui lui confia plusieurs charges politiques) que de Philippe (avec lequel il partit pour la croisade). Vu sa réputation de chevalier courageux auprès des deux cours, l'épithète de « plus vaillant de nul realme[2] » lui conviendrait particulièrement.

De 1177 à 1178 il fut en Terre Sainte comme croisé puis passa les dernières années de sa vie surtout en Normandie, chargé de missions diplomatiques pour le compte d'Henri II[3]. En 1179, il accompagna Philippe Auguste de France en pélerinage sur la tombe de l'archevêque de Cantorbéry[4].

La chronique du monastère de Saffron Walden (Vallidena, toujours dans l'Essex) rapporte la donation par testament des livres du comte[5]. Quelques savants, parmi lesquels Madeleine Soudée[6], croyant que Marie de France pourrait être identifiée avec l'abbesse du monastère de Reading, ont récemment avancé l'hypothèse que le dédicataire des *Fables* serait le comte de Pembroke, Guillaume le Maréchal, bienfaiteur de ce monastère. Mais comme nous l'avons vu, l'hypothèse d'une abbesse dans un monastère de religieux est absolument sans fondement. En outre Guillaume le Maréchal ne fut fait comte qu'en 1199[7] et cette date concorde mal avec la datation des *Fables* ; en 1182, entre autres, Guillaume avait été accusé par Henri le Jeune d'avoir séduit sa femme, Marguerite

Manchester 1915, p. 21.

1 Pour des informations détaillées sur Geoffroi de Mandeville, cf. *The Book of the Foundation of Walden Monastery*, cit. p. xx.

2 *Fables*, épilogue, v. 10. « nul » est la *lectio difficilior* (la *lectio facilior* est donnée par « ce ») qui figure dans le meilleur manuscrit qui ait transmis les *Fables*, le ms. BL Harley 978.

3 Greenway et Watkiss, *The Book*, cit., ii, 6.

4 Cf. *Recueil Henri II*, cit. I, 492.

5 Greenway et Watkiss, *The Book*, cit., ii, 19.

6 « Les dédicataires des Ysopets », in *Les lettres romanes* 35 (1981), p. 183-198.

7 Soudée même avoue les difficultés chronologiques que soulève l'hypothèse du comte de Pembroke comme dédicataire des *Fables*. Elle tente, pour cette raison, d'anticiper de quelques années l'investiture du comte, mais elle ne réussit qu'à la faire remonter à 1196, année de son mariage avec Isabelle de Clare, héritière du comté de Pembroke et Striguil.

de France, qui pour ce motif fut répudiée tandis que Guillaume le Maréchal fut exilé pour avoir offensé la cour.

Pourquoi la poétesse n'indique-t-elle pas plus clairement celui des nombreux comtes Guillaume auquel elle se référe ?

> « *I suspect that the answer is that during the years 1167 to 1189 Earl William meant to every Englishman William de Mandeville, earl of Essex*[1] ».

En étudiant le système de nomenclature en usage chez les clercs de l'Échiquier, Painter fonde sa proposition sur la possible identification du « cunte Willame » avec Guillaume de Mandeville. La brièveté, la clarté et la précision étaient absolument nécessaires aux rédacteurs des *Pipe Rolls*.

En analysant de façon détaillée les neuf *Pipe Rolls* rédigés entre 1167 et 1175[2] on constate bien dix-sept occurrences de la mention « comte Guillaume », toutes concernant exclusivement Guillaume de Mandeville. Les autres nobles portant le même nom sont toujours désignés par la mention du comté et jamais par leur nom de baptême. Si Mandeville était vraiment le commanditaire-dédicataire des *Fables*, on comprendrait, en premier lieu, la raison purement pratique de la traduction de Marie : le comte Guillaume, ayant grandi en Flandre, ne comprenait pas le moyen anglais.

Dans le prologue des *Fables*, la poétesse se réfère à la tradition érudite, à Ésope et à Romulus. Ce n'est que dans l'épilogue qu'elle cite le roi Alfred, nommant ouvertement le commanditaire et se nommant elle-même, comme si elle voulait établir une filiation intellectuelle avec un héros de la culture nationale anglaise. Aussi, à la même occasion, Marie, *épigone* du roi Alfred, se déclare-t-elle, de manière polémique, « étrangère », ou mieux, appartenant à ce royaume de France, berceau de la culture de l'époque, où les intellectuels anglo-normands mêmes allaient perfectionner leurs études, royaume hospitalier envers les exilés. À ce propos la position assumée depuis toujours, même avant l'exil de l'archevêque

1 Painter, « To whom were dedicated the Fables ? », cit., p. 368.

2 Cf. *Pipe Rolls* 13-21 (cf. XI 10, 152, XII 35, 39, XIII 121, 122, 128, XV 103, 105, XVI 118, XVIII 39, XIX 12, XXI 38, 67, 73, 87, 118, 133, XXII 2, 5, 71).

et encore plus après, par les intellectuels du cercle de Becket vis-à-vis du royaume de Louis VII est significative. Türk tient à rappeler que dans le *De nugis curialium*, Giraud de Barri était empli d'admiration pour la monarchie capétienne et pour la France en tant que patrie idéale des intellectuels. Giraud, dans la *Principis Instructio* (III, 30), avait souligné les différences culturelles et morales énormes des deux pays : «En France, on jurait par les saints et non par les yeux, les pieds, les dents, la gorge ou le goitre de Dieu (strumelli). Les Capétiens ne se comportaient pas comme des ours ou des lions parmi leurs sujets, mais aimablement, sans orgueil, conscients d'être des hommes. Ils observaient la justice en public, la chasteté dans le mariage. Leur morale élevée était symbolisée par les Fleurs de lys. Ils n'avaient pas besoin, pour leur blason, de tête d'animaux féroces *[...]*. La monarchie capétienne jouissait d'une bienveillance spéciale de la part des papes, et les hommes hostiles à Henri II, comme Jean de Salisbury ou Giraud de Barri s'en font l'écho[1] ».

Si «Dame Marie», comme le témoigne Denis Pyramus, était déjà célèbre autour de 1175 pour ses *Lais*, il ne serait pas invraisemblable – si la poétesse peut être identifiée comme la sœur cadette de Thomas Becket – que Guillaume lui ait commandé les *Fables* entre 1173 (année de la nomination de Marie comme abbesse de Barking) et 1177 (année du départ du comte pour la croisade).

Le témoignage direct le plus intéressant sur Marie Becket nous est fourni par Guernes de Pont-Sainte-Maxence[2] qui interrogea la dame au cours de la composition de sa biographie de Becket vers 1174-1175. Dans l'*explicit* de son poème, transmis par le manuscrit parisien BNF fr. 13513, Guernes la rappelle en ces termes :

(f. 98r) «L'abeesse suer saint Thomas, pur s'onur e pur le barun,
M'at doné palefrei e dras ; n'i faillent nis li esperun.
Ne getai pas mes dez sur as, quant jo turnai a sa meisun !
Ne ele n'i ad mespris pas ; de mei avra tel gueredun :
E devant halz e devant bas par tut eshalcerai sun nun.

1 Türk, *Nugae*, cit., p. 122.
2 *La Vie de saint Thomas le Martyr*, éd. par Emmanuel Walberg, Lund, Cleerup, 1922.

Meilleur femme tresk'a Patras en nul liu ne trovereit l'un.
E les dames m'unt fet tut gras, chescune d'eles de sun dun».

*[...]*

(f. 98v) «Oede li buens priurs de Seinte Terneté,
Li covenz des seignurs (Deus lur sache buen gré!)
M'unt fet mult grant sucurs, del lur sovent doné,
Maintenu an e jurz e entr'els governé.
Quel part que seit mis curs, e de long e de lé,
A els est mes returs, tut pur lur grant bunté;
Kar unc ne vi meilleurs en la crestïenté».

En ce qui concerne la datation de cet appendice, l'éditeur moderne du texte de Guernes, Jacques Thomas, note justement qu'il doit être antérieur à la promotion d'Odon comme abbé de Saint-Martin-de-Bello à Hastings (1175) puisque dans le texte de Guernes, Odon résulte être encore prieur de l'église de la Trinité (Christ Church) de Cantorbéry. Thomas se demande : «Il s'agit d'une pièce de circonstance, composée *[...]* pour remercier deux communautés généreuses et accueillantes. L'original aurait-il été écrit en guise d'envoi sur un exemplaire, ou sur deux ? Mais pourquoi remercier conjointement deux maisons ?[1] ».

La réponse nous en vient des extraits de la chronique qui vient d'être citée et qui témoignent des rapports entre Odon et l'abbesse de Barking.

Mais, fait surprenant, l'analyse des deux manuscrits qui ont transmis les œuvres les plus connues de Marie, le ms. BL Harley 978 et le Cotton Verspasianus B XIV, pourrait nous fournir une preuve ultérieure de l'identification de Marie Becket à Marie de France.

1 Thomas, Guernes de Pont-Sainte-Maxence, *La Vie*, cit., p. 357.

# LE MS. HARLEY 978

Andrew Taylor a partiellement reconstruit l'histoire matérielle de ms. Harley 978[1], particulièrement en faisant des recherches sur son premier propriétaire présumé : Guillaume de Winton (ou Guillaume de Winchester). Le manuscrit a été exécuté en toute probabilité à Oxford, exactement dans l'atelier des copistes de la Catte Street, d'après l'hypothèse de Taylor[2].

Dans les documents d'archives et dans l'étude de Taylor apparaît, à côté du nom de Guillaume de Winton, le nom d'une femme : il s'agit de « Dame Agnes » d'Avensbury, moniale de Limebrook avec laquelle Guillaume aurait eu un rapport scandaleux vers 1282 (selon l'accusation de Cantilupe qui demande au pape son excommunication)[3].

À la mort de Guillaume, le manuscrit entra dans la bibliothèque du monastère de Reading. Taylor avance l'hypothèse que le manuscrit Harley 978, destiné à une lecture commune, résulte d'une commande conjointe de dame Agnes et de Guillaume de Winton. Inconnu jusqu'à la fin du XVIII^e^ siècle[4], le ms. BL Harley 978 est aujourd'hui considéré comme le meilleur manuscrit qui ait été transmis et comme le recueil le plus complet des *Lais* (au nombre de douze, précédés d'un prologue) et des *Fables*.

Ce volume a été surtout étudié par les musicologues[5] – il contient le plus ancien canon connu, *Sumer is icumen in*. Trois personnages masculins étroitement liés entre eux y sont mis en scène :

1 Taylor, *Textual situations*, cit., p. 120-132.

2 *Ibid.*, p. 94.

3 *Ibid.*, p. 133.

4 Le manuscrit fut découvert en 1800 par l'abbé de La Rue pendant son exil anglais ; cf. John Haines, « Espaces musico-poétiques dans le *Tristan en prose* », in *Cahiers de Civilisation Médiévale*, 50 (2007), p. 23.

5 *Ibid.*, p. 23-24.

Samson, saint Thomas Becket et Simon de Montfort. Becket fait son apparition au f. 13r, un *bifolium*, où figurent la séquence en son honneur « Ante thronum regentis omnia festinatur thome presentia » et aussi la première des onze antiennes présentes dans le manuscrit, « Samson dux fortissime », attribuée ailleurs (erronément) à Pierre Abélard. Le texte dédié à Thomas est précédé et suivi de deux compositions dédiées à la Vierge Marie : « *Eterni numinis mater et filia, nos clausi cartere gravis exilii fravamur misere regno sub impii cum carnis onere* » (f. 12v) et « Gaude salutata Virgo » (f. 13v). Les antiennes sont suivies d'un calendrier romain incomplet ; les fêtes liturgiques ne sont mentionnées que pour les mois de janvier et de février. Dans son analyse du manuscrit, Margaret Boland émet des considérations importantes en ce qui concerne ce calendrier :

> « *The Roman calendar of this second collation is imprtant to an understanding of the presence of Samson and Becket in the first collation an to an understanding of the subsequent presence of Becket and Montfort in the eleventh collation. The calendar in Harley Manuscript 978 (folia 15v and 16r) reflects both the Proper of Time and the Proper of the Saints for the time after Epiphany. The time after Epiphany is considered liturgically a time of manifesting the Incarnation of Christ, that is, Christ as both God and man, born of a virgin who remains a virgin, as of light penetrating a glass – the themes of the Antiphons to Our Lady, which follow Samson dux fortissime. The traditional Antiphons for the Purification of the Blessed Mother, a major feast of the season, sing of light dispelling darkness and blindness. The spread of the Gospel throughout the world, the theme of the Epiphany and of the Antiphon of the twelve apostles (folia 10v-11r), is compared to the turning of a wheel, as the message of Christ moves from the Alpha through the world (folio 11r). A wheel is previously mentioned on folio 2, as reference is made to Samson's blindness and his turning of the wheel of the mill for the Philistines. These wheels correspond to the season and a solstice that brings both Samson and Thomas from darkness into the light of hæven. On the verso of the folio that sings of the Apostles and their movement throughout the world is the rota or round, Sumer is icumin in. It is relevant to know that the feast of the Apostle, Thomas, is celebrated on the 21st of December, the time of the solstice, when the deepest darkness of winter is just beginning to turn to light. Thomas Becket's feast is celebrated on the 29th of December. His celebration follows the liturgy of his name's sake, the apostle, Thomas. The season of Christmas begins with his Vigil and ends in the Temporal Cycle on the Octave of the Epiphany (January 13) ; but it has an echo in the Sanctoral Cycle as far as the Feast of*

*the Purification of Our Lady (February 2). The feasts of his period follow the liturgy of Christmas, a time related to the winter solstice and the increase of light in the world. With regard to the solstice, which occurs on the feast of St. Thomas the apostle, it is necessary to mention not only the presence of the calendar but also the dates of the feasts involved therein. The calendar contains the Octave of Christmas (the eight day following Christmas itself). However, what would be the Octave of Becket's feast is overshadowed in the calendar both by the Vigil of the Epiphany on the 5$^{th}$ of January and by the feast of Edward the Confessor. The two feasts of St. Peter's Chair, at Antioch and at Rome, are celebrated, respectively, on January 18 and February 22. The memorial of the January 18$^{th}$ feast is also the feast of the Conversion of saint Paul. St. Simon, bishop and martyr is celebrated February 18$^{th}$. The Purification of the Blessed Mother (February 2$^{nd}$) is a major feast of this calendar, linked as it is to birth of Christ. Originally, the Feast of Christmas on December 25, coincided with the pagan feast celebrated at the winter solstice in honor of the birth of a deified sun*[1] ».

La mémoire de saint Thomas Becket tombe dans l'octave de Noël.

Le texte des *Fables* de Marie est transcrit aux ff. 40$^{a}$-67$^{b}$, suivi, à partir du f. 68$^{r}$, d'un dialogue entre le corps et l'âme attribué à l'évêque de Lincoln, Robert Grosseteste, *Noctis sub silentio* (ff. 68-74). Thomas Becket apparaît de nouveau au f. 89$^{v}$, où commence la *Visio sancti Thomæ martyris* (thématiquement semblable à la vision de Samson dans la première antienne) qui continue le long du feuillet successif (f. 90$^{v}$), où débute la *Confessio regis Henrici Secundi*, qui continue au f. 91 et se termine au f. 92$^{r}$. Les deux textes, édités par Paul Gerhard Schmidt[2] qui penche pour une attribution à l'entourage de Gautier de Châtillon, affrontent le problème de l'implication du roi Henri II dans l'assassinat de l'archevêque de Cantorbéry. Les ff. 106$^{r}$-107$^{r}$ contiennent *La Besturné*, texte satirique anglo-normand[3].

Becket apparaît de nouveau au f. 114$^{v}$, exactement après la fin du dit *Song of Lewes*, c'est-à-dire la chanson des hauts faits de

1 Je cite, avec la permission de l'auteur, ce passage du texte encore inédit dédié au ms. Harley 978 de Mme Margaret Boland, de la TamKang University.

2 Cf. Paul Gerard Schmidt, « Die Ermordung Thomas Beckets im Spiegel zeitgenössischer Dichtungen », in *Mittellateinisches Jahrbuch* 9 (1974), p. 159-172.

3 Cf. Patrice Uhl, « La Besturné de Richard, œuvre-carrefour de la poésie du nonsens au Moyen Âge », in *Le Moyen Âge* 95 (1989), p. 225-253.

Simon de Montfort : le comte de Leicester, fils de Simon IV de Montfort (vainqueur des Albigeois) est souvent comparé à Becket : « Comes Symon Thomam querit / causam Thome Simon gerit. / Et cum Thoma falsas terit / leges per martyrium ». Marié avec la sœur du roi Henri III d'Angleterre (1238), Montfort fut à la tête du mouvement baronal. Ayant vaincu Henri à Lewes (le 14 mai 1264) il devint *de facto* gouverneur d'Angleterre, mais fut tué l'année successive par le futur Édouard Ier à la bataille d'Evesham qui marqua la fin de l'opposition active à la Couronne.

Le manuscrit noue un lien tant idéologique que matériel entre Simon de Montfort et Becket : « Qui se Christo similis dat pro multis morti ; / Ysaac non moritur cum sit promptus mori » (v. 346-347, f. 109v). Au f. 114v commence l'histoire latine du mariage des parents de Thomas Becket qui ressemble à la description du mariage de Samson et Dalila. Le texte latin est suivi du fragment d'un autre poème dédié à Becket, en ancien français, qui commence au f. 116r, là où se trouve l'enluminure représentant un oiseau, une sorte de corbeau : « Ci comence coment Gilebert Becket le pere seint Thomas espusa sa femme la mere seint Thomas le martir ». Au feuillet suivant (f. 117r) se trouve le fragment d'un *Traité de fauconnerie* anglo-normand. Ce lien particulier, tant thématique qu'iconographique, avec Becket n'est pas fortuit : non seulement Thomas était connu pour sa passion pour l'ornithologie, comme le soulignent ses biographes, mais aussi son blason (qui sera par la suite en partie incorporé dans celui de Cantorbéry) présentait trois craves de Cornouaille *[...]* ; la crave, à l'époque des Tudor, devint à Cantorbéry le symbole de la rébellion de l'Église contre la monarchie, jusqu'à être réintroduite, à une époque récente, dans le blason du Kent. « Bequet » (provenant peut-être de « baculum ») désignait en effet, en ancien français, la crave, un oiseau des forêts très semblable au corbeau, mais plus petit, aux pattes et au bec rouges. En ancien anglais, ce type de corvidé était dit « beckit ».

Après le fragment du traité de fauconnerie vient une page blanche (f. 117v) tandis qu'à partir du f. 118r sont transcrits les douze *Lais* de Marie précédés du prologue. La place des textes des

*Fables* et des *Lais* dans le manuscrit, dont la structure actuelle diffère peu de la structure originale du volume, ne nous semble pas le fruit du hasard, surtout à la lumière des résultats qui émergent de la présente étude à propos de Marie de France. Dans ce contexte matériel particulier, dans lequel la généalogie de Thomas Becket est accompagnée de textes relatifs à l'histoire de ses prédecesseurs et de ses successeurs dans la confrontation entre les raisons de l'esprit et la raison d'État, les observations que nous avons faites à propos des deux mots-clef dans la dédicace des *Lais* au « noble souverain » semblent prendre consistance.

Le Harley 978 n'est pas le seul témoin de l'œuvre de Marie conservé en Angleterre où un texte de la poétesse est transcrit à côté d'un autre concernant Thomas Becket. Le ms. Cotton Vespasian B. XIV (manuscrit en parchemin de 113 feuillets) contient en effet[1] :

- *La lay de Launval chevalier de Arthur roy de Bretagne*, en vers ;
- L'Histoire abrégée du royaume d'Angleterre depuis Egbert jusqu'à Richard I^er^ ;
- *Versus Latini rhythmici, de excidio Trojæ* ;
- Les fables d'Ésope en vers *excinduntur enim hic duo folia* (Vesp. B. XIV. Art. 4 by Marie de France, see Harl. MSS 978 art. 74 and 4333 art. 3. See also the Abbé de la Rue's dissertation in the Archæologia, vol. xiii. art. 6 and Roquefort's edition of the pœms of Marie de France).
- *Vita et passio S. Thomæ martyris Archiep. Cantuar. a diversis auctoribus excerpta, per quendam monachum de Evesham ; ad Henricum abbatem Croylandiæ. Inseritur catalogus eruditorum Beati Thomæ* ;
- *La Vie de St. Thomas archevesque de Canterbery*, en vers[2] ;

1 Je cite la description de l'*Online Manuscripts Catalogue* de la British Library que l'on peut consulter gratuitement sur le site *web http ://molcat.bl.uk.*

2 La *Vie de St. Thomas* (ff. 95$^{v}$-113) commence avec le vers : « Al Deu loenge e a son servise », attribué à Benoît de Peterborough.

- *Nomina archiepiscoporum Cantuarensium et Eboracensium, et Episcopor. Dunelmensium.*

Comme Justin Clegg, conservateur du département des manuscrits de la British Library, nous l'a confirmé, nous ne disposons pas d'information sur la provenance médiévale du volume, mais sur le premier feuillet du manuscrit, on peut lire une note de propriété de « Gryffyth Bryskyn ». Griffith Briskin fut prébendaire d'Osbaldwick et recteur du York Minster de 1594 à 1608. Comme le plus ancien manuscrit qui contient les *Fables* de Marie se trouve justement dans la York Minster Library[1], il nous semble vraisemblable que le manuscrit entré dans la collection de sir Robert Cotton provienne aussi de York.

1 York Minster Library XVI K.12 Pt I, ff. 1-21d, du début du XIIIe siècle.

# CONCLUSION

Je l'ai déjà souligné au début de ce travail, mon but n'est pas de lever à tout prix l'anonymat de Marie de France et de proposer à la critique une nouvelle théorie sur la biographie de la poétesse. Les points de contact entre Marie et le cercle de Becket sont beaucoup plus nombreux que ceux relevés jusqu'ici par la critique. Plus d'un indice porte à associer le nom de la poétesse à celui d'auteurs comme Jean de Salisbury, Pierre de Blois et Gautier Map, auteurs qui appartiennent à un cénacle intellectuel élitaire et masculin, celui de l'archevêque de Cantorbéry, Thomas Becket. C'est ainsi que, comme dans les *Lais*, les allusions à des événements historiques concrets semblent se concentrer autour des années fatidiques de l'affrontement intellectuel et de pouvoir qui oppose Becket et ses érudits au premier roi Plantagenêt (1164-1170).

La première partie de ce petit volume est une sorte de revue des documents d'archives qui invalident les propositions de ceux qui, précédemment, ont fait des incursions dans les registres de l'état civil, réels ou fictifs, à la recherche du meilleur choix possible parmi les innombrables dames médiévales portant le nom de Marie.

À travers l'analyse des documents encore existants relatifs à l'abbaye de Sartis, j'ai proposé une datation du *Tractatus de Purgatorio* concordant avec la nomination du dédicataire de l'œuvre, Hugues, comme abbé de cet important monastère, nomination advenue, selon le ms. BL Cotton Faust. A IV, f. 38$^{r-v}$, le mercredi 18 août 1173[1].

J'ai suggéré que le *terminus post quem* pour la rédaction de la version romane de Marie pourrait être 1173 et non 1189, ce qui,

1 Il faut en outre noter que dans le manuscrit de Cambridge, Sidney Sussex College 50, « H. de Sartis » est glosé par un « rubricateur » anonyme comme « Hugoni ».

évidemment, remettrait en cause la datation de l'activité poétique de la poétesse, activité qui résulterait moins étendue dans le temps qu'on ne l'avait cru jusqu'à présent. J'ai donc réexaminé les trois témoignages médiévaux sur la poétesse et tenté de recueillir de nouvelles données documentaires concernant Denis Pyramus, qui cite expressément « Dame Marie » dans sa *Vie seint Edmund*, et je suis arrivée à la conclusion que le texte de Denis remonte vraisemblablement à une période comprise entre 1173 et 1180.

Dans la deuxième partie, j'ai accueilli favorablement la proposition de McCash qui attribue à Marie de France la *Vie seinte Audree*. J'ai reconstruit l'histoire matérielle de l'unique manuscrit qui l'a transmise et j'ai découvert un fait intéressant, à savoir que dans ce recueil toute référence à l'abbaye des moniales de Barking a été supprimée. Comme le lecteur l'aura remarqué, au cours de ces recherches plusieures pistes conduisent, par des voies différentes, à ce monastère de l'Essex où, soudain, vers la moitié du XIIe siècle, les moniales commencèrent à composer des poèmes hagiographiques en anglo-normand. Quel pourrait avoir été le rapport, spatial et temporel, idéologique et artistique, entre « Dame Marie », les clercs de l'entourage de Becket et le monastère de Barking ? Une réponse, qui pourra se transformer en une hypothèse de travail intéressante, nous vient justement de l'analyse des documents existants de cette abbaye où, en 1173, « Dame Marie, sœr seint Thomas le Martyr » fut nommée abbesse.

L'identification de la poétesse avec la sœur cadette de Thomas Becket ourvrirait aux philologues de nouvelles perpsectives pour la recherche, autorisées par la poétesse elle-même : « Pur ceus ki a venir esteient / E ki aprendre les deveient, / Ki peussent gloser la lettre / E de lur sen le surplus mettre ». Par exemple, si, d'un côté, on comprenait les motifs pour lesquels la liberté poétique de Marie déclinait avec le temps à cause des rapports toujours plus tendus entre l'ancien chancelier de la cour, ensuite archevêque gênant, avec le roi Plantagenêt, de l'autre, on pourrait procéder à des recherches sur la relation que la poétesse noua avec le monde cistercien, à la lumière du soutien à la famille Becket en exil justement prêté par les moines blancs[1]. On pourrait mettre au jour l'ascendant exercé par « Dame Marie » tant sur les deux moniales de Barking, religieuses auteurs de deux poèmes hagiographiques anglo-normands, que sur Guernes de Pont-Sainte-Maxence. Surtout on pourrait travailler avec plus de conviction autour du trésor accumulé et les remaniements en langue vulgaire de certains thèmes chers au cercle des érudits « beati Thomæ » écrits par Marie, une femme cultivée dont la vie, si artistique, fut tragiquement marquée par le sort de son frère et qui passa les dernières années de son existence à l'intérieur des murs d'un monastère.

Ces pages n'ont pas d'autre prétention que de suggérer quelques idées, et nous nous réservons la possibilité de reprendre l'argumentation nécessaire de façon plus exhaustive et détaillée dans de futurs travaux sur des questions philologiques et historiques particulières qui ont émergé au cours de ce travail.

1 Cf. Lawrence A. Desmond, « Becket and the Cistercians », in *Canadian Catholic Historical Association Reports* 25 (1968), p. 9-29.

# APPENDIX

1. Lettre de Marie de Blois de Boulogne au roi de France, in *Recueil des historiens des Gaules et de la France*, XVI, p. 144, no. 437 :

Mariæ, Boloniæ Comitissæ, ad Ludovicum
Monet ut se contra Henricum Angliæ Regem præmuniat, Imperatori fœderatum

Reverendo domino suo Ludovico, Regi Francorum Maria Comitissa Boloniæ, salutem et servitium.

Presentiæ vestræ innotescat, Henricum Regem Angliæ ad Imperatorem suos nuncios legasse. Certum enim est illum communiter impetrasse quod voluit. Imperator autem se adeo Regi exhibuit benivolum, ut cum nunciis suis redeuntibus suos ad eum mittere non pigritatus sit : quod fecisse duxit optimum, ne prædictus Rex illum adversus vos in subsidio esse devotum dubitaret. Nuncii equidem redeuntes per meam terram transierunt ; et ego eis locuta fui, et bene ex verbis eorum attendi quod rex Angliæ malum vestrum perquirere nocte dieque non cessat. Quare dilectioni vestræ mandare duxi congruum, et vos præmunire attendi necessarium, ut consilium cum vestris sapientibus ineatis, et quod aptius invenietur faciatis, ne fraudulenti Regis impetuosa præsumptio vobis molestiam violenter conferat. Valete.

2. *Chronica* de Jocelin de Brakelond, Oxford 1989, p. 4 :

"« Quid est », inquam, « quod audio ? Ut quid taces qui talia vides et audis, tu qui claustralis es nec obedientias cupis, et Deum times magis quam hominem ? » At ille respondens ait « Filii mi, puer noviter conbustus timet ignem ; ita est de me et pluribus aliis. Hugo prior noviter depositus est de prioratu suo et in exilium missus ; Dionisius et H. et Rogerus de Hingham de exilio nuper domum redierunt. Ego similiter incarceratus fui, et postea apud Acram missus ()."

p. 6 :

"In diebus illis celerarius, sicut ceteri officiales, appruntavit denarios a Iurneto iudeo, inconsulto conventu, super cartam supradicto sigillo signatam. Cum autem excrevit debitum usque ad sexaginta libras, summonitus est conventus ad solvendum debitum celerarii. Depositus est celerarius (). Substitutus est magister Dionisius, qui per providenciam suam et cautelam minoravit debitum lx. Librarum usque ad xxx. Libras (). Tercio die postquam magister Dionisius fuit celerarius, ducti sunt tres milites cum armigeris suis usque in domum hospitum, ut ibi reficerentur, abbate domi existente et in talamo suo residente. Quod cum audisset magnanimus ille Eacides, nolens pendere in bailiva sua, sicut ceteri, surrexit et accepit claves cellarii, et ducens secum milites illos usque in aulam abbatis, veniensque ad abbatem dixit : « Domine, bene novistis quod consuetudo abbatie est, ut milites et laici recipiantur in curia vestra, si abbas domi fuerit ; nec volo noc possum recipere hospites qui ad vos pertinent. Alioquin, accipite claves cellarii vestri, et alium constituere celerarium pro beneplacito vestro »".

p. 16

"Post mortem Hugonis abbatis, peracto anno cum tribus mensibus, precepit dominus rex per literas suas, ut prior noster et duodecim de conventu, in quorum ore universitatis concordaret sententia, apparerent die statuto coram eo, ad eligendum abbatem. () A dextro choro fuerunt Galfridus de Fordham, Benedictus, Magister Dionisius ()".

p. 21-22

Rex vero, primo querens an nati essent in sua terra, et in cuius dominio, dixit se non nosse eos [Ugo il terzo priore del monastero, Ruggero di Hingham e Samson], mandans ut cum illis tribus alios tres nominarent de conventu. Quo concesso, dixit W. sacrista : « Prior noster debet nominari, quia caput nostrum est » ; quod cito concessum est. Dixit prior : « W. sacrista bonus vir est ». Similiter dictum est de Dionisio, et concessum est. () Tunc tandem vocati sunt ad consilium fratrum prenominati internuntii domini regis. Et loquens Dionisius, unus pro omnibus, cepit commendare personas prioris et Samsonis, dicens utrumque eorum literatum, utrumque bonum, utrumque laudabilis vite et integre opinionis, set semper in angulo sui sermonis Samsonem pretulit ().

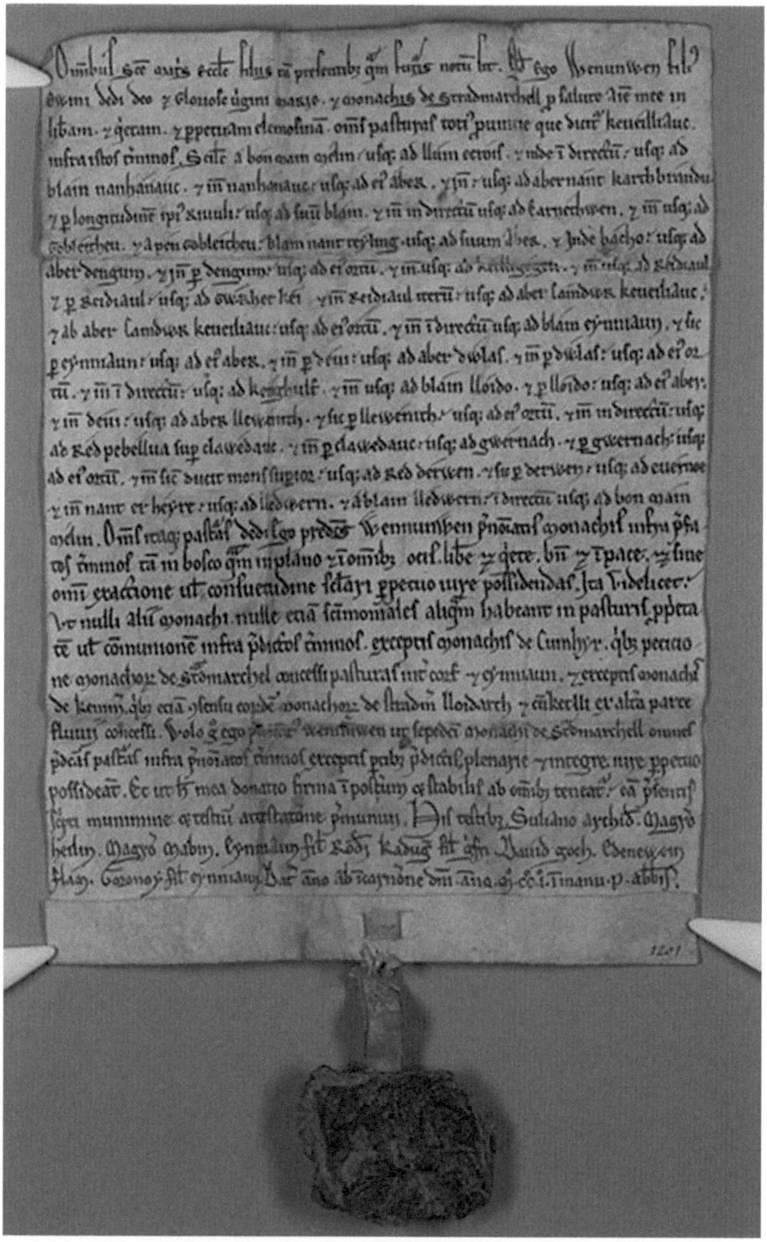

Wynnstay Estate Records, Ystrad Marchell charter no. 34, *recto.*

*The Annals of the Seymours*, éd.R. H. St. Maur, London, K. Paul, Trench, Trubner & Co., 1902. Blason des Sainte-Maure/ Sainct-Mor de Penhow (deux ailes déployées en or sur gueules).

# BIBLIOGRAPHIE


## *LAIS*

*Lais*, éd. G. Angeli, Milano-Trento 1999.
*Lais*, éd. S. Battaglia, Napoli 1947.
*Lais*, éd. L. Cocito, Milano 1993.
*Lais*, éd. A. Ewert, Oxford 1969.
*The Lais of Marie de France*, éd. R. Hanning et J. Ferrante, New York 1978.
*The Lays Gugemar, Lanval, and a Fragment of Yonec, With a Study of the Life and Work of the Author*, éd. J. Harris, New York 1930.
*Les Lais de Marie de France*, éd. P. Jonin, Paris 1981.
*Lais*, éd. J. Lods, Paris 1959.
*Lays of Marie de France, and Other French Legends*, éd. E. Mason, New York 1911.
*Les Lais de Marie de France*, éd. J. Rychner, Paris 1971.
*Les Lais de Marie de France : Transposés en français moderne*, éd. P. Tuffrau, Paris 1925.
*Die Lais der Marie de France*, éd. K. Warnke, Halle 1900.

## *FABLES*

*Fables*, éd. A. Ewert e R.C. Johnston, Oxford 1942.
*Fables*, éd. H. Spiegel, Toronto 1987.
*Fables*, éd. C. Brucker, Louvain 1991.
*Die fabeln der Marie de France*, éd. K. Warnke, Halle 1898.
*Fabliaux ou contes, du XII^e et du XIII^e siècle*, 5 voll. Paris, E. Onfroy, 1781.
*French Medieval Romances*, trad. E. Mason, London, J.M. Dent and Sons, 1932.

## *ESPURGATOIRE*

*Das Buch vom Espurgatoire S. Patrice der Marie de France und seine Quelle*, éd. K. Warnke, Halle 1938.

*Espurgatoire Seint Patriz*, texte critique par K. Warnke, trad. Yolande de Ponfarcy, Paris 1995.

*Il Purgatorio di san Patrizio*, éd. S. M. Barillari, Alessandria 2004.

## *VIE SEINTE AUDREE*

*La vie Seinte Audree, Poème anglo-normand du XIII^e^ siècle*, éd. Ö. Södergård, Uppsala 1955.

## ÉTUDES

S. Amer, *Esope au féminin : Marie de France et la politique de l'interculturalité*, Amsterdam 1999.

S. Amer, *Marie de France Rewrites Genesis : The Image of Woman in Marie de France's Fables*, in « Neophilologus », 81 (1997), p. 489-99.

G. Angeli, *Maria di Francia o il racconto come scena*, in « Saggi e Ricerche di Letteratura Francese », 24 (1985), p. 9-25.

G. M. Armstrong, *Engendering the Text : Marie de France and Dhuoda*, in *Translatio Studii*, éd. R. Blumenfeld-Kosinski et al. Amsterdam 2000.

G. Ashby-Beach, *Les Fables de Marie de France : Essai de grammaire narrative*, in *Epopée animale, fable, fabliau : actes du IVe Colloque de la Société internationale Renardienne, Evreux, 7-11 septembre 1981*. Éds. Gabriel Bianciotto et Michel Salvat, Paris 1984.

M. Bambeck, *Das Werwolfmotiv in Bisclavret*, in « Zeitschrift für Romanische Philologie », 89 (1973), p. 123-147.

M. Bambeck, *Die Wieselepisode im Eliduc der Marie de France*, in « Archiv für das Studium der Neueren Sprachen und Literaturen », 208 (1971), p. 334-49.

J. Barban, *Lai ester : Acceptance of the Status Quo in the Fables of Marie de France*, in « Romance Quarterly », 49 (2002), p. 3-11.

R. Baum, *Recherches sur les oeuvres attribuées à Marie de France*, Heidelberg 1968.

S. Bayrav, *Symbolisme médiéval : Béroul, Marie, Chrétien*, Paris 1957.

N. Belmont, *L'Epoux-Animal dans le conte-type 425 et dans le lai du Bisclavret de Marie-France*, in *Littérature orale traditionnelle populaire : actes du colloque, Paris, 20-22 novembre 1986*, éd. D. Alcoforado, Paris 1987.

C. Beretta, *Una tarda rielaborazione del* Lai de Bisclavret *di Maria di Francia : L'episodio di Biclarel nella prima redazione di* Renart le contrefait, in « Medioevo Romanzo », 14 (1989) : p. 363-377.

D. D. Berkvam, *La 'Vérité' déplacée dans le Chevrefoil*, in « Neophilologus », 73 (1989) : p. 14-22.

M. M. Betham, *The Lay of Marie and Vignettes in Verse*, New York 1978.

D. Beyerle, *Marie de France und die Witwe von Ephesus*, in « Romanistisches Jahrbuch », 22 (1971), p. 84-100.

D. Billy, *Un Genre fantôme : Le Lai narratif : Examen d'une des thèses de Foulet*, in « Revue des Langues Romanes », 94 (1990), p. 121-128.

R. H. Bloch, *The Lay and the Law : Sexual/Textual Transgression in La Chastelaine de Vergi the Lai d'Ignaure, and the Lais of Marie de France*, in « Stanford French Review », 14 (1990), p. 181-210.

R. H. Bloch, *The Medieval Text* Guigemar as *a Provocation to the Discipline of Medieval Studies*, in « Romanic Review », 79 (1988), p. 63-73.

M. M. Boland, *Architectural Structure in the Lais of Marie de France*, New York 1995.

L. Boone, *The Relationship between The Owl and the Nightingale and Marie de France's* Lais *and* Fables, in « English Studies in Canada », 11 (1985), p. 157-177.

J. M. Bowers, *Ordeals, Privacy, and the* Lais of *Marie de France*, in « Journal of Medieval and Renaissance Studies », 24 (1994), p. 1-31.

H. Brät, *Marie de France et l'obscurite des anciens*, in « Neuphilologische Mitteilungen », 79 (1978), p. 180-84.

K. Brightenback, *The Metamorphoses and Narrative Conjointure in* Deus amanz, Yonec, *and* Le Laüstic, in « Romanic Review », 72 (1981), p. 1-12.

K. Brightenback, *Remarks on the Prologue to Marie de France's* Lais, in « Romance Philology », 30 (1976), p. 168-77.

L. C. Brook, Guigemar *and the White Hind*, in « Medium Ævum », 56 (1987), p. 94-101.

L. C. Brook, *A Note on the Ending of* Eliduc, in « French Studies Bulletin », 32 (1989), p. 14-16.

J. D. Brown, *Old French Estre : A New Meaning*, in « Romance Notes », 14 (1973), p. 597-98.

J. Brumlik, *Thematic Irony in Marie de France's* Guigemar, in « French Forum », 13 (1988), p. 5-16.

J. Brumlik, *Thoughts on Renaut's Use of Marie's* Fresne in *Galeran de Bretagne*, in « Florilegium », 14 (1995-1996), p. 87-98.

M. Bruña Cuevas, *Le Style indirect libre chez Marie de France*, in « Revue de Linguistique Romane », 52 (1988), p. 421-446.

C. Bullock-Davies, *The Form of the Breton Lay*, in « Medium Ævum », 42 (1973), p. 18-31.

C. Bullock-Davies, *The Love-Messenger in* Milun, in « Nottingham Medieval Studies », 16 (1972), p. 20-27.

C. Bullock-Davies, *Marie de France : A Reassessment of the Narrative Technique in the Lais*, in *Court and Poet : Selected Proceedings of the Third Congress of the International Courtly Literature Society*, éd. G. S. Burgess, Liverpool 1981.

S. L. Burch, *The Prologue to Marie's Lais : Back to the Littera*, in « AUMLA : Journal of the Australasian Universities Language and Literature Association », 89 (1998), p. 15-42.

G. S. Burgess, *Marie de France : An Analytical Bibliography*, 1977 ; suppl. no. 1, 1986.

G. S. Burgess, *Chivalry and Prowess in the Lais of Marie de France*, in « French Studies », 37 (1983), p. 129-142.

G. S. Burgess, *The Lais of Marie de France : Text and Context*, Athens 1987.

G. S. Burgess, *The Problem of Internal Chronology in the Lais of Marie de France*, in « Zeitschrift für Franzosische Sprache und Literatur », 91 (1981), p. 133-155. G. S. Burgess, *Social Status in the Lais of Marie de France*, in *The Spirit of the Court : Selected Proceedings of the Fourth Congress of the International Courtly Literature Society*, Éd.G. S. Burgess et al., Woodbridge, D.S. Brewer, 1985.

G. S. Burgess, *Symbolism in Marie de France's Laüstic and Le Fresne*, in « Bibliographical Bulletin of the International Arthurian Society », 33 (1981), p. 258-268. K. Busby, *'Ceo fu la summe de l'escrit' (Chevrefoil, Line 61) Again*, in « Philological Quarterly », 74 (1995), p. 1-15.

K. Busby, *'Je fout savoir bon lai Breton' : Marie de France Contrefaite ?*, in « The Modern Language Review », 84 (1989), p. 589-600.

M. Cagnon, *Chievrefueil and the Ogamic Tradition*, in « Romania », 91 (1970), p. 238-255.

J. Caluwe, *La conception de l'amour dans le lai d'Eliduc de Marie de France*, in « Le Moyen Age », 77 (1971), p. 53-77.

J. Caluwe, *L'Element chretien dans les Lais de Marie de France*, in *Mélanges de littérature du Moyen Age au XX^e^ siècle offerts à Mademoiselle Jeanne Lods*, 2 voll., Paris 1978.

D. Carlson, *The Middle English Lanval, the Corporal Works of Mercy, and Bibliothèque Nationale, nouv. acq. fr. 1104*, in « Neophilologus », 72 (1988), p. 97-106.

D. Chamberlain, *Marie de France's Arthurian Lai : Subtle and Political*, in *Culture and the King : The Social Implications of the Arthurian Legend*, éd. M. B. Shichtman e James P. Carley, State University of New York Press, Albany 1994.

P. M. Clifford, *Marie de France, Lais*, London 1982.

R. Colliot, *Dyogenne et Jaspis dans le Roman de Laurin ou le motif inverse de la Reine corruptrice du Lai de Lanval* in *Mélanges de littérature du Moyen Age au XX^e^ siècle offerts à Mademoiselle Jeanne Lods*, 2 voll., École normale supérieure de jeunes filles, Paris 1978.

S. Coolidge, *Eliduc and the Iconography of Love*, in « Mediæval Studies », 54 (1992), p. 274-285.

R. D. Cottrell, *La Lai du Laustic : From Physicality to Spirituality*, in « Philological Quarterly », 47 (1968), p. 499-505.

A. Cowell, *Deadly Letters : 'Deus Amanz,' Marie's 'Prologue' to the Lais and the Dangerous Nature of the Gloss*, in « Romanic Review », 88 (1997), p. 337-356.

S. T. Cowling, *The Image of the Tournament in Marie de France's Le Chaitivel*, in « Romance Notes », 16 (1975), p. 686-691.

R. L. Curtis, *Physical and Mental Cruelty in the Lais of Marie de France*, in « Arthuriana », 6 (1996), p. 22-35.

E. Datta-Dochy, *Equitan ou la non-reconnaissance de l''aventure'*, in « Le Moyen Age », 95 (1989), p. 37-46.

E. Daugherty, *The Cup-Psyche Myth in 'Lanval,' 'Grælent,' Guingamor', and 'Bisclavret'*, in « Thoth », 16 (1976), p. 15-24.

A. E. Davidson, *Eliduc and The Ebony Tower : John Fowles's Variation on a Medieval Lay*, in « International Fiction Review », 11 (1984), p. 31-36.

J. Declos, *Encore le prologue des Lais de Marie de France*, in « *Le Moyen Age* », 90 (1984), p. 223-232.

M. Delbouille, *Le Nom et le personnage d'Equitan* in « *Le Moyen Age* », 69 (1963), p. 315-323.

L. De Looze, *Marie de France et la textualisation : Arbre, enfant, oeuvre dans le lai de 'Fresne'*, in «Romanic Review», 82 (1990), p. 396-408.

M. J. Donovan, *The Breton Lay : A Guide to Varieties*, University of Notre Dame Press, Notre Dame, 1968.

R. Dubuis, *La Notion de druerie dans les Lais de Marie de France,* in «*Le Moyen Age*», 98 (1992), p. 391-413.

R. Dubuis, *Plaidoyer pour une lecture globale du lai du Chèvrefeuille,* in «*Le Moyen Age*», 87 (1981), p. 341-371.

J. Dufournet, *Amour et merveille. Les Lais de Marie de France : etudes*, Paris 1995.

L. Dunton-Downer, *'Wolf Man' Becoming Male in the Middle Ages*, New York 1997.

N. V. Durling, *The Knot, the Belt, and the Making of Guigemar,* in «Assays : Critical Approaches to Medieval and Renaissance Texts», 6 (1991), p. 29-53.

J. Eccles, *Feminist Criticism and the Lay of Lanval : A Reply,* in «Romance Notes», 38 (1998), p. 281-285.

A. Eskénazi, *Bois et forest dans les lais du MS. H.*, in «*Mélanges de langue et de littérature médiévales offerts à Alice Planche*», 2 vol., Paris, 1984.

A. Eskénazi, *Qui, que, quei dans les Lais de Marie de France,* in «Romania», 105 (1984), p. 193-247.

J. C. Faucon et al., *Miscellanea Mediævalia : mélanges offerts à Philippe Ménard,* 2 vol., Paris 1998.

D. M. Faust, *Women Narrators in the Lais of Marie de France,* in «Women in French Literature», Saratoga 1988.

M. H. Ferguson, *Folklore in the Lais of Marie de France,* in «Romanic Review», 57 (1966), p. 3-24.

J. M. Ferrante, *The Education of Women in the Middle Ages in Theory, Fact, and Fantasy* in «Beyond Their Sex : Learned Women of the European Past», New York 1980.

J. M. Ferrante, *The French Courtly Poet : Marie de France,* in «Medieval Women Writers», Athens 1984.

B. E. Fitz, *Desire and Interpretation : Marie de France's Chievrefoil,* in «Yale French Studies», 58 (1979), p. 182-189.

B. E. Fitz, *The Prologue to the Lais of Marie de France and the Parable of the Talents and Monetary Metaphor* in «Modern Language Notes», 90 (1975), p. 558-564.

B. E. Fitz, *The Storm Episode and the Weasel Episode : Sacrificial Casuistry in Marie de France's Eliduc,* in «Modern Language Notes», 89 (1974), p. 542-549.

J. Flori, *Amour et société aristocratique au XII^e^ siècle : L'Exemple des lais de Marie de France* in «Le Moyen Age», 98 (1992), p. 17-34.

J. Flori, *Aristocratie et valeurs 'chevaleresques' dans la seconde moitié du XII^e^ siècle : L'Exemple des lais de Marie de France,* in «Le Moyen Age», 96 (1990), p. 35-65.

J. Flori, *Seigneurie, noblesse et chevalerie dans les Lais de Marie de France,* in «Romania», 108 (1987), p. 183-206.

P. N. Flum, *Marie de France and the Talbot Family Connections,* in «Romance Notes», 7 (1965), p. 83-86.

A. Foulet e K. D. Uitti, *The Prologue to the Lais of Marie de France : A Reconsideration,* in «Romance Philology», 35 (1981), p. 242-249.

C. Foulon, *L'Ethique de Marie de France dans le lai de Fresne,* in «Mélanges de littérature du Moyen Age au XX^e^ siècle offerts à Mademoiselle Jeanne Lods», 2 vol., École normale supérieure de jeunes filles, Paris 1978.

M. A. Freeman, *Dual Natures and Subverted Glosses : Marie de France's 'Bisclavret'* in «Romance Notes», 25 (1985), p. 288-301.

M. A. Freeman, *Marie de France's Poetics of Silence : The Implications for a Feminine Translatio,* in «PMLA», 99 (1984), p. 860-883.

M. A. Freeman, *The Power of Sisterhood : Marie de France's 'Le Fresne',* in «French Forum», 12 (1987), p. 5-26.

J. A. Frey, *Linguistic and Psychological Couplings in the Lays of Marie de France,* in «Studies in Philology», 61 (1964), p. 3-18.

S. K. Gertz, *Echoes and Reflections of Enigmatic Beauty in Ovid and Marie de France,* in «Speculum», 73 (1998), p. 372-396.

S. K. Gertz, *Marie de France's Le Chaitivel : The Art of Poetry and the Art of Reading* in «Neuphilologische Mitteilungen», 91 3 (1990), p. 369-377.

S.K. Gertz, *Transferral, Transformation, and the Act of Reading in Marie de France's Bisclavret,* in «Romance Quarterly», 39 (1992), p. 399-410.

A. Gier, *Noch einmal : Chievrefoil, V. 51-78,* in «Zeitschrift für Romanische Philologie», 98 (1982), p. 540-546.

K. Gingrass-Conley, *La 'Venue' à l'écriture de la dame dans Le Chaitivel,* in «Romanic Review», 83 (1992), p. 149-160.

G. L. Greco e P. Shoemaker, *Intertextuality and Large Corpora : A Medievalist Approach,* in «Computers and the Humanities», 27 (1993), p. 349-355.

R. B. Green, *The Fusion of Magic and Realism in Two Lays of Marie de France,* in «Neophilologus», 59 (1975), p. 324-336.

M. Griffin, *Gender and Authority in the Medieval French Lai,* in «Forum for Modern Language Studies», 35 (1999), p. 42-56.

P. R. Grillo, *Was Marie de France the Daughter of Waleran II, Count of Meulan ?,* in «*Medium Ævum*», 57 (1988), p. 269-274.

J. T. Grimbert, *Love and Death ? Reading Marie de France's Chievrefoil against Bédier's Roman de Tristan et Iseut,* in «Bibliographical Bulletin of the International Arthurian Society», 52 (2000), p. 311-322.

B. Guidot, *Pouvoirs et séductions, pouvoir de séduction dans les Lais de Marie de France,* in «Romanische Forschungen», 102 (1990), p. 425-433.

R. W. Hanning, *Courtly Contexts for Urban Cultus : Responses to Ovid in Chrétien's Cligès and Marie's Guigemar* in «Symposium», 35 (1981), p. 34-56.

R. W. Hanning, *Love and Power in the Twelfth Century, with Special Reference to Chretien de Troyes and Marie de France,* in «The Olde Daunce : Love, Friendship, Sex, and Marriage in the Medieval World», Albany 1991.

R. W. Hanning, *'I Shall Fine It in a Maner Glose' : Versions of Textual Harassment in Medieval Literature,* in «Medieval Texts and Contemporary Readers», Ithaca 1987.

R. W. Hanning, *The Talking Wounded : Desire, Truth Telling, and Pain in the Lais of Marie de France,* in «Desiring Discourse : The Literature of Love, Ovid through Chaucer», Selinsgrove 1998.

R. Harper e P. Verhuyck, *Marie de France, Le Chaitivel et Marcabru,* in «Neophilologus», 74 (1990), p. 178-191.

A. T. Harrison, *Marie de France as Naturalist,* in «Romance Notes», 21 (1980), p. 248-253.

A. C. Henderson, *Medieval Beasts and Modern Cages : The Making of Meaning in Fables and Bestiaries,* in «PMLA», 97 (1982), p. 40-49.

F. Hiller, *Tydorel : Ein Lai de Marie de France.* Paris 1959.

S. Hindman, *Æsop's Cock and Marie's Hen : Gendered Authorship in Text and Image in Manuscripts of Marie de France's Fables,* in *Women and the Book : Assessing the Visual Evidence,* Toronto 1997.

C. Ho, *Words Alone Cannot Express : Epistles in Marie de France and Murasaki Shikibu,* in « *Crossing the Bridge : Comparative Essays on Medieval European and Heian Japanese Women Writers* », New York 2000.

F. Hodgson, *Alienation and the Otherworld in Lanval, Yonec, and Guigemar,* in « Comitatus », 5 (1974), p. 19-31.

E. Hoepffner, *Les Lais de Marie de France,* Rostock 1927.

J. Huchet, *Nom de femme et écriture féminine au Moyen Age : Les Lais de Marie de France,* in « Poetique », 12 (1981), p. 407-430.

R. N. Illingworth, *Celtic Tradition and the Lai of Guigemar* in « Medium Ævum », 31 (1962), p. 176-187.

R. N. Illingworth, *La Chronologie des Lais de Marie de France,* in « Romania », 87 (1966), p. 433-475.

R. N. Illingworth, *An Example of Numerical Composition in Old French Literature : The Espurgatoire of Marie de France,* in « Zeitschrift für Franzosische Sprache und Literatur », 95 (1985), p. 151-162.

R. N. Illingworth, *Structural Interlace in the Lai of Chevrefoil,* in « Medium Ævum », 54 (1985), p. 248-258.

R. N. Illingworth, *Structural Parallel in the Lais of Lanval and Grælent,* in « Neophilologus », 71 (1987), p. 167-182.

P. Ireland, *The Narrative Unity of the Lanval of Marie de France,* in « Studies in Philology », 74 (1977), p. 130-145.

K. K. Jambeck, *Reclaiming the Woman in the Book : Marie de France and the Fables,* in *Woman, the Book and the Worldly,* Cambridge 1995.

K. K. Jambeck, *Truth and Deception in the Fables of Marie de France* in *Literary Aspects of Courtly Culture,* Rochester 1994.

A. Joly, *Marie de France et les fables au moyen-âge,* Caen 1863.

P. Jonin, *Le Je de Marie de France dans les Lais,* in « Romania », 103 (1982), p. 170-196.

P. Jonin, *Les Preambules des Lais de Marie de France* in *Mélanges de littérature du Moyen Age au XX^e^ siècle offerts à Mademoiselle Jeanne Lods,* 2 voll., Paris 1978.

P. Jonin, *Le Roi dans les Lais de Marie de France : L'Homme sous le personnage,* in *Essays in Early French Literature Presented to Barbara M. Craig,* York 1982.

C. Joubert, *Oyez ke dit Marie : Étude sur les Lais de Marie de France,* Paris 1987.

K. Kallaur, *Une Reconsideration du portrait dans les lais medievaux,* in « Le Portrait littéraire », Lyon 1988.

A. Kemp-Welch, *Of Six Medieval Women : To Which Is Added a Note on Medieval Gardens,* Williamstown, MA 1979.

S. Kinoshita, *'Cherchez la femme' : Feminist Criticism and Marie de France's Lai de Lanval,* in « Romance Notes », 34 (1994), p. 263-273.

S. Kinoshita, *Two for the Price of One : Courtly Love and Serial Polygamy in the Lais of Marie de France,* in « Arthuriana », 8 (1998), p. 33-55.

A. Knapton, *À la recherche de Marie de France,* in « Romance Notes », 19 (1978), p.-248-253.

A. Knapton, *Mythe et psychologie chez Marie de France, dans Guigemar,* Chapel Hill 1975.

A. Knapton, *La Poesie enluminée de Marie de France,* in « *Romance Philology* », 30 (1976), p. 177-187.

E. Kooper, *Multiple Births and Multiple Disaster : Twins in Medieval Literature*, in «Conjunctures : Medieval Studies in honor of Douglas Kelly», Amsterdam 1994.

M. Koubichkine, À propos du Lai de Lanval, in «Le Moyen Age», 78 (1972), p. 467-88.

R. L Krueger, *Beyond Debate : Gender in Play in Old French Courtly Fiction*, in *Gender in Debate from the Early Middle Ages to the Renaissance*, éd.T.S. Fenster e C. A. Lees. New York 2002.

Laurin, Albert. *An Essay on the Language of Lay le Freine*, Stockholm, Norstedt and Söner, 1869.

L. Lawson, *La Structure du recit dans les Lais de Marie de France*, in *Court and Poet : Selected Proceedings of the Third Congress of the International Courtly Literature Society (Liverpool 1980)*, éd.Glyn S. Burgess et al., Liverpool, F. Cairns, 1981.

K. Le Mee, *A Metrical Study of Five Lais of Marie de France*, New York 1978.

E. Levi, *Studi sulle opere di Maria di Francia*, Firenze 1922.

A. Leupin, *The Impossible Task of Manifesting 'Literature' : On Marie de France's Obscurity*, in «Examplaria», 3 (1991), p. 221-42.

U. Liebertz-Grun, *Marie de France, Christine de Pisan und die deutschsprachige Autorin im Mittelalter*, in «Euphorion», 78 (1984) : 219-236.

F. Lyons, *Marie de France, Ducis et Les deux amants : Legende locale et genese poetique*, in «Bulletin Bibliographique de la Societe Internationale Arthurienne», 19 (1967), p. 119-127.

J. H. McCash, *The Curse of the White Hind and the Cure of the Weasel : Animal Magic in the Lais of Marie de France*, in *Literary Aspects of Courtly Culture*, éd.Donald Maddox e Sara Sturm-Maddox, Rochester1994.

J. H. McCash, *Ensemble poënt bien durer : Time and Timelessness in the Chevrefoil of Marie de France*, in «Arthuriana», 9 (1999) : 32-44.

J. H. McCash, *The Hawk-Lover in Marie de France's* Yonec, in «Medieval Perspectives», 6 (1991), p. 67-75.

D. McClelland, *Le Vocabulaire des Lais de Marie de France*, Ottawa 1977.

B. McCreesh, Bernadine, *Translation and Adaptation in Lay* le Freine, in «Forum for Modern Language Studies», 35 (1999), p. 386-95.

F. McCulloch, *Length, Recitation and Meaning of the Lais of Marie de France*, in «Kentucky Romance Quarterly», 25 (1978), p. 257-68.

D. Maddox, *Triadic Structure in the Lais of Marie de France*, in «Assays», 3 (1985), p. 19-40.

A. Maraud, *Le lai de* Lanval *et la* Chastelaine de Vergi *: La structure narrative*, in «Romania», 93 (1972), p. 433-59.

C. Maréchal, *In Quest of Marie de France, A Twelfth-Century Poet*, Lewiston 1992.

C. Maréchal, *Le Lai de Fresne et la littérature édifiante du* XII*e s.*, in «Cahiers de Civilisation Medievale» 35 (1992), p. 131-41.

C. Maréchal, *Marie de France Studies Past, Present, and Future*, in «Envoi», 8 (1999), p. 105-25.

C. Martineau-Genieys, *Du Chievrefoil, encore et toujours*, in «Le Moyen Age», 78 (1972), p. 91-114.

Ph. Menard, *Les Lais de Marie de France : Contes d'amour et d'aventur du Moyen Age*, Paris 1979.

G. R. Mermier, *En relisant le Chevrefoil de Marie de France*, in «French Review», 48 (1975), p. 864-70.

E. J. Mickel, *Marie de France*, New York 1974.

E. J. Mickel, *Marie de France's Use of Irony as a Stylistic and Narrative Device*, in «Studies in Philology», 71 (1974), p. 265-90.

E. J. Mickel, *A Reconsideration of the Lais of Marie de France*, in «Speculum», 46 (1971), p. 39-65.

E. J. Mickel, *The Unity and Significance of Marie's 'Prologue'*, in «Romania», 96, (1975), p. 83-91.

M. Mikhailova, *L'Espace dans les Lais de Marie de France : Lieux, structure, rhétorique*, in «Cahiers de Civilisation Médiévale»,40 (1997), p. 145-57.

D. A. Monson, *L'Idéologie du lai de* Lanval, in «Le Moyen Age», 93 (1987), p. 349-372.

F. Mora-Lebrun, *Marie de France héritière de la lyrique des troubadours : L'Exemple du* Chaitivel, in «Travaux de Linguistique et de Litterature», 24 (1986), p. 19-30.

J. L. Moreau, *La citez siet sur Duëlas : À propos des lais d'*Yonec *et de* Milun, in «Romania», 106 (1985), p. 492-504.

J. L. Picherit, Le Châtiment des amants dans le lai d'Equitan de Marie de France, in «Le Moyen Age», 102 (1996), p. 419-24.

R. T. Pickens, *Equitan : Anti-Guigemar*, in «Romance Notes», 15 (1973), p. 361-67.

R. T. Pickens, *History and Meaning in the Lais of Marie de France*, in *Studies on the Seven Sages of Rome and Other Essays in Medieval Literature*, éd.H. Niedzielski et al., Honolulu 1978.

R. T. Pickens, *Marie de France and the Body Politic*, in *Gender and Text in the Later Middle Ages*. Ed. Jane Chance, Gainesville 1996.

R. T. Pickens, *The Poetics of Androgyny in the Lais of Marie de France : Yonec, Milun, and the General Prologue*, in *Literary Aspects of Courtly Culture*, éd.Donald Maddox e Sara Sturm-Maddox, Rochester 1994.

R. T. Pickens, Thematic Structure in Marie de France's Guigemar, in «Romania», 95 (1974), p. 328-41.

D. L. Pike, *Le dreit enfer vus mosterruns : Marie de France's Espurgatoire seint Patriz*, in «Viator», 32 (2001), p. 43-57.

Y. de Pontfarcy, *Si Marie de France était Marie de Meulan*, in «Cahiers de Civilisation Medievale», 38 (1995), p. 353-61.

Th. Reed, *Glossing the Hazel : Authority, Intention, and Interpretation in Marie de France's Tristan, Chievrefoil*, in «Exemplaria», 7 (1995), p. 99-143.

H. Rey-Flaud, *Fin'amor, fin mort : Etude du lai des Deux Amants et du lai du Chevrefeuille de Marie de France*, in *Mélanges de langue et de littérature médiévales offerts à Alice Planche*, 2 vol., éd. M. Accarie et A. Queffelec, Paris, 1984.

J. Ribard, *Essai sur la structure du lai du* Chevrefeuille, in *Mélanges de langue et de littérature médiévales offerts à Pierre Le Gentil, par ses collègues, ses élèves et ses amis*, Paris 1973.

J. Ribard, *Le Lai du* Laostic *: Structure et signification*, in «Le Moyen Age», 76 (1970), p. 264-74.

J. Ribard, *Le Lai d'Yonec est-il une allegorie chretienne ?*, in *The Legend of Arthur in the Middle Ages : Studies Presented to A. H. Diverres by Colleagues, Pupils and Friends*, éd.P. B. Grout et al. Cambridge 1983.

J. A. Rice, *Conventional and Unconventional Character Description in the Lais of Marie de France*, in «Neuphilologische Mitteilungen», 85 (1984), p. 344-352.

K. Ringger, *Zum 'Nobels Reis' bei Marie de France : Eine Richtigstellung*, in « Zeitschrift für Romanische Philologie », 83 (1967), p. 495-497.

K. Ringger, *Die altfranzosischen Verspurgatorien*, in« Zeitschrift für Romanische Philologie », 88 (1972), p. 389-402.

H. S. Robertson, *Love and the Other World in Marie de France's* Eliduc, in *Essays in Honor of Louis Francis Solano*, éd. Raymond J. Cormier e Urban T. Holmes, Chapel Hill 1970.

M. Roman, *Reclaiming the Self through Silence : The Riverside Counselor's Stories and the Lais of Marie de France*, in *Crossing the Bridge : Comparative Essays on Medieval European and Heian Japanese Women Writers*, éd. B. Stevenson et C. Ho, New York 2000.

G. Ronchi, *Sulla questione dei rapporti tra il Tristan di Thomas e i Lais di Maria di Francia*, in « Medioevo Romanzo », 16 (1991), p. 261-70.

H. R. Runte, *Alfred's Book,' Marie de France, and the Matron of Ephesus*, in « Romance Philology », 36 (1983), p. 556-564.

R. H. Runte, *Marie de France's Courtly Fables*, in *Por le soie amisté : essays in honor of Norris J. Lacy*, éd.K. Busby e C. M. Jones, Amsterdam 2000.

J. Rychner, *La Présence et le point de vue du narrateur dans deux récits courts : Le Lai de* Lanval *et la* Châtelaine de Vergi, in « Vox Romanica », 39 (1980), p. 86-103.

J. Rychner, *Le Discours subjectif dans les Lais de Marie de France*, in « Revue de Linguistique Romane », 53 (1989), p. 57-83.

M. Santucci, *Derechef, le Lai de Chevrefeuille : Le Reve merveilleux et parole d'espoir*, in « L'Information Litteraire », 31 (1979), p. 55-60.

W. Sayers, *Bisclavret in Marie de France : A Reply*, in *Cambridge Medieval Celtic Studies* 4 (1982), p. 77-82.

J. Schulze, Equitan : *Höfische Existenz zwischen hoher Forderung und menschlichen Gewöhnlichkeit*, in « Romanische Forschungen », 94 (1982), p. 50-66.

J. Schulze, Guigemar, der höfische Roman und die allegorische Psychologie des Mittelalters, in « Archiv für das Studium der Neueren Sprachen und Literaturen », 217 (1980), p. 312-326.

M. Soudée, *Le Dédicataire des Ysopets de Marie de France*, in « Les Lettres Romanes », 35 (1981), p. 183-198.

S. Sturm, *The Lay of Guigemar : A Study*, Chapel Hill 1968.

R. Trachsler, *Les Fables de Marie de France : Manuscrits et editions*, in « Cahiers de Civilisation Médiévale », 44 (2001), p. 45-63.

A. Trindade, *The Man with Two Wives - Marie de France and an Important Irish Analogue*, in « Romance Philology », 27 (1974), p. 466-78.

E. B. Vitz, *The Lais of Marie de France : 'Narrative Grammar' and the Literary Text*, in « Romanic Review », 74 (1983), p. 383-404.

E. B. Vitz, Orality, *Literacy and the Early Tristan Material : Béroul, Thomas, Marie de France*, in « Romanic Review », 78 (1987), p. 299-310.

S. Ward, *Fables for the Court : Illustrations of Marie de France's Fables in Paris*, in *Women and the Book : Assessing the Visual Evidence*, éd.L. Smith e J. H.M. Taylor, Toronto 1997.

## BECKET ET LES CISTERCIENS

L. A. Desmond, *Becket and the Cistercians*, in «Canadian Catholic Historical Association Reports», 25 (1968), p. 9-29.

A. Dimier, *Henri II, Thomas Becket et les cisterciens*, in *Thomas Becket : Actes du colloque international de Sédières, 19-24 Août 1973*, ed. R. Foreville, Paris, 1975, p. 49-53.

B. D. Hill, *Archbishop Thomas Becket and the Cistercian Order*, in «ASOC», 27 (1971), p. 64-80.

B. McGinn, The Place of the Cistercians in the Early Years of the Becket Controversy, in *The Golden Chain : A Study in the Theological Anthropology of Isaac of Stella*, Washington 1972, p. 34-50.

## JEAN DE SALISBURY

*Entheticus Maior et Minor*, éd.J. van Laarhoven, Studien und Texte zur Geistesgeschichte des Mittelalters, 17, Leiden 1987.

*Historia Pontificalis*, éd.M. Chibnall, Oxford 1986.

*The Letters of John of Salisbury*, éd.W. J. Millor e H. E. Butler, 2 voll, Oxford 1979 e 1986.

*Metalogicon*, éd.J. B. Hall e K. S. B. Keats-Rohan, Corpus Christianorum Continuatio Medievalis, 98, Brepols 1991.

*Policraticus I-IV*, éd.K. S. B. Keats-Rohan, Corpus Christianorum Continuatio Medievalis, 117, Brepols 1993.

*Vita Sancti Anselmi* e *Vita Sancti Thomæ*, éd.I. Biffi, in *Anselmo e Becket, due vite*, Milano 1990.

Y. Iwakuma, *Influence*, in *The Cambridge Companion to Peter Abelard*, éd.J. Brower e K. Guilfoy, Cambridge 2004.

P. King, *Peter Abailard and the Problem of Universals in the Twelfth Century*. Ph.D. Dissertation : Princeton University 1982.

H. Liebeschutz, *Medieval Humanism in the Writings of John of Salisbury*. London 1950.

J. Marenbon, *Life Milieu, and Intellectual Contexts*, in *The Cambridge Companion to Peter Abelard*, cit.

C. Martin, *Logic*, in *The Cambridge Companion to Peter Abelard*, cit.

C. Nederman, *John of Salisbury*, Authors of the Middle Ages Series, Tempe, Arizona 2005.

—. *Toleration, Skepticism, and the 'Clash of Ideas' : Principles of Liberty in the Writings of John of Salisbury*, in *Beyond the Persecuting Society : Religious Toleration Before the Enlightenment*, éd.J. C. Laursen e C. J. Nederman, Philadelphia 1998.

—. *A Duty to Kill : John of Salisbury's Theory of Tyrannicide*, in «Review of Politics», 50 (1988), p. 365-389.

–. *The Physiological Significance of the Organic Metaphor in John of Salisbury's* Policraticus, in «History of Political Thought», 8 (1987), p. 211-223.

G. W. Olsen, *John of Salisbury's Humanism*, in *Gli Unamesimi Medievali*, éd.C. Leonardi, Firenze 1988.

R. W. Southern, *Scholastic Humanism and the Unification of Europe*, 2 voll. Oxford 1995 e 2001.

# INDEX DES AUTEURS CITÉS

# INDEX DES PERSONNAGES HISTORIQUES, LITTÉRAIRES ET MYTHIQUES

# INDEX DES LIEUX

# INDEX DES MANUSCRITS

# TABLE DES MATIÈRES